THE JAM OF CITY COMPETITION

大困局

中国城市危与机

"十二五"开局，中国城市化进程蕴含何种机会？
哪些城市正在快速崛起？
哪些城市已经被遗忘？
直辖、新特区、第四极……中国的城市竞争已经影响每个人命运
拨开城市竞争迷雾，深度挖掘城市命运与每个城市人之间的关系

汪在满 ○ 著

山西人民出版社

出版者的话　城市困局，与每个人息息相关

2011 年 3 月，我国《十二五规划纲要》新鲜出炉。《纲要》为中国城市发展进行了精心的布局，描绘出了城市化战略格局的基本框架："两横三纵"串起东西南北城市群。这无疑为未来 5 年中国城市的发展脉络作了新的注脚和阐释。应该说，《十二五规划纲要》为更多的城市带来了新的发展机遇，也为你我带来了更多的机遇。

中国城市的新机遇

山东半岛，美丽如画。

2011 年元旦刚过，尽管"千年极寒"的说法没有兑现，胶州湾还是进入严重冰期，迎来了极低的气温。但寒冷的天气并没有冲淡人们脸上的喜色。因为，山东半岛蓝色经济区获批成为"十二五"第一个国家发展战略，同时也是我国第一个以海洋经济为主题的区域发展战略。

如果你是一位海产养殖者的话，你一定会注意到这条信息。因为，山东蓝色经济区肯定会在各个方面获得政策支持，比如贷款优惠、税收减免等，这样可以使你抢占市场先机，先人一步，胜人一筹，成为新一代的海产养殖大王；即使你只是一位海洋生物专业刚刚毕业的大学生，你也同样会被"青岛将要打造成为国际一流的海洋生物研发基地"这样的字眼所吸引，因为这也会成为你的就业导向：青岛是不错的选择；如果你是一位证券投资者，你无疑会在海洋经济主题的股票上提前布局，让你未来赚得盆满钵满。

机遇决定命运。如果你的嗅觉足够敏锐，你不会不明白，应该怎样在国家的

宏观战略导引下去投资，去创业，或者去寻找更好的就业机会。对于每一个人，新的城市战略也是新的机遇，关键问题是我们如何去把握。

紧接着，四川省"十二五"规划纲要提出要建设 8 个百万人口"特大城市"，这个规划会让 1500 万人走进城市。四川"造大城"的计划让准备进城的农民欢欣鼓舞。

战略决定城市机遇，嗅觉影响个人命运。

"十二五"时期两岸经济合作将面临诸多宝贵商机，海西区域战略的兴起，已经让温州人最早捕捉到商机；成渝经济区的规划，让重庆市志得意满，提出了在"十二五"期间打造中心城市的新设想；中部的崛起，让武汉人热血沸腾，志在做"下一个上海"；关中—天水城市群的崛起，使得西部人也做起了"第四极"的美梦。振兴老东北工业基地的战略刚刚兴起时，东北人还在犹豫观望之际，江浙人又一次捷足先登。

事实上远不止这些，《十二五规划纲要》清晰地标注出了主要城市化地区：哈长地区、环渤海地区、东陇海地区、中原经济区、皖江城市带、长江三角洲地区、长江中游地区、海峡西岸经济区、珠江三角洲地区、北部湾地区、黔中地区、滇中地区、成渝地区、藏中南地区、冀中南地区、太原城市群、呼包鄂榆地区、关中—天水地区、宁夏沿黄经济区、兰州—西宁地区和天山北坡地区。

相信我们每个人都会找到自己的机遇，诸如发展的坐标、立足的区域、生活的城市，乃至旅游休闲的目的地。诚然，每一个城市经济版图的扩张，将不可避免地被纳入全球社会综合资源重新配置的庞大体系中，一座城市的资源禀赋、历史文化、区位特点、引资环境、财政状况、居民收入、消费水平、福利待遇以及就业情况等诸多要素，无一例外地和这个城市的未来紧密联系在一起，而这些都与你我紧密相关。《十二五规划纲要》的出台，气势恢宏的城市发展战略布局已经十分清晰，区域与城市间的竞争会更趋白热化。我们所关注的城市，谁将在竞争中脱颖而出，势必会吸引每个人的眼球，因为人们已经发现，商机并不难觅，关键在于是否善于发掘。

总之，面对"十二五"规划为我们提供的更多机遇，你准备好了吗？

30 多年城市化巨变

蓦然回首，中国改革开放已经 30 多年了，大家可能已经真真切切地感受到，我们所生活和工作的城市非昨日可比，发生了翻天覆地的变化，变得连我们自己都感到陌生。

我们的城市究竟发生了怎样的变化?

从 20 世纪 90 年代开始，中国的城市化进入了一个加速发展的时期，与此相适应，城市化政策也出现了相应的变化和调整。这一时期中国城市化政策的调整主要体现为：由过去实行城乡分割、限制人口流动转为放松管制，允许农民进入城市就业，鼓励农民迁入小城镇；有重点地发展小城镇，积极发展中小城市，完善区域性中心城市功能，发挥大城市的辐射带动作用，引导城镇密集区有序发展。自此以后，各大中型中心城市的规模扩张及城市建设加速，大中型中心城市实现了率先发展，在国民经济中的地位日益增强。随着深圳、广州、上海、北京等超大城市的崛起，一批大中城市蓬勃发展起来，迅速成为区域经济发展的龙头，涌现出一批区域经济中心城市。经过 30 多年的发展，中国已初步形成了包括大中小城市及小城镇在内的相对完整的城市体系。

尽管改革开放 30 多年来，中国的城市化发展饱受非议与诟病，但仍然不能否认，以大城市为依托、以增强综合承载能力为重点，大中小城市和小城镇协调发展，走有中国特色的城市道路，是符合中国国情国力和中国特殊发展阶段的现实选择，中国的城市改革与发展成就斐然。

目前，中国城市化整体水平已经达到 45.68%，与世界平均城市化率 46% 基本持平。据专家初步分析预测，到 2020 年，中国将有 50% 的人口居住在城市，这就意味着在不远的将来，中国的城市化率将达到 50% 以上甚至更高。这个数据表明，中国城市化的趋势已经势不可挡。

毋庸置疑，巨大的财富效应早已在城市化的加速实现中凸显出来。

GDP 增长成为幽灵

在大刀阔斧的城市化进程之中，一个幽灵——一个叫"GDP"的幽灵——不知道何时起在中国城市竞争的氛围中游荡。在整个中国城市化的进程中，这个幽灵留下了众多扰乱我们视线的影像。由于一些城市决策者政绩观的偏差，单纯追求经济发展速度和经济总量，盲目追求 GDP 增长，成为城市恶性竞争的最重要因素之一。

在珠三角、长三角、西部开发、环渤海、东北振兴等国家区域战略提出之后，中部战略似乎并不十分起眼。在很长一段时间内，中部已经成为被遗忘的角落。而事实上，深处中国腹地的六省一直处于尴尬境地。什么原因？由于 GDP 的增长速度，它们各自都遭遇着不同程度的"成长的烦恼"。

传说中的"牛郎织女"故事的发生地，国内有 6 个城市志在必得；关于"梁祝故里"究竟在何处，更是有十几个城市谁都不肯善罢甘休。在新一轮的 GDP 竞争中，各城市为了争夺"文化遗产"打得不可开交，可谓高潮迭起。

深圳与广州的竞争，在国内区域城市的竞争中是最为引人注目的。不管如何，广州还是在 GDP 方面超过了深圳，广州作为华南中心城市，不管是地位还是脸面均被保住了。

徐州、济宁地域相连，人缘相亲，文化相近，且都属于淮海经济区范围。难分伯仲是对济宁与徐州竞争态势的较好概括。

新世纪到来之后，随着城市竞争日益激烈，GDP 成为衡量城市发展水平最权威的经济指标。多年来，中国城市 GDP 总量前四位城市依次是上海、北京、广州、深圳。正是这国内城市的"四大天王"，进入新世纪后，以会展经济为主题的"会"战全面打响。北京的奥运会、上海的世博会、广州的亚运会、深圳的大运会等陆续登台，一时热闹非凡，夺人眼球。在这一阶段，四城市的 GDP 随之猛升。

让人不能容忍的是，为了追求 GDP，很多城市以牺牲环境和资源为代价，来完成城市积累，问题已经严重到何种程度，我们不会不心知肚明——改革开放以来，中国用能源消费翻一番的代价支撑了 GDP 翻两番。专家预计，到 2020 年，要再实现 GDP 翻两番，即便是按能源消费再翻一番考虑，保障能源供给也有很大的困难。

要什么样的 GDP，如何处理好经济发展速度与环境保护的关系，几乎成为所有中国城市一道难以破解的难题。问题成堆，积重难返，解决问题也难以一蹴而就。中国城市的自我革命何时才能完成，并将盲目追求 GDP 增长这个"幽灵"彻底驱逐？这个时间表我们尚未确定。

生活在"套子里的人"能解套吗?

城市每天在长高,财政收入越来越多,GDP越来越高,但我们不能否认,随着城市越来越强大,我们愈发感到自己已经成为生活在"套子里的人"。

由于中国内地的各种城市病在近年来集中爆发,GDP的高增长早已使你我的幸福感越来越少,甚至GDP越高,我们的幸福指数越低。

众所周知,2010年政府出台了所谓"最严厉的楼市调控政策",然而国内一线城市房价逆势而涨,有些一线城市上涨达40%。应该说,这个调控对我们很多希望房价降下来的打拼者是当头一棒,导致很多人在大城市生活下去的希望变得越来越渺茫,烦恼陡增不少。

近些年来,人们不难发现,全国各地大中小城市都开始了建设高楼的大比拼,各式各样号称"第一"的城市建筑此起彼伏,不仅上海、北京、广州、深圳等一线城市建起了众多炫彩夺目的摩天大楼,大量的高层建筑同时也在南京、天津、武汉等城市纷纷拔地而起。当我们在城市中高楼的办公室里环顾四周时,会猛然发现,这个盲目追求雄伟、高大的城市,已经不是宜居的城市。

不难想象,多少年后我们所生活的城市将会更加拥挤不堪,环境、人口、交通以及其他设施的失衡,不仅会给城市带来无可挽回的损失,我们每个人也会品尝到大城市病带来的苦果。

城市化的区域发展差异将长期存在,现实会让我们面临抉择。事实上,规模不大的中小城市更宜居。因为规模不大,排污量也小,空气更清新,绿化更充分,环境更优美。同时因为土地稀缺性相对较小,房价可以更为合理,多数人都能买得起房,居住条件和配套设施也可以更舒适合理。因为人口不多,人情味更浓,民风更淳朴。因为城市不大,生活便利,成本更低,竞争压力小,居民的幸福指数自然更高。

相信本书会对你有所帮助,让你的选择更理性一些,摒弃盲目向往大城市的念头。面对未来创业、生活与就业的选择,如何趋利避害"解套",你想好了吗?

宏观布局，实证研究，犀利批判

《十二五规划纲要》特别强调："要防止特大城市面积过度扩张。预防和治理'城市病'。"

本书作者采访过数十位市长、考察过近百个城市并一直专注于研究城市发展与竞争，对城市乱象有着深入透彻的了解，城市定位趋同、功能重复、产业同构、形象单一、千城一面、特色危机、摊大饼式发展、乱用土地等深层次问题，书中多有披露。时至今日，尽管国家"十二五"战略已经开局，城市发展与竞争的乱象并没有很大改观。这些问题给"十二五"城市发展带来的不利影响不可小觑，不利因素不能低估。书中大量关于城市问题的犀利分析与尖锐批判，希望能够引起大家的深思和重视。

首先，本书立足宏观，纵览全国城市发展全景，以严肃和求实的态度来研究和写作，摒弃了过分追求轰动效应的毛病，既有细致生动的描绘，又有深沉厚重的理论升华，力求刻画出一幅幅风起云涌、波澜壮阔的城市竞争画卷，展现当代中国城市竞争的全貌。

其次，本书实证性强，有很强的参考借鉴作用。作者以史料加文学描述的方法进行实证分析和研究，收集了中国内地城市在进行发展定位和制定发展战略，以及城市发展与竞争过程中的大量经典案例，并对中国城市圈的形成与区域经济的融合进行了分析研究。该书丰富的案例，既是改革开放以来中国城市在发展、竞争过程中最受人关注、最为典型的标本，也是目前中国最具参考性的城市竞争MBA 案例库。

第三，本书批判性强，具有很强的可读性。本书对种种城市乱象提出了切中肯綮的分析批判，是一本抨击中国当代城市恶性竞争的书，力争成为中国版的"大城市的死与生"。

城市竞争、城市困局，与你我切身相关。

面对不断出台的国家发展战略，只有具有战略眼光的投资者才会懂得提前布局股市，在证券市场获得收益。

机遇总是垂青于有准备的人。城市发展的模式，是我们选择人生方向的重要参照系，当一个城市有了新的定位、开始实施新的战略时，你的人生际遇或许会随之发生改变。

面对城市竞争的胜败优劣，我们还能事不关己地冷眼旁观吗？

也许你我睁大眼睛寻找的各种机遇就蕴藏在里边。

或许，你所在的城市曾经因为独具优势沾沾自喜而落伍了，你也随之吃了苦头，当这个城市开始甩掉帽子轻装上阵时，相信你再也不会袖手旁观和无动于衷。

在经济危机中，为何有的城市衰落，有的城市却以产业创新让经济持续繁盛？对比这些城市的产业布局，怎样才能降低创业失败的风险？

上述种种问题的答案你将在本书中找到。

机遇决定命运。当前，美国经济衰退与欧洲债务危机正在深刻影响着中国的城市化、区域化和全球化，同时也在催化和加速中国城市的建设与改革，加速中国从生产要素和投资驱动型向创新驱动型经济发展转变。在这种形势下，中国区域经济和城市建设正在经历前所未有的大调整期，也将迎来更大的发展机遇。

思路决定出路，总结过往的历史发展规律及经验，如何建立一个科学、合理并能够系统体现各城市群、各城市综合竞争力的指标体系，已经成为促进中国城市实行良性竞争与理性发展的新课题。只有通过对全球化局势的正确判断，对自身资源和体系环境的系统分析，确定自身最优的功能定位或发展空间，最充分利用和最佳配置城市周边的环境和资源，才能最准确地把握机遇和应对挑战，实现城市最优发展，最大化地创造城市财富和提升城市竞争力。

contents

第一章

歧路彷徨——城市化"大跃进"之困

第二章

雾里看花——第五个直辖市之谜

第三章

群雄角力——新特区，盛宴还是鸡肋？

第四章

扑朔迷离——困顿中能否突围？

第五章

风起云涌——开发区的迷茫

第六章

春秋争霸——城市大决战之殇

第七章

合纵结盟——"联合舰队"能否穿越迷雾？

第八章

连横之策——谁是中国"第四极"？

第九章

前路漫漫——思路与出路

第十章

版图重构——竞争格局与未来走势

歧路彷徨——城市化"大跃进"之困

人一生中有两样东西是永远不能忘却的，这就是母亲的面孔和城市的面貌。

——（土耳其）著名诗人　纳乔姆·希格梅

毫无疑问，随着21世纪的到来，中国的城市发展除了已经进入城市品牌竞争的白热化阶段之外，最大的特点就是城市化之路走得不伦不类，或者说进入了某种怪圈甚至陷入困境。

在市场经济条件下，竞争绝对不是单方面而是全方位的，既会有国家与国家之间的竞争，也会有行业与行业之间的竞争，更会有企业与企业之间的竞争，还会有区域和城市之间的竞争。尽管区域和城市之间的这种竞争看起来不会像企业之间的市场竞争一样残酷，但谁都难以否认，它是一场兵不血刃而又相对漫长的战争。

事实上，市场经济条件下的城市发展与扩张，已经不可避免地进入城市之间的综合竞争。受现代化、网络化、新经济以及全球一体化的影响，人类生存空间的变动更加频繁。随着经济的迅猛增长，信息流日益发达，交通快速发展，区域与城市之间的竞争趋势也发生着显著变化，城市之间呈现既相互关联又相互竞争的格局。诚然，每一个城市的城市化进程和城市经济版图的扩张，将不可避免地被纳入全球社会综合资源重新配置的庞大体系中。一座城市的资源禀赋、历史文化、区位特点、引资环境、财政状况、居民收入、消费水平、福利待遇以及就业情况等诸多要素，无一例外地和这个城市的未来紧密联系在一起，成为体现城市综合竞争力的核心因素。因此，许多城市都纷纷将城市的改革开放、市政建设、招商引资、旅游发展、环境改造等，与城市竞争力的锻造和城市品牌的打造紧密结合在一起。城市化的进程与发展，也势必也会将城市引领到一个更加开放、日益透明的综合资源配置平台。如果一座城市希望在竞争中崛起，就必须加入城市竞争也就是资源重新配置的这场总体战役中来。惟其如此，这座城市才有可能在竞争中发挥优势，才能不断强化自己在区域经济中的地位，并最终在城市竞争中脱颖而出。

然而，由于很多城市决策者和管理者的短视，导致城市在发展中的非理性竞争。因此，改革开放30多年来，中国的城市发展饱受非议与诟病，为争夺各种资源而进行的城市竞争更是令人眼花缭乱。

时至今日，尽管国家"十二五"战略已经开局，种种城市乱象不但没有得到有效遏止，反而呈现出愈演愈烈的趋势。带来的直接后果是，城市日益暴露出资源短缺、环境破坏、土地紧张、人口膨胀、交通拥堵等一系列痼疾，城市化进程陷入尴尬的困境，城市竞争与发展已无可争议地进入危机时代。

一哄而上——城市形象广告乱象

· 让人们大跌眼镜的是，"叫春的城市"竟会获得"城市营销创新奖"。

· 类似的广告语大同小异，互相照抄，毫无新意，观众看了一头雾水。

· 在各种信息要素飞速传播的今天，谁能够引起公众的最大关注，谁就具备了吸引各种资源的强大磁场。

2010年3月初，江西省宜春市在其旅游政务网上打出一句被网友称为"雷人"的广告："宜春，一座叫春的城市。"广告一打出，立即遭到网友的嘲讽与讨伐，宜春市政府最终也不得不撤下这则广告。

一句城市形象广告语引发这么大的波澜，让人们始料未及。广告虽然达到了预期的宣传效果，宜春却也受到了众多的谴责，城市有了知名度却丢失了美誉度。让人们大跌眼镜的是，这一广受非议的"雷人"策划竟在2010年底获得"城市营销创新奖"。

事实上，近两年来，观看中央电视台节目的人们不难发现，央视各个频道的广告中，城市形象广告占到了一定的份额，尤以综合频道、经济频道和国际频道为甚，最集中的时段是综合频道《朝闻天下》节目前后的插播广告。一批批国内城市正在陆陆续续地向全国收视率最高的中央电视台靠拢，这自然让央视广告部喜不自胜，因为这使央视又多出了相当一批特殊的广告客户。

正如一个产品需要知名度为它打开市场营销的局面一样，到了今天，城市决策者和管理者们已经纷纷觉醒：城市也需要知名度了，城市必须打造品牌。所以，争当中国知名城市甚至世界知名城市，已经成为国内大大小小城市决策者和管理者们的奋斗目标。随着城市品牌时代的到来，把城市形象搬上电视荧屏，把城市当成品牌来经营，是当今城市管理者和决策者对过去城市管理理念的挑战乃至颠覆。各个城市引人入胜的广告词和城市特色的环境和风光展示表明：旅游营销是城市形象广告的最大切入点。

时至 2011 年，很多城市已经在央视广告中占尽风流、大放异彩，而江西省会南昌市却陷入城市形象究竟应该如何定位的迷茫中。作为拥有厚重的历史文化和革命文化底蕴的江南名城，南昌该有怎样的城市定位？该如何塑造和传播个性形象？一时间争议四起。

据 2011 年 1 月 11 日《江南都市报》中的《南昌城市角色定位猜想》一文描述，南昌的特色分为两大类：红色和绿色、古代和现代。南昌是红色的，因为是"八一起义"的地方；南昌又是绿色的，因为有山有水，绿在城中，城在绿中。红色阵营提出了"八一建军，小平小道"、"军旗摇篮，亲水南昌"、"英雄热土，动感新都"、"品南昌，论英雄"、"英雄之城，昌盛之都"、"八一滕王阁，中国新生活！"等等口号；绿色阵营则提出了"神仙画卷，水墨南昌"、"南飞赣河，昌响华夏"、"湖水绣豫章，文化红南昌"、"到南方看南昌，山水美历史长"，等等。

另外还有古今之辩。古代阵营提出了"古聚滕王阁，今游南昌城"、"青云滕阁，洪崖天香"、"人杰地灵地，千年昌盛城"、"古城古色古香，和谐和美何方"等等口号；现代阵营则提出了"世界动感之都，现代活力之城"、"湖光山色，动感之都"、"都知桂林甲天下，谁知南昌胜天堂"、"中国低碳之城，东方动感之都"，等等。

这么多的概念，谁说得都有道理，但南昌市究竟应该如何进行城市形象定位？很长时间竟然众说纷纭、莫衷一是。

2011 年 5 月，佛山市禅城区向外界宣称，将拍摄制作佛山名镇的形象片在中央电视台播出，这可谓佛山区级城市宣传片的"大动作"。在越来越多的城市登上电视荧屏的今天，许多佛山人也都期待着在中央电视台、凤凰卫视等媒体上看到佛山的形象片。而问题是：佛山的形象如何定位？佛山有什么诉求、该传播什么理念？他们也跟南昌一样感到迷惘。

相信这种现象绝不仅仅是个别的。

即使一些城市在电视上播出了自己的形象片，人们往往在这些广告中发现，有很多城市形象定位没有体现出其文化特色和形象的差异化，大致表现出如下乱象。

一是诉求大同小异。青岛作为2008年北京奥运会伙伴城市，在奥运圣火的照耀下，人们会以更广阔的视野和全新的视角来重新审视这座既饱经沧桑又日新月异的城市。青岛城市形象宣传片以"浪漫之旅，魅力青岛"为主题。而青岛的竞争对手大连市，最新城市形象片的广告语则是"浪漫之都，中国大连"，珠海市的城市广告语也是"浪漫之城，中国珠海"。类似的广告语大同小异，互相照抄，毫无新意。这些城市先后都在中央电视台综合频道、国际频道播放城市形象广告，观众看了一头雾水，也记不清谁最"浪漫"。

二是内容莫名其妙。比如武汉市的形象片广告语为"四两拨千斤"，"四两拨千斤"是一个武术用语，通常形容以小搏大。大武汉怎么只有"四两"，它拨动的"千斤"是指什么？这样的提法让人感到莫名其妙。

三是表述不知所云。比如江苏南通市的"追江赶海到南通"，广东肇庆市的"肇庆山水美如画，堪称东方日内瓦"，福建三明市的"走进多情山水，拥抱绿色三明"，等等，不管是多情的山水，还是山水美如诗美如画等，都是十分模糊和含混不清的表述。

四是俗气文字游戏。比如福州市的"福山福水福州游"，承德市的"游承德，皇帝的选择"，乌鲁木齐市的"亚心之都、国际都市、商旅名城，宜居城市"，还有更多的"魅力某某"等。对城市的形象与功能诉求玩的是文字游戏，不知究竟要表达什么。

另外还有"现代化魅力型区域中心城市"、"沿海强市"、"现代化魅力型区域中心城市"等等提法，很多都与其特色相去甚远。

城市形象宣传的最终目的是促进城市社会与经济的发展。良好的城市形象不仅能够增加城市的无形资产价值，同时也放大了城市的经济增值能力，大大提升了城市竞争力。时下，城市形象广告的盲目兴起呈现出一种乱象，正如有人批评的一样：现在城市形象的对外宣传，考虑的是把城市整体形象变一变，希望依靠一个口号、一个标志、一个广告或者一个活动来吸引眼球，缺乏深层的战略诉求，更缺乏耐心细致的规划。

城市形象如何定位，在广告中如何体现出城市的独特气质与文化，还是需要下一番工夫的。

■ 评点 ■

南昌、宜春和佛山等城市形象宣传的案例，不是个别现象。城市的未来发展定位、城市品牌规划以及城市形象树立与宣传，对很多城市的市长们来说，可能还没有清晰的思路。

城市形象广告的兴起，标志着城市竞争已经进入了品牌竞争的阶段。从时下中央电视台密集播出的城市形象广告不难看出这一点。

诚然，良好的城市形象是城市核心竞争力的重要资源性要素，它无可争辩地可以转化为巨大的经济推动力。正如专业人士所分析的那样：信息时代的经济就是注意力经济，也就是人们经常所说的"眼球经济"，在各种经济要素顺畅流动的今天，谁最受关注，谁就拥有吸引资源的强劲磁力。

但是，仅仅依靠注意力就能决定一切吗？

盲目攀比——新城市化运动之痛

· 难以否认的是，从国家到城市、从环境到资源、从自然到人文，我们都付出了十分沉重的代价。

· 随着中国"新城市化运动"的持续深入，危害至深而又引人关注的城市问题就是"跟风再造运动"。

· 一座县级市，前些年在市政府所在地的镇上建起一个10多万平方米的大广场，只比北京天安门广场少1平方米。

· 城市盲目扩张带来的更大恶果则是——拆迁之殇。内地几乎所有城市都围绕拆迁发生过许多大大小小的类似事件。

2011 年 6 月 9 日，英国《每日电讯》报道："按照目前的发展趋势，2030 年前中国城市建设速度相当于每年新建一座芝加哥"。事实上从 20 世纪末叶开始，中国掀起了新的城市化运动。毋庸置疑，中国的城市发展取得了举世瞩目的伟大成就，但是我们难以否认的是，从国家到城市、从环境到资源、从自然到文化，都为此付出了十分沉重的代价。

随着中国新城市化运动的持续深入，尽管各类城市"大动作"被媒体关注与炒作，但是对于高成本、低效益的城市开发局面，我们几乎很少进行冷静地反思与检讨。其中，危害至深而又引人关注的城市问题就是"跟风再造运动"。

武汉大学城市设计学院院长张在元教授在一次演讲中列举了种种"跟风再造的城市流行病"。

20 世纪 80 年代初，深圳推出了著名旅游项目"锦绣中华"，随之，雷同或类似"锦绣中华"的项目在各地纷纷上马，结果绝大多数昙花一现；80 年代中期，"仿古一条街"风行全国，建筑假古董盛行；80 年代后期，国内一些城市模仿美国硅谷开发模式，高新技术园区均以"谷"命名，诸如"光谷"、"生物谷"、"天堂硅谷"等不一而足；而到了 90 年代初期，城市"广场风"几乎刮遍全国大中小城市，连一些小城市也好大喜功、不切实际地建大广场，劳民伤财。山东半岛有一座县级市，前些年在市政府所在地的镇上建起一个 10 多万平方米的大广场，据称只比北京天安门广场少 1 平方米。这样的"大手笔"，实在让人啼笑皆非。

近年来，城市盲目扩张带来的更大恶果则是——拆迁之殇。近年来国内发生了无数起类似令人震惊的公共事件，内地几乎所有城市都围绕拆迁发生过许多大大小小的类似事件。

21 世纪的当今，城市化的进程加快，城市进行道路升级、建设工业园、建新住宅小区，需要大量的土地，但是，不合理的拆迁赔偿、不公平的拆迁方案、不合法的拆迁行为普遍存在，伤及了老百姓的利益。拆迁问题已经成为中国当代城市发展最为严重的问题之一。尽管国务院办公厅于 2011 年 5 月 13 日发出通知，要求坚决依法从严从快查处违法强制拆迁、暴力拆迁案件，切实维护群众的合法权益和社会的和谐稳定，但这种现象并没有得到有效遏止。

对于新城市化运动的种种乱象，张在元教授进行了严厉抨击：一味追求城市规模经济，却在本质上忽视了"城市生存空间品质"。如果忽视居民生存空间的细部，而一味追求标志性重点项目的显赫与纪念性，是城市发展战略的误区。在2011 年 8 月 5 日《人民日报》上刊登的《中国城市患文化病》评论文章指出："在中国都市化进程中日渐暴露出的'城市文化病'，会日益侵吞和解构城市美好生活本质，损害人们对城市怀有的热爱和梦想，威胁城市的可持续发展，已成为亟待疏解的大问题。"《中国青年报》也发表评论进行了尖锐批评："由于中国城市病集中爆发，GDP 与幸福感已背道而驰！"

◣ 评点 ◥

2011 年 3 月公布的国家"十二五规划纲要"特别强调，"要防止特大城市面积过度扩张。预防和治理'城市病'"。

"新城市化运动"与"跟风再造热"的根源，在于城市决策者缺乏具有独特性的城市发展战略，思维模式与决策途径往往局限于 GDP 增长的"硬杠杠"，一味追求城市的规模与表象，最终形成了一股发展浮夸风，也制造出一系列"豆腐渣工程"和"破坏性开发项目"。

反思上述中国城市发展过程中产生的系列症状及后遗症，病根在于改革开放初期对于城市发展前景的预测不足。这样，也就失去了改革开放初期城市发展起步阶段控制城市规划、控制国家土地资源、控制城市开发尺度、控制城市生活环境的最佳时机，等到城市问题成堆、新城市化运动问题积重难返之际，才开始推出各种应急与补救措施，显然为时已晚了。

正如文化部一位官员在一次公开演讲中批评的，城市化加速进程中的"矛盾凸现期"遭遇到"城市化急躁症"！

妄自尊大——"国际化大都市" 畅想曲

· 一座城市随随便便就提做国际化大都市，是不是瞎折腾？

· 一窝蜂地进行所谓"国际化"造城运动，无疑还是城市决策者的"政绩情结"在作祟。

· 在幻想指导下的超前冒进和盲目提出"国际化"，往往是劳民伤财，得不偿失，城市呈现畸形发展。

2011 年 6 月，西安世界园艺博览会开幕。西安人将此次世园会作为迈向国际化大都市的一个"起跑仪式"。早在 2010 年 6 月，西安国际化大都市城市发展战略规划就获得陕西省政府通过。尽管西安这几年发展很快，国际化程度不断提高，但是西安要做国际化大都市的提法还是受到了很多人的质疑。

其实早就有人提出：一座城市随随便便就提做国际化大都市，是不是瞎折腾？

2011 年 7 月 24 日《中国青年报》中《不能做一厢情愿的国际都市梦》一文报道：10 年前，中国曾经有 86 家城市提出了"建立国际大都市"的口号。令人莫名其妙的是，10 多年后国内竟有 183 个城市提出要建国际化大都市，大约占全国 667 个城市总数的 27%，平均 4 个城市里就有 1 个要把自己定位为"国际化大都市"。这其中除了有人们熟悉的大城市，有一些则是刚刚升为地级市的年轻中等城市。

2010 年 6 月 9 日，《沈阳日报》的时评《183 个城市欲建国际大都市说明了什么》也批评道：这种现象反映出的是城市形象焦虑症，十分荒唐。面对这种现象，有专家指出，对照国际化大都市标准，中国内地真正可以称得上"国际化大都市"的城市也许一个也没有。

何谓"国际化大都市"？虽然没有一个具体的标准，但专家们普遍认为，它绝对应该是有着全球影响力的国际现代化城市，具有超群的政治、经济、科技和文化实力，并且与全世界或绝大多数国家有着密切的经济、政治、科技和文化联系。更重要的是，它是城市能量的超级聚合体，在国际舞台上有着举足轻重的地位。以 2006 年的数据为例，美国纽约的 GDP 可以在全世界所有国家中排到第 14 位，如果将全美 5 个最大的城市加在一起，其 GDP 仅次于本国、日本和德国，名列全球第 4 位。这些城市才能名副其实地称为"国际大都市"。还有如中国的香港，经过几十年的努力，香港已成为世界上最知名的国际性大都市之一，其主要标志为：第一，香港是世界上最重要的国际金融中心之一，是除伦敦、纽约之外的世界第三大银行中心，大多数国际金融机构以香港作为亚洲的业务基地；第二，香港是国际贸易和运输中转中心，其外贸总额自 1992 年以来，一直排名世界前 10 名，集装箱吞吐量居世界首位，被称为远东国际海运中心；第三，香港还是国际旅游中心。由此不难发现，建设"国际化大都市"绝非振臂呼一句口号，在短短几年就能一蹴而就的。

从现实分析，即便在最发达的国家如美国，称得上"国际化大都市"的也只是凤毛麟角。国际化大都市不是人为选择的，也不是能够规划出来的，它是在城市现代化与经济增长过程中客观形成的。新加坡、中国香港大约用了 40～50 年时间，方完成了从出口加工区到工业化城市、中转枢纽城市、现代化城市、区域性金融贸易中心的漫长过程，但其发达程度的量化指标较世界著名的国际化大都市尚有不少距离。据权威人士分析，当今世界，能够对全球经济起到举足轻重作用的只有伦敦、巴黎、芝加哥、纽约、东京 5 个大都市，而大部分城市停留在从一般性城市向中心城市、中心城市向国际性城市、国际性城市向国际化大都市的发展过程中。而在中国，却有 183 座城市提出要建国际化大都市，这确实让人感到匪夷所思。

城市化是中国走向现代化的必然选择，尽管中国经济有了突飞猛进的发展，但国际化大都市不应成为所有城市奋斗的目标，也并非目前中国大城市的唯一奋斗目标。城市根据自己的特点与定位应有不同的发展目标。上海是国人公认的大都市，它正在努力向国际化大都市的目标奋进，而邻近的古城苏州同样具有让人流连忘返的魅力。这样，我们才能同时享受上海南京路的现代繁华和苏州园林的古朴优雅。2007 年 12 月 5 日《人民日报》刊登的《宜居城市何必求"大"》一文评论：一个城市的发展是与其经济发展水平相适应的，城市不一定越大越好，小的城市如果规划得好也可以非常美好，正是大有大的优势，小有小的特色。尤其在宜居方面，中小型城市往往更具有吸引力，因为环境优美、房价合理、民风淳朴、竞争压力小，居民的幸福指数反而更高。

■ 评点 ■

建设国际化大都市，对于部分中小城市来说，显然是不切实际的。

不是喊一句口号就能成为国际化大都市的，中国城市国际化还有一段艰难曲折的漫漫长路要走。一窝蜂地进行所谓"国际化运动"，无疑给城市建设带来致命伤。究其原因，恐怕很大程度还是城市决策者的"政绩情结"在作祟。这些城市建设国际化大都市的超级"形象工程"实际上只是一个美丽的幻想工程，他们明明知道目标难以实现，却还是要纷纷画线圈地、建楼堂馆所、建广场绿地。这种在幻想指导下的超前冒进，不顾现实条件盲目提出"国际化"目标的做法是不切实际的。一味上项目、铺摊子，除了烧掉大把大把冤枉钱和加重百姓负担外，得到的结果也是事与愿违，造成了资源的严重浪费，往往是劳民伤财，得不偿失，城市呈现畸形发展。

在城市发展过程中，关键的是应该遵循和谐理念，树立科学发展观和绿色政绩观，打造服务型政府，把精力花在公共需求与提供精准的城市服务上，不要盲目提所谓"建设国际化大都市"。

正像评论家们批评的：透过"建国际化大都市"这个问题观察当下城市，我们可以发现这样的迷失已经是一种普遍存在的心态。在时下"中国崛起"等言论铺天盖地时，很多城市表现出的却是一种富裕起来后的狂躁。

城市发展必须稳健务实，这应引起城市决策者与管理者的高度重视和深刻反思。

揠苗助长——"雄伟高大"狂想症

- 世界上不断挑战新高的建筑，也让中国人迸发建造更高大厦的激情。
- 新建筑之后不断还有最新的、规模更宏大、造价更昂贵的、更加高耸入云的楼层出现，一个城市的最高建筑也总在不断变换旗帜。
- 经济学家安德鲁·劳伦斯的"摩天大楼指数"及其理论被称为"劳伦斯魔咒"。

　　2011年6月中旬，摩天城市网发布了中国第一份"中国摩天城市排行榜"。据其统计，当今中国正在建设的摩天大楼总数超过200座，这一数量相当于美国同类摩天大楼的总数。未来3年，平均每5天就有一座摩天大楼在中国封顶；5年后，中国的摩天大楼总数将超800座，成为世界第一摩天大楼国家。

　　2010年1月3日，耗资15亿美元、历时5年建成的全球最高大楼迪拜哈里法塔举行了盛大的落成典礼。这座160层的摩天大楼高达828米，挑战了当今世界高楼的极限。然而仅仅2个月后的3月5日，又一条消息，引发了全球的关注：美国迈阿密计划修建一座高达975米的摩天大楼，该大楼将超过迪拜哈里法塔成为世界最高建筑。2011年8月初，沙特王子阿瓦利德运营的沙特王国控股公司宣布，计划在沙特吉达建造世界第一高楼，楼高将超过1 000米。

　　世界上不断挑战新高的建筑，也让中国人迸发建造更高大厦的激情。2010年4月上旬，厦门和重庆分别声称，要建世界上最高的双子楼，楼高都将超过620米，然而究竟谁是全球第一，一时竟无定论。建高楼的风气还影响到了农村。素有"天下第一村"之称的江苏省江阴华西村，村民集资30亿元建起的黄金酒店于2010年10月8日开业，该楼高328米，共74层，列中国第8位、世界第15位。

　　随着中国经济的发展和国际化进程的加快，近些年来，全国各地大中小城市都开始了建设高楼的大比拼，各式各样号称"第一"的城市建筑此起彼伏，不仅上海、北京、广州、深圳等一线城市建起了众多炫彩夺目的摩天大楼，大量的高层建筑同时也在南京、天津、武汉等城市拔地而起。

2008 年底之前，重庆有两栋摩天大楼——国际金融中心和瑞安嘉陵帆影均开始动工兴建，规划高度都在 400 米以上，加上正在建设的鼎好世纪星城，有 3 幢重庆高楼将跻身当时的"世界 10 大高楼"排名。在重庆渝中半岛不断传出的高楼动工利好消息，则让西部高楼竞赛更显得"硝烟弥漫"。据《重庆晨报》报道，在 3 年内，渝中区将成为"内陆摩天之都"和"内陆香港"，而这 3 幢摩天高楼，无疑是其中最抢眼的。尽管如此，在网友们的眼中，重庆建筑的丑陋大概在国内也是独占鳌头。经过网友的层层评选排出的"重庆最丑的 9 大建筑"，也引来无数点击。

仅 2.6 平方公里的弹丸之地——沈阳金融商贸开发区，也成了沈阳市摩天大楼扎堆的地方，有三栋 260 米的高楼——东北世贸广场大楼、沈阳环球国际大厦和双子楼先后拔地而起，并且还将规划建设东北第一高楼——沈阳中心，高度达 440 米，规划中的沈阳国际金融中心高度达到 430 米，在建的华府天地也达 426 米。沈阳希望借助摩天楼群来提升城市 CBD 的形象。预计到 2012 年底，在建与规划项目全部累加，沈阳现代化高楼水平将赶超众多城市，仅名列北京、上海、深圳、广州之后。

20 世纪 80 年代初期，南京 37 层的金陵饭店傲然面世，这一鹤立鸡群的高楼曾让南京人自豪不已。从此后，南京的第一高楼纪录总在被刷新。150 米、180 米、200 米……从当年高耸入云的 68 层的同仁大厦到新百货二期的 58 层大楼，到 216 米的金鹰国际商城，再到挑战新高的 218 米的商茂世纪广场和 249 米的新百大楼，直至 450 米高的紫峰大厦出现，这一高度直接刷新了此前刚刚由新百大楼创造的"江苏第一高楼"的纪录，也让紫峰大厦直接跻身为当时全球第 5 高楼。这些变化让人们对持续"长高"、日益雄伟的南京又一次有了全新的认识。

"长高"的还有深圳。据深圳《晶报》报道：深圳 15 年"长高"了 357 米。高达 588 米的"深圳第一高楼"——平安国际金融中心于 2010 年 8 月底正式奠基。这一消息，再度吸引了人们的眼球。至此，深圳 100 米以上的摩天大楼已超百座，约占全国摩天大楼总数的 1/10，而 200 米以上的超高楼多达 13 座，列世界第 6 位。

20 世纪 90 年代，深圳高楼的建设速度明显加快。1990 年，高达 163 米的发展中心大厦落成，夺走了国贸大厦长期占据的第一宝座。1995 年，联合广场、深房广场、华能大厦 3 位"巨人"相继崛起。仅仅一年后，383.95 米的地王大厦又以"9 天 4 层"的速度成为深圳新速度的象征，它建成时是亚洲第一高楼，也是全国第一个钢结构高层建筑。到 90 年代末期，深圳几乎每年都有 2～3 座超过 150 米的超高型建筑建成。

进入 21 世纪后，深圳 200 米以上的摩天大楼开始大量出现。2000 年，355.8 米的赛格广场成为深圳第 3 座具有地标意义的超高建筑。随后仅 5 年时间，深圳就集中出现了招商银行大厦、信息枢纽大厦、国际商会中心等 6 栋超过 200 米的摩天大楼。而几年后，比地王大厦足足高出 204 多米的平安国际金融中心将再一次刷新深圳高楼纪录。

以"高大雄伟、后现代"建筑作为城市的标志性建筑，是目前中国城市建设的又一误区。新建筑之后不断还有最新的、规模更宏大、造价更昂贵的、更加高耸入云的楼层出现，这样循环往复，一个城市雄伟的最高建筑也总在不断变换旗帜。

请看内地 200 米以上高楼数量的城市排名：

1. 上海

2. 深圳

3. 重庆

4. 广州

5. 南京

6. 武汉

7. 大连

8. 北京

9. 沈阳

10. 成都

这些鳞次栉比的高楼大厦，真的就是中国城市发展高度现代化的标志吗？

这些高楼大厦带来的环境、人口、交通以及其他设施的失衡，会引发诸多问题。北京央视大楼的设计者库哈斯在深圳一次题为"摩天大楼的前世今生"的演讲中指出：摩天大楼不能简单比谁高，要有创新和丰富的使用功能。笔者有一位建筑师朋友说，一旦建筑高度超过 150 米，所有的功能要求、造价费用都会大幅提高，对一个城市整体轮廓的影响也远远大于一般高层。摩天大楼会对整个城市大环境的自然光、风以及气温产生很大影响。比如，高楼会破坏城市规划的天际线，挡住视线和阳光。夏天，高楼幕墙反射的光对周边环境会造成光污染，还会对驾驶员有视觉干扰，增大发生交通事故的可能。另外，高楼还会将高空强风引至地面，造成高楼附近局部强风，影响行人的安全。还有地面沉降问题，上海下沉最严重的就是浦东区，高楼林立的陆家嘴更是重灾区，金茂大厦仅在 2008 年一年之内就下沉了 6 厘米多。

更令人担心的是消防及其他安全问题。2011 年 08 月 22 日《半月谈》刊登了《我国摩天大楼 5 年内将超 800 座，安全隐患须重视》的文章，在文中专家提醒：高楼安全风险处置难度远远超过平房。从自然灾害的角度看，地震对高楼的影响是显而易见的，一旦出现倒塌，损失将十分严重；台风强烈时，高楼顶部会出现摆动，摆动幅度最大可达 1 米左右；雷电也喜欢"光顾"高楼；高楼垂直的楼梯间、电梯井、管道井等设施，犹如烟囱，在火灾时会助长烟气火势的蔓延，形成"烟囱效应"；人员疏散缓慢、高空灭火困难等特点，也是其固有缺陷。美国世贸大厦的惨痛教训，给全世界的人都留下了最深刻的印象。

国外一位名叫安德鲁·劳伦斯的经济学家注意到，"世界第一高楼"的兴建通常是经济衰退的前兆，离经济衰退只有半步之遥，他建议用"摩天大楼指数"来预测经济繁荣的结束时间。这个理论虽然有几分荒唐，但最新第一高楼哈利法塔的建成与迪拜的债务危机就是一个活生生的例子，恰好验证了劳伦斯的理论。于是，他的理论被称为"劳伦斯魔咒"。

◾ 评点 ◾

如果说，城市仅仅是为了满足外来观光客的欣赏趣味，或者成为值得炫耀的政绩，那么这个城市的发展必将与民生需求南辕北辙，与市民的诉求背道而驰。其实，城市对绝对高度的追求，并非市民的生活需求和城市发展的需要，而是城市决策者对"城市形象"改造和拔高的主观追求。这样，城市似乎不再是一个按照客观规律成长的有机体，而成为被主观规划与改造的对象。

欧美的一些观察家认为，目前中国城市面貌过于光怪陆离，摩天大楼造型过于离奇夸张。城市的一切建筑都应该以人的需求为本。一个城市的现代化水平，不是看它的楼有多高，而是看人们在这里生活得是否舒适。欧洲发达国家的楼宇大都很低，但这丝毫不妨碍它的现代化程度。

试问，一个盲目追求雄伟、高大、壮观的城市，会成为一个宜居的城市吗？

自我迷失——中国风格和气派建筑的缺失

· 央视新大楼的设计者库哈斯"盛赞"中国人胆子大："我想，除了中国人外，恐怕再也没人敢做 CCTV 总部大楼这样的建筑。"
· 难道正如贝聿铭说的，中国的建筑已经彻底走进了死胡同？中国的建筑师们真的已经无路可走了吗？

2011 年 8 月 12 日，第 26 届世界大学生运动会开幕式在深圳市深圳湾体育中心隆重举行。全世界的人都可以看到，开幕式大气磅礴的现场宽阔度和视觉感受远超北京鸟巢。

由于深圳湾体育中心呈现白色，整体上是个长长的椭球形，而且有不规则的曲线变化，所以被誉为"春茧"。其线条柔美、造型独特，创意不逊色于北京鸟巢。这个由中日联合设计的体育馆寓意为"孕育生命、破茧而出、冲向世界的运动健儿的孵化器"。尽管如此，还是有人认为其设计除了多少借鉴了鸟巢的创意外，缺乏中国风格和民族气派。

"中国不能成为畸形建筑的'试验场'，在西方往往只是书本、杂志或展览会上出现的畸形建筑，现在在北京及其他少数大城市真正地开始盖起来了。畸形建筑结构动辄多花费十亿、十几亿、几十亿，中国是不是已经成了最大的建筑浪费国家？"两院院士、著名建筑学家吴良镛曾经多次这样抨击国内的建筑设计。

正如吴良镛先生所说，今天中国内地的城市建筑规划，盲目运用西洋模式，几乎成为设计大量克隆的标本。应该说，一个城市区别于另一个城市，更重要的还在于其内在的气质和文化底蕴。只有传承地拓展城市的文化个性与特色，方可构建起轮廓清晰的城市文化形象。然而，越来越多的人发现：中国城市在互相模仿抄袭，面孔越来越相似，一样的高耸入云，一样的玻璃幕墙，一样的洋派风格；还有些则是风格杂乱的混搭建筑，这些建筑似乎是穿西服而又头戴瓜皮帽的"假绅士"，鳞次栉比的高楼和商业街都拥挤在市中心，在美式、欧式、日式、港式和新加坡模式中，充斥着土不土、洋不洋、今不今、古不古的"建筑怪物"。一位专家批评说："一幕接一幕地上演着'暴发户附庸风雅'的闹剧。这种战略在智力与审美水平上，与一个一心追逐 LV 包的庸俗女孩并无本质差别！"

中央电视台的新大楼，曾被美国《时代》杂志选为"年度世界十大建筑奇迹"。然而，具有讽刺意味的是，它在北京受到了公众的诸多诟病，因为人们看到的仍然是国外的建筑师们将中国当成了他们作品的"试验场"。连库哈斯本人在国内的一次演讲中也盛赞中国人的胆子大："我想，除了中国人外，恐怕再也没人敢做 CCTV 总部大楼这样的建筑。"

总之，在中国过去 30 多年的城市建设高潮中，建筑数量增速惊人，虽然在一定程度上满足了大多数城市居民的基本需求，但汇集起来的建筑物作为城市景观，却表现出千城一面，以及在审美上对民族风格的迷失。

甚至在一些少数民族地区，城市建设趋同化倾向也十分明显，缺乏民族文化精髓的传承要素，片面求"洋"求"大"。

"我刚回国时感觉怪怪的，像是在新加坡，又像是在吉隆坡，也像是在英国或是法国。"这是笔者的一位学建筑的朋友阔别祖国多年，回来后对国内城市新建筑发出的"一声叹息"。他说，欧洲许多老城市，对历史建筑和遗产视若珍宝，有的甚至连一百多年前壁炉里的炭灰都不肯轻易除掉。但这并未阻碍他们走向现代化。著名作家冯骥才从法国考察回来后说，巴黎真正的历史感是在城中随处可见的那一片片风光依旧的老街老屋之中。

毋庸置疑，欧洲的风格不一定适合中国，现代主义等风格在中国也并非都很和谐，中国更需要的是现代民族风格。中国拥有 5 000 年的文明史，祖先给我们留下了太多的宝贵遗产。中国不仅是大国、古国，也应该成为一个强国，中国应该去创造和弘扬自己的风格。

反观中国的古代都城，目前仅有很少的城市还保留着一定的特色，在高楼鳞次栉比的大城市里，具有中国现代建筑风格的建筑简直是凤毛麟角。2011 年 5 月，深圳文博宫古玩艺术品交易中心开业。文博宫建筑宏伟，气势磅礴，是中国南部最大的仿古集群式建筑群，也是国内外唯一跨越秦、汉、唐、宋、元、明、清 7 个朝代的建筑融合体。作为深圳城市文化的新地标，文博宫多少弥补了深圳民族风格建筑物极少的缺憾。还有像西安的大唐西市建筑群、襄阳仿古一条街建筑群等，都仿佛是一幅幅用现代笔墨描绘的立体黑白画卷，具有很强的视觉冲击力，让人感受到一种别样的意境与恢宏的气势。在现代化建筑成堆的城市里，我们只能偶尔看到这样一些令人眼前一亮和具有中华民族传统文化与风格的建筑。

标志性民族风格建筑的内涵也是城市历史文化积淀的反映，折射出城市固有的个性和风貌，是向外界昭示城市独特文化气质与价值的载体，理所当然会历久弥新，存在数百年而不改。然而令人扼腕叹息的是，绝大多数城市的标志性建筑很难承载其历史文化，更令人难以容忍的是把城市固有的传统建筑大肆破坏之后，又以新的、风格杂乱的所谓"国际化"的建筑而取代之。

◾ 评点 ◾

很多有识之士十分担忧，盲目地复制与模仿西洋古典建筑，是对创造民族的现代建筑缺乏自信心。当代建筑大师贝聿铭也有一段批评十分尖锐，在中国建筑设计界可谓众所周知：中国的建筑已经彻底走进了死胡同。建筑师无路可走了，在这点上中国的建筑师们会同意我的看法。他们尝试过前苏联的方式，结果他们对那些按前苏联方式建造的建筑物深恶痛绝。现在他们试图采纳西方的方式，我担心他们最终同样会讨厌他们的建筑。

著名建筑师、亚洲建筑师学会理事长、香港政协委员潘祖尧也多次指出："每个民族都有自己的所好，外国的东西不一定就是好的。即使在外国是好的，可对中国来说，也不一定是可以接受的。中国的建筑师其实比外国建筑师更了解中国的文化背景和经济社会情况。"

国内建筑设计界有识之士也大声疾呼：当我们称道希腊罗马建筑的刚劲雄伟、中世纪哥特式建筑的高耸庄严、故宫天坛的博大辉煌时，当代中国的城市建筑究竟应该贡献给人类文明什么新的东西呢？

喧嚣浮躁——城市规划"失明"

· 中国有多少座"标志性"大厦，多少个 CBD，多少个仿古一条街，大约
  谁也不知道一个准数。
· 在城市化发展的过程中，一些城市规划决策者始终处于喧嚣与浮躁的情
  绪中。

　　2011 年 5 月，在天津南开大学召开的城市形象论坛上，与会学者们群情激
奋，几乎众口一词、毫不留情地展开猛烈批评："在城市规划与改造中，开发商
和地方行政长官在巨大的物质利益驱动下，根本不考虑什么是真正的城市形象，
很多城市的历史生命被一扫而光。"

　　在 2010 年 3 月召开的全国"两会"上，香港政协委员潘祖尧也"炮轰"内
地的城市规划。潘祖尧首先担忧的是"鸟巢二代"现象，这主要是源于"首都
效应"，即北京干什么，其他城市也跟着干什么。比如，北京建了国家大剧院、
鸟巢、水立方等一批建筑，地方上也照葫芦画瓢，掀起剧院建筑、体育建筑建设
的小高潮。他指出，这样的城市规划与建设会走入误区，甚至会造成不可挽回的
损失。还有，北京奥运会、上海世博会和广州亚运会等盛会的召开，让这些城市
集聚的资源过剩，城市的交通、污染等问题不仅没有得到改善，反而更加恶化，
积重难返。

　　事实上，在每个城市新的规划与建设中，一定少不了标志性建筑。北京有鸟
巢和国家大剧院，上海有金茂大厦和东方明珠，广州有中信广场和珠江新城西
塔，深圳有地王大厦和赛格大厦，香港有中银大厦和香港会展中心。同时，几乎
每个城市都在新的规划中大力兴建广场和标志性建筑，奋力打造旗帜，为城市
代言。

　　中国有多少座"标志性"大厦，多少个 CBD，多少个仿古一条街，大约谁
也不知道一个准数。每个城市都建有广场和地标建筑，这些都是城市管理者们互

相学习取经、互相效仿和攀比的结果。他们害怕落伍,只有付出"相似或相同"的代价。在中国建筑界流传着这样的笑话:某些建筑设计师到处竞标,也只不过是把自己在一个城市的建筑设计方案稍作修改,再套用到另一个城市。据说这种现象绝非个别而是十分普遍。

在城市化发展的过程中,一些城市规划决策者始终处于喧嚣与浮躁的情绪中,表现出盲目性,造成了城市规划的无序与失衡。

2011年8月上旬,由上海交通大学都市文化与传播研究院主持完成的《2011中国都市化进程报告》发布。报告对中国的城市规划提出严厉批评,并指出:城市规划的"过度化"、城市品牌的"低俗化"与都市主体的"离心化",正日益演化为影响和制约中国都市化进程的三大问题。2010年12月16日《21世纪经济报道》刊载的《城市规划矛盾引发超级"城市病"》一文更是直接批评:在奥运会、世博会、亚运会和大运会等盛会的刺激下,一线城市对市政建设投入了巨大的财力。但这些城市的城市规划、交通设施的建设远远跟不上城市化发展速度。盛会的召开让中国的一线城市集聚了过多的资源,但城市与城市之间资源发展的不平衡问题反而加剧了一线城市交通、污染问题的恶化。

实际上,早在20世纪60年代初,美国一位名为雅各布斯的女记者写了一本轰动性的畅销书《美国大城市的死与生》,这本书的面世,对当时的美国城市规划界来说,如同发生了一场地震。此书开篇开诚布公地申明:"这是一本抨击当代城市规划的书。"该书自出版以来,即成为城市研究和城市规划领域的经典名作,对当时美国关于都市复兴和城市未来的争论产生了持久而深刻的影响。

现在,这本书再次受到了中国知识界的关注。这些年,中国城市的超速发展引发了诸多问题,这些问题有很多在当年的美国同样存在。这本书对于中国目前的城市规划和城市建设与发展也极具借鉴意义。

▗ 评点 ▖

时至今日,尽管国家"十二五"战略已经开局,种种城市乱象并没有很大改观。

新华社《瞭望东方》杂志曾严肃批评说:"几乎百分之百的中国城市互相抄袭!"还有权威人士进行深层次的分析后认为,在"十二五"城市规划中,我国城市规划仍然面临着诸多传统城市规划的体制性、机制性障碍等深层次的矛盾和问题，城市规划长期积累的结构性矛盾和粗犷性规划模式尚未得到根本性改变。城市目标趋同、功能重复、产业同构、形象单一、千城一面、特色危机、摊大饼式发展、土地深层次问题依然严重存在，给"十二五"城市发展带来的不利影响、不利因素不可低估。城市化发展进程中所反映出来的这些积压式、交叉式矛盾，和改革开放以来西方国家城市以"历时性"方式呈现的矛盾在我国城市以"共时性"方式出现。

一本半个世纪之前写就的、抨击美国大城市弊端的书，在当代中国知识界受到特别关注，本身就是一件令人深思的不寻常事情。《美国大城市的死与生》提出的问题对于发展中国家同样适用，同样的问题正在以不同的形式侵扰当代中国的城市建设与规划。到目前为止，国内还没有人像美国女记者雅各布斯一样，以全新的视角对中国大城市的弊端进行系统研究，更遑论系统、整体的批判了。

第 二 章

雾里看花——第五个直辖市之谜

城市是一本打开的书，从中可以看到它的抱负。

——（美国）沙里宁

2011 年 3 月，全国政协委员、香港中华文化总会会长、新恒基集团董事局主席高敬德建议：让深圳成为第 5 个直辖市。这一提议，让多年来"谁来做第 5 个直辖市"的争议再度甚嚣尘上。

那么究竟哪个城市真正具有成为第 5 个直辖市的优势呢？

"直辖" 的诱惑与困惑

· 海内外媒体的热炒，似乎第 5 个直辖市已经呼之欲出。这让每个有希望成为第 5 个直辖市的城市都充满了期待。

· 虽然"西安直辖"最终证实为误传，但还是被善于捕捉题材的股市庄家利用，激发了市场对西安本地股的一阵追捧。

无可否认，"直辖"二字对每一个中国城市的诱惑实在不小，给这个城市发展带来的能量和巨大推动力已不言自明：中心地位的确立、政治地位的提高、经济辐射力的增强，甚至其他城市的"仰视与尊崇"，资金流、信息流、人才流、物流等的吸纳能力大大提升，能更大程度地实现自我超越……

2004 年 3 月上旬《中国经济周刊》刊载的《谁会成为第 5 个直辖市？》一文曾进行过分析：众多的诱惑，使直辖市成为更多城市的梦想。大多数普通市民认为，被中央直辖类似于获得了"升迁"。而对于某些官员来说，城市获得直辖，确实是一种获得升迁的途径。

所以，在一段时间内，中国政府计划大规模调整部分省界的传闻被媒体炒得沸沸扬扬。

曾有香港媒体报道，为了促进深港一体化，中国高层已在论证深圳成为直辖市的可能和条件，准备程序随时可以展开。

海内外媒体的热炒，似乎第5个直辖市已经呼之欲出。在每个被猜测到的城市，人们充满了期待。

网上则传言国家将对长江三角洲的行政区划"动大手术"：昆山市改为昆山区划入上海；南京升格为直辖市，江苏省省会迁到苏州、无锡或扬州；江苏北部与山东西南及安徽北部整合设淮海省，并以徐州为省会……

尽管传闻涉及的省份或城市都纷纷出来"辟谣"，表示"没有听到这方面的消息"或"对传闻不作评论"，但一些关心者反而因为有关官员的话语含糊，而更相信传闻的真实性。

当时也出来为这一话题凑热闹的《联合早报》刊载了《中国探讨增设直辖市》一文，该文分析认为：中国目前的省份太少，各省、自治区的辖区过大，平均人口在4千万左右，一些辖区范围远远超过英国、法国或德国的全部国土，一些大省如河南、四川，人口都在1亿左右，比英德法等欧洲大国还多。这很不利于实行高效的现代化行政管理。

改革开放以来，经济增长因素逐渐开始成为城市的重要价值标准。1983年以后，中央相继批准一批城市实行计划单列，成为特区城市和特区省；1997年，中央决定，重庆成为第4个直辖市，显然，这种行政区划变革也是以经济为主导的。

《谁会成为第5个直辖市？》一文分析：中国行政区的经济功能，几乎完全取决于地方政府的经济行为。这种经济行为在促进区域经济增长的同时，往往也会产生许多负面效应，影响最大的当属地方保护主义。它使得行政区成了阻隔经济一体化进程的"看不见的墙"。

今后若干年，中国将面临现代化、城市化和全球化的挑战，这对行政区划特别是市镇建制提出了新的要求。增设新的市镇建制、完善设市城市体系，是今后一个时期行政区划体制调整和变更的中心任务。

民政部区划地名司原司长戴均良曾经在接受香港《文汇报》采访时指出，从经济社会发展需要来看，适当增加直辖市很有必要，好处有三点：一是直辖市管理层次少，既节约行政成本，又有发展活力；二是直辖市作为新的经济增长点辐射范围广，可带动区域经济发展，重庆就是很好的范例；三是达到缩省的效果，为省直管县（市）体制创造条件。

当时还有所谓"知情人"透露，中央增设新直辖市的原则已经确定：力争摆脱原有行政区划对这些地区经济和社会发展的束缚，发挥资源、产业、区位优势，实现经济的高速发展，带动相关地区发展成为中国经济最发达、最具发展活力、核心竞争力最强的龙头地区之一。同时，新区划可以成为行政机构改革试点。

民间版本春秋争雄

既然是民间流传的版本，本应不足为信，但前几年网上的消息硬是言之凿凿，说中央对增设直辖市有三个标准：第一，中心城区常住人口在 200 万或 300 万以上；第二，有明显的区位优势；第三，非省会城市优先考虑。中央并没有完全否定省会城市升格为直辖市的可能性，只是提到非省会城市优先考虑，而被人们热议的 10 个直辖市候选城市大部分为省会城市。

从人口规模方面分析，人们热议的所谓 10 个直辖市候选城市通过提高城镇化率、合并等方法都可以轻松达到要求，如杭州、广州等城市加快了并县步伐，杭州将萧山等县纳入麾下。有网友推测分析，广州、杭州等城市这样做的目的，就是为了增强中心城市实力，增加"升直"的筹码。中心城区规模较小的福州，也提出了合并长乐、闽侯等县的计划，将在未来 5 年内使中心城区人口轻松达到300 万人以上。而人们热议的 10 个直辖市候选城市中，除苏州没有明显的区位优势外，其他城市都是其所在地区的中心城市。

另外还有网友提出建议，武汉、郑州、沈阳、广州等城市已经具备直辖条件，可以让这些城市既是直辖市，同时也行使省会城市的行政职能。以前也曾有过先例，在新中国成立初期，西安、武汉、广州等城市就曾同时作为直辖市并行使省会的行政职能。而在西北和华中地区，分别只有西安和武汉为中心城市。网文还称，国家有关部门正在研究直辖市同时作为省会的可行性，除了 10 个待议的直辖市候选城市外，长春、南京、杭州等城市也在争取成为直辖市。

众说纷纭，莫衷一是。这些并非来自政府的声音，不失时机地为民间的猜测增添了更多的悬念。

中国有武汉、厦门、广州、沈阳、西安、济南、长春、宁波、深圳、杭州、成都、青岛、哈尔滨、南京、大连15个副省级城市，其中深圳、大连、青岛、宁波和厦门是计划单列市。在这些城市中，最热门的直辖市候选城市依次是：深圳、广州、武汉、大连、南京、青岛。另外，还有网友猜测：直辖市首批待议城市为沈阳、大连、青岛、武汉、福州、广州、深圳；次批待议城市为西安、郑州、苏州。

但是也有网友分析，广州、武汉、南京是广东、湖北、江苏的省会，如果三市升格为直辖市，必然涉及省会的搬迁，行政成本过高。

悬疑，下一个直辖市究竟是谁？

其实早在若干年前，关于深圳直辖的传言就开始在民间流传，香港的传媒对此话题更感到兴奋，也表现出异乎寻常的关心。而当时《亚太经济时报》一篇轰动性的报道，似乎成为坊间传言的佐证，这篇题为《国家行政体改方案出台 深圳可能成第五个直辖市》的报道言之凿凿：国家行政管理体制改革方案已"基本定好"，中央正考虑增设直辖市，直辖市将分中央直辖和省辖两种。

据说这个消息是国家行政学院教授杜钢建向媒体透露的，而有关研究机构已为深圳勾画了蓝图。无论是对于城市定位缺失的深圳，还是对于与深圳一河之隔的香港来说，这一蓝图无疑有难以抗拒的吸引力。

好几年过去后，深圳直辖的说法仍然在民间流传，但CEPA合作框架的实施，为港深以及香港与内地的合作开启了一扇窗，暂缓了深圳的这种"直辖冲动"。

在深圳直辖话题沉寂后，广东相对落后的城市湛江，也被一些网友列为直辖市的候选城市。支持湛江直辖的理由是：作为不发达的南方滨海城市，湛江具有战略支点意义，如果湛江能够直辖，海南岛、广西北部湾就都盘活了，这一带就有了新的发展龙头和引擎。

《大河报》是河南颇具影响力的一份报纸，其早年前曾经有一篇题为《郑州将成中国第五直辖市？论据是填补中部空白》的文章，细数了民间关于郑州直辖的各种心态和理由。

当人们列数其他几个城市成为直辖市的种种理由时，有关武汉升直辖市的消息也闹得沸沸扬扬。武汉直辖对中部崛起十分有利，戴均良在《中国市制》一书中也是这么认为的。但问题是，当武汉这座湖北最强的城市直辖之后，行政区划如何安排，如何解决湖北包围武汉的问题。像重庆那样扩大武汉的区划显然不合适，因为湖北远没有老四川那么大，重庆的直辖很大程度上是因为老四川包袱太大。

香港《文汇报》曾经就深圳等市将被升格为直辖市的传闻，采访了戴均良，他表示，增设直辖市一事只是理论研究与探讨，根本未到操作层面。

虽然是只言片语，毕竟代表了官方十分明确的"否定"态度。尽管如此，有关直辖市的议论并未因此而停止。

2010 年 7 月，著名战略咨询专家王志纲在"兰洽会"上透露，西安已被确定为国家第 5 个直辖市。虽然该消息最终证实为误传，但还是被善于捕捉题材的股市庄家利用，激发了市场对西安本地股的追捧，一些庄家大赚了一把。

"大武汉，中国第 5 个直辖市！"几乎在西安直辖传闻的同一时间，关于武汉直辖的传闻再度出现。有人在网上竟然宣称是"引述"新华社的报道。此间还有分析认为，武汉的确有直辖的必要，否则中部崛起的战略决策将受影响，武汉直辖是种必然，它的意义大于重庆。这个传闻延续了几年前关于要"瓜分湖北"的荒唐推断：武汉升为直辖市后，宜昌、恩施划给重庆；黄石、鄂州、咸宁划归江西；荆州、荆门、仙桃、潜江、天门、汉川划给湖南；襄樊、随州、孝感（除汉川之外）划归河南；黄冈划给安徽；十堰、神农架划归陕西。

由于太过荒诞，此言并没有多少人相信。

2011 年 3 月，沈阳要直辖的传闻又一次在网上流传开来，传言说，为了加快振兴东北的步伐，党中央、国务院已将沈阳市确定为新的直辖市。

尽管有网友疾呼声援："沈阳市，直辖势在必行！"但多数人还是认为，这大约又是沈阳人在"忽悠"。

显然，谁能成为第 5 个直辖市一直以来都是公众十分关注的热门话题，传言和猜测也实在太多了。

▪ 评点 ▪

不管怎样，这些都反映了"直辖"二字对一个中国城市的巨大诱惑力。被中央直辖，好像已经成为一种荣誉，尽管感到光荣的直辖市民并不准确地知道直辖对自己意味着什么，但有一个浅显的认识是，原来归省里管辖的城市变为被中央管了，这就像官员获得提拔一样，城市直辖就类似于官员升官。于是，一个城市谋求被直辖就不仅是普通市民的普遍愿望，甚至还可能成为某些政府官员们谋求升迁的"发展大计"。

这样的"城市直辖"追求无疑是已经异化的冲动！

深圳：与其直辖，毋宁入港

- 在 2005 年全国"两会"上，香港著名实业家、全国政协委员马介璋先生一语惊人，放了一枚重型炮弹："将深圳直接划入香港。"
- 从全国角度来看，北边有北京、天津，东边有上海，西边有重庆，唯独南边缺乏一个直辖市。
- 尽管深圳的经济总量一直排在天津和重庆之前，还直逼华南中心城市和省会广州，多年来在与广州的"老大之争"中却始终处于下风。
- 美国学者弗罗里达在其《创意经济》一书里说："将深港设想成为一个特大城市，取名为'香圳'。"

深圳直辖猜测由来已久

2003 年春天，中共中央总书记胡锦涛视察深圳，殷殷寄语：加快发展、率先发展、协调发展，继续发挥"试验田"和"示范区"作用。

2003 年 8 月，《经济观察报》刊载的《深圳未来建直辖市还是自由港》一文报道，一个由国家发展和改革委员会、国务院研究室和国务院法制办有关官员组成的中央调查团专程到深圳考察。据有关人士分析，中央调查团的任务大概是就特区存留问题或深圳升格为直辖市问题广泛调研，咨商可能，然后为中央决策提供关键性意见。有说法认为，由于事关深圳未来命运，深圳市委、市政府高度重视这次考察，接待规格很高，在信息披露方面也非常慎重。

《深圳未来建直辖市还是自由港》一文还猜测，大量的材料似乎显示中央政府正在为深圳重新定位，深圳的命运将再度出现转折。在各种各样的设想中，有三种占据着主导地位：第一，与香港结成"特区联盟"；第二，成为中央政府直辖市；第三，成为自由港。

在此之前，坊间还流传着关于深圳即将扩大版图的方案，这些方案为：一是将现东莞市的塘厦、凤岗、清溪3个镇（约300平方公里），以及惠州市的原惠阳市和惠东县（分别为2 982和3 398平方公里）划入深圳；二是将东莞的3个镇和整个惠州市划进来；三是将整个东莞和惠州都划入深圳。

但是，对于"深圳要成为中国第5个直辖市"的说法，深圳市政府多次断然否认：深圳市政府从未有过这样的说法，政府考虑更多的是制度的创新。

但令人奇怪的是，关于深圳直辖的传言在民间不但没有停止。相反，由于有像中国脑库这样有政府背景的著名智囊机构也在关心和研究这个问题，传言似乎开始上升为系统化理论化的城市发展观。更奇怪的是，一河之隔的香港，无论民间还是传媒，对深圳成为直辖市的问题更表现出异乎寻常的热情。

香港因素力挺深圳

2005年，传言说来自深圳市的人大代表和政协委员打算在这年的全国"两会"上提出将深圳升格为直辖市的议案和提案。如果真是这样，大约谁也不会感到突然。事实上，关于深圳直辖的意见这些年来多有反映，但由人大代表和政协委员用明确的报告形式向上提交，似乎还是第一次。人们一时很难判定这一传言的真假。

但是，在2005年的"两会"期间，人们没听到深圳市的人大代表和政协委员有关于深圳"申直"提案与议案方面的消息，倒是来自香港的著名实业家、全国政协委员马介璋先生一语惊人，在"两会"上放了一枚重型炮弹："将深圳直接划入香港。"

他的这一提案在这一年的全国"两会"上引起轰动，也算是对深圳直辖的一种助威了。

直至 2011 年 3 月，媒体又有劲爆消息，全国政协委员高敬德在本年度"两会"上发表重磅提案，认为深圳应该直辖。他分析道：从 GDP 总量、人口数量来看，香港是整个亚太地区的金融中心，若能跟深圳对接起来，那么双层经济一体化的格局就会形成。2010 年深圳市 GDP 继续位列全国大中城市第 4 位，超过天津和重庆。基于深圳如此抢眼的经济发展数据，高敬德委员放言，若能够将深圳设为我国第 5 个直辖市，大珠三角区域"用 20 年、30 年就能够构建成一个超过纽约的大都会"。从经济总量上看，如果港深加起来，到 2020 年 GDP 一定会超过 3 000 亿美元，人口也将达到 2 000 多万人。高敬德表示，建议深圳成为直辖市，除了目前深圳经济发展突出以外，从全国角度来看，北边有北京、天津，东边有上海，西边有重庆，唯独南边缺乏这么一个直辖市。他直言："如果把深圳建成直辖市，深圳能够对整个地区起到引领和拉动作用。"

事实上，深圳特区建立伊始，就直接受中央和国务院领导，近乎扮演着一个直辖市的角色。从经济总量上分析，深圳早已超过天津、重庆两个直辖市。中央财政收入继 2006 年首破 1 000 亿大关后 2007 年再破 2 000 亿大关，达 2 112 亿元。而到了 2010 年，深圳的全口径财政收入为 3 506.8 亿元，比上年增长 26.8%。对中央财政的贡献、对全国进出口贸易的贡献更是一般直辖市和省区所不能比的。

还有一些研究者认为，无论从国家统一、一国两制的角度，还是从经济发展的标准角度，深圳都是第 5 个直辖市的有力竞争者。因为深圳从来就不是一座孤立的城市，香港的发展必然要解决深圳的定位问题，否则，不仅深圳找不准发展方向，香港的经济社会问题也不能有效化解。

近几年深港合作的不断深化为共建世界级大都会奠定了坚实的基础。特别是 2004 年，双方签署了历史性的"1 + 8"合作协议，在"一国两制"和粤港合作框架下，建立了双方定期对话机制。深港双方已签署了建设"深港创新圈"合作协议，标志着深港共建世界级大都会迈出了实质性步伐。

在民间，两地企业和市民对推动经济要素自由流动的诉求日趋强烈，学者更是先后提出了"深港都市圈"、"两制双城"等构想。

直辖不如直接并入香港

不管怎样，笔者始终认为，深圳的处境目前是尴尬而无奈的。作为中国特区的窗口和南方的中心城市之一，其经济总量不仅一直排在直辖市天津和重庆之前，还直逼华南中心城市、省会广州，然而多年来处于"被领导"地位的深圳一直受到广州的挤压，与广州的"老大之争"始终处于下风。

时至今日，尽管深圳成为直辖市的传闻已不再新鲜，但深港两地合作的步伐仍在不断提速。

客观上看，一些专家早就已经把深圳和香港视为一个"连体都市群落"。比如著有《创意经济》一书的美国著名学者弗罗里达惊奇地发现，深港两地是世界上夜晚灯光最亮的地区之一。他根据这一发现，将深港设想成为一个特大城市，并且取名为"香圳"。

值得关注的是，2009 年 5 月中旬，在上海获批"双中心"后，深港地区顺利获得了国务院批复的"五大中心"：全球性的金融中心、物流中心、贸易中心、创新中心和国际文化创意产业中心。

《深圳综合配套改革试验总体方案》获批后，深圳在已有的经济特区基础之上，又成了名副其实的"国家综合配套改革试验区"。这是深圳 1980 年 8 月被全国人大常委会批准设置经济特区后，又一重大发展机遇期。有人幽默地说："这样一来，深圳岂不是成了'特区的平方'。"

《深圳综合配套改革试验总体方案》获批，推进了港深的全面深度合作。有研究数据表明：2020 年以前，"深港大都会"GDP 可保持年均约 8% 的增长率，到 2020 年，其经济总量将达到 1.11 万亿美元，仅次于纽约、东京，排名世界城市第 3 位，仅目前深港合起来的金融证券市场总量就已相当于伦敦的数量。

事实上，深港两地的深度合作已经全面展开。

2007 年 5 月，《深港创新圈》协议在香港签署，这标志着深港双方正式提出了"深港创新圈"的新概念，并开始了建设工作。2009 年 11 月，一批专家学者聚集深圳，研讨深港如何深化合作的问题，"深港创新圈"再度升温。"深港创新圈"概念的提出和实施，旨在整合两地资源、形成产业链、提升深港地区和珠三角区域的自主创新能力。深港两地科技、创新合作的示范区——河套地区在近两年来深港两地研究机构的探讨中，被建议规划为"仿照伦敦金融城的模式设立深港金融城，打造一个新的金融特区和国内金融改革的试验、示范区"。

之后，深圳公布的《深圳城市总体规划（2008—2020）》中确定了深圳城市"前海双中心"之一的"前海中心"的核心区域，该区域总占地面积约15平方公里。规划提出，前海合作区的功能定位为：深港合作先导区、体制机制创新区、现代服务业集聚区、结构调整引领区，其服务范围将是包括香港在内的整个珠三角。

翻开地图就可以看到，前海地区位于整个珠三角湾区的核心位置。从规划上讲，前海还位于对于整个珠三角发展具有至关重要作用的"香港—深圳—广州"这一"脊梁"的核心位置上。因此，前海这一区域是深圳未来发展最具战略意义的空间所在。有规划师甚至提出，前海未来将是整个珠三角的"曼哈顿"。

不难判断，两地合一的趋势愈见明显。很多人士认为，深圳的出路不是直辖，而是与香港"合二为一"。2008年3月2日，全国政协委员、时任深圳市政协主席的李德成向全国政协十一届一次会议提交的《全方位推进深港合作，共建"两制双城"世界级大都会》提案，征得了20多名深港全国政协委员的联合署名。这份近3500字的提案，以"两制双城"的合作发展模式为设想，为全方位推进深港合作、共建世界级大都会提出8个方面的具体建议，并建议国家将其列入国家中长期发展战略，提供必要的政策支持。大家认为，深港共建世界级大都会时机已趋于成熟。

看过该提案的明眼人不难看出，这实际上是一个"两城融合"的建议。在政府层面，香港特首曾荫权先生提出了港深共建世界大都会的战略，深圳在《2030年城市发展战略》的文本中也提出要"与香港共同发展国际都会"。

从随后深港两地紧密协作的行动来看，两城合一已成为一种必然趋势。

▪ 评点 ▪

只要完全遵循香港的《基本法》，不动摇香港的主体地位，坚持"港人治港"的原则，正如全国政协委员、香港实业家马介璋说的一样，深圳划入香港一定会为香港带来益处，而不是冲击。相信专家们原来担心的政治体制不合的因素也完全可以化解。

鉴于深圳目前的地域和处境，笔者坚定不移地认为：与其直辖，毋宁入港。

郑州：从"逐鹿中原"到"第三世界"

· 河南人就是富有想象力，郑州直辖还远没有定论，他们就开始"窝里斗"：郑州直辖了，谁来做省会？

· 从旧时的"得中原者得天下"到 20 世纪 80 年代的商战闻名，郑州的底气为何越来越弱？

· 郑州人的"直辖"梦想从一个侧面反映了他们担心被挤下城市"头等舱"的忧虑。

"郑州直辖"，也不过是一些大城市近年来萌发的直辖冲动的又一个版本而已。

众所周知，郑州是一座以当代商战闻名的城市，随着前些年河南人形象问题的热议，到随后中原城市群在申办新特区竞争中的败北，在人们的眼中，郑州在城市竞争中也似乎被无情地划为"第三世界"了。

"分省"之说带来直辖假想

前些年，在国内某著名网站上，曾有人发布了一张"分省地图"，这张地图将中国分为 50 个省级行政区域，并将新分出的省安上了淮海省、东辽省、胶东省等名称。

而关于郑州要直辖、河南要分省的传闻早已经不是什么新鲜话题了。在郑州的街头巷尾，人们经常议论的事情就是"郑州直辖后，谁会成为下一个省会"。

这张"分省地图"在网上迅速传播开来，更多的"分省"遐想不断涌现。其中最大胆的一种设想是仿照秦朝建制，将中国划分成200个郡州。热心的网友们对这些方案进行着激烈的争论。由于传言太多，以至于戴均良最后不得不站出来辟谣："将中国重新划分为50个行政区完全是子虚乌有的讹传。"

对于分省，专家说，如果中国一级行政区目标定位在50个左右，那么在现有基础上就可再设16个省级行政区。从区域经济中心布局考虑，最少也要增加4个直辖市，即在东北地区、华中地区、华南地区和西北地区各设一个直辖市。

得中原者得天下。我们不难看出，郑州直辖之说正是由郑州的地理位置决定的，也似乎是由"分省说"带来的假想。而这种假想在"中部崛起"这样的大背景下更给人以无限遐想的空间，因为在此之前，已经有了重庆的榜样效应，重庆之所以能够成为直辖市，很大程度上，不就是得益于国家"西部大开发"战略的实施吗？

郑州直辖还远没有定论，河南本省的部分城市就开始"窝里斗"：郑州直辖了，谁来做省会？就河南省而言，郑州周边的一些城市也希望郑州能够直辖，因为给他们提供了一个争夺省会位置的机会。开封、洛阳、安阳、新乡、平顶山、商丘、焦作等城市的网友们都纷纷加入到这场论战。

预言也好，争论也罢，这些都在某种程度上反映出一座城市的某种潜在心态。

郑州的实力成为议论的焦点

在关于"郑州是否会成中国第5个直辖市"的争论中，其城市实力成为话题的焦点。

冷静下来仔细分析，"郑州将成为中国第5个直辖市"实则希望渺茫。

首先，光是有资格争夺直辖市席位的城市就有深圳、广州、大连、福州、南京、青岛等10多个城市，它们的竞争力有目共睹，郑州的优势并不明显。

而在中部城市的竞争中，武汉一直领先于郑州。无论是从人口总量、城市面

河南省示意图

积、科技水平、教育实力来看，还是从商业和工业规模来看，武汉都强于郑州。武汉还有着"九省通衢"的区位优势和优越的长江口岸。若在中部设直辖市，武汉更有可能获得"中部崛起"战略的政策加分，而非郑州。在武汉成为"两型社会试验区"后，武汉的优势更加明显。

从河南省政府决策角度来分析，为了放大和增强郑州的辐射力和龙头作用，近些年来河南把很大的精力都放在了郑州的发展上，政策和资金上的倾斜程度显而易见，而现在郑州也成为河南税收和财政的重要支撑。如果现在郑州提出直辖，想获得上级政府的支持似乎也是十分不现实的。

抛开能否直辖这个话题，稳健务实的郑州市政府部门的工作效率和服务素质近年来正在稳步提高，郑州和外部城市的交流也在日趋增多，一批优秀企业正在迅速崛起，"世界武术大会"和"中博会"、"世界客家大会"等活动的举行也证明了郑州的发展雄心。

《大河报》记者谭野认为，不管怎样，"郑州直辖"说也具有积极意义，它折射出一个城市的市民们"不甘示弱、奋勇争先"的潜心态，同时郑州网友们的"直辖"梦想从一个侧面反映了他们担心被挤下城市"头等舱"的忧虑。尽管他们的猜想显得有点天真，但不难看出他们对这个城市和这个区域的热爱之情。

同时，对于"直辖"一说，郑州市的决策者则认为，直辖对于促进一个城市的现代化进程固然很重要，但并不是唯一选择。应该说，一个城市的经济发展因素是多方面的，最主要的还是依靠内部因素。直辖确实是一种促进发展的外力，但这种外力并不是城市经济发展的必然和主要力量，城市的发展还要看该区域内部各种生产要素的组合利用程度。减少行政等级、打破市场藩篱等措施，也能给区域经济发展创造更加有利的市场环境。

❧ 评点 ❧

从旧时的"逐鹿中原"到如今的底气越来越弱，不管从哪方面分析判断，郑州的直辖之路已经十分渺茫。

沈阳：期待与焦躁

· 沈抚新城的概念刚刚形成，"沈阳直辖"又一次成为人们的热门话题。

· 作为"共和国的长子"的沈阳，在长期、全面的计划经济模式下形成了特有的思维模式，总相信"会哭的孩子有奶吃"。

2011年3月，沈阳马上要直辖的消息，又一次在网上流传开来。传言说：未来沈阳直辖市，将包括现在的沈阳市、抚顺市和铁岭市；直辖市内将不设地级市只设地级区；土地总面积达37 237平方公里，总人口1 200万人。

这一消息，令一些沈阳人兴奋不已。直辖话题流传了这么久，难道会在沈阳梦想成真？沈阳真的够格作直辖市吗？

"振兴东北"的焦躁

2011 年 5 月，中国社科院发布了《2011 年中国城市竞争力蓝皮书：中国城市竞争力报告》，沈阳的优势自然不少，但其劣势也不容忽视。很多指标也都反映了沈阳综合竞争力的不足。

中国社科院城市竞争力专家倪鹏飞表示，过去 5 年沈阳不仅在经济上取得了高速的发展，在各分项竞争力方面也都有所进步。

这里的"过去 5 年"，也正是各地对直辖市传言最多最甚之时，而当时任沈阳市市长的陈政高经常说的，也是当时媒体引用最多的一句话就是："沈阳要成为东北的中心城市！"

陈政高认为，每个经济发达地区都有一个中心城市，那么，志在做"中国第四增长极"的东北地区，中心城市将由哪座城市担当？除了要发展壮大地方经济，沈阳的首要任务就是建设成东北地区的经济增长中心，进而成为东北地区的中心城市。

中国当时有 4 个经济区域，除了珠三角、长三角、京津塘之外，就是东北地区。纵观这些区域的经济发展，都有一个中心城市带动。沈阳要想成为东北地区的中心城市，最重要的指标就是经济的迅猛发展。

政府明确表示要将沈阳打造成为东北的中心城市，民间也就有了沈阳将成为直辖市的猜想。

首都社会经济发展研究所副所长辛向阳博士认为，如果将沈阳定位为直辖市，最大优势之一是可以借助相对的独立性，形成一套新的市场化游戏规则；然后以点带面，辐射整个东北地区；中央将原来分散到几百个企业中的资金集中于这个直辖市，能为外来投资提供完善的城市基础设施建设，创造良好的投资环境。

沈阳有沈阳的优势。在中国东北大城市中，沈阳的重工业基础最雄厚，最有可能成为中国重工业装备的基地，而且沈阳市国有企业比较集中；在区位优势上，沈阳是东北地区的中心城市，且处于东北亚的中心节点，与日本、韩国、俄罗斯和蒙古等国家的许多重要城市均处于等距之内，拥有独特的区位优势；在经济实力上，近几年来，特别是中央实施东北振兴战略之后，沈阳市 GDP 年平均增长幅度保持在 15% 以上，地方财政收入连续多年实现 30% 以上的增幅，均位居国内副省级城市前列。沈阳有条件通过设立直辖市形成新的市场机制，并对周围地区发挥辐射带动作用。

从重庆直辖的效应分析，设立直辖市的优势之一，是可以集中使用政府投资。在国家给予的扶持资金总量不变的前提下，通过结构调整，优先培育一个不可逆的市场化机制尤为重要。有学者建议，沈阳可以优先培育重工业装备基地。

倪鹏飞如今仍认为，未来 10 年是沈阳一个难得的发展机遇，在各方面政策的支持下沈阳会得到更快的发展。

扩城，沈阳的"野心"

沈阳市多年前的高调扩城，让很多民间人士猜测，沈阳是否在为"直辖"作战略准备？

如果城区扩大，对于沈阳和沈阳人，对于沈阳周边的城市，必将产生极大的影响。

据 2006 年 10 月 24 日《时代商报》刊载的《沈阳振兴面临双重任务》一文报道，当时的陈政高认为：如果不能成为东北的中心，沈阳就不可能完成振兴的任务。然而，如何才算得上中心城市？要看两点，一是城市规模和人口规模，二是城市的经济实力，这两项指标缺一不可。扩大城市规模对沈阳而言意义重大，只有加快郊区的城市化进程，沈阳才会成为与北京、上海、广州一样的中心城市。

很明显，在当时陈政高的心中，城市化的进程应当更快。他认为，一个城市只有 5 年的机会，机会来了没有把握住就不会再有机会，沈阳的发展速度和状态像当年的深圳一样，然而深圳基本已经定型，沈阳必须抓住现在这个机会。

有人大代表说，扩大的沈阳市区，将成为"大沈阳"的载体。为了加速沈阳扩城计划，市政府将每一个市郊区域都进行了促进城市化改造的部署。

　　难题一大堆，沈阳市的决策者在一道又一道地破解着。

　　不久，沈阳又跳出单独扩城的圈子，牵手抚顺，打造"沈抚新城"，实现更大程度、更大范围的"扩城"。

　　2007 年，时任辽宁省委书记的李克强视察了沈抚两市相互连接的部分地区。他从推动沿海与腹地互动发展、实现辽宁全面振兴的战略高度，指出推进沈抚同城化发展的客观条件已经具备，应以两市的母亲河——浑河为中心景观线，建设沈抚同城化两大空间载体——浑北生态区和浑南产业区。此次视察讲话，标志着沈抚两市正式拉开了同城化的历史序幕。"沈抚新城"的概念就此问世。地处东北城市群核心地域的沈阳、抚顺两个特大型城市的经济社会日益成为同一单元，渐进演变为巨型中心城市——沈抚大都市区，这就是备受国内外关注的沈抚同城化现象。沈阳市发改委发布的《沈抚同城化战略构想与前瞻》中有如下的描述："沈抚同城化可以构筑腹地和沿海良性互动的新格局。按照辽宁提出的'五点一线'和'辽宁中部城市群'的战略要求，沈抚同城化有利于在全省腹地打造具有强大辐射力的巨型中心城市，可以带动辽宁中部城市群，推进'五点一线'沿海经济带的开发建设，促进辽宁乃至东北地区经济的快速发展。"

　　沈抚新城的概念刚刚形成，"沈阳直辖"又一次成为人们的热门话题。

　　对于建立直辖市，沈阳的很多人士认为，成立直辖市不是仅仅满足一个地方经济的要求，这里面有经济、政治甚至人力等诸多复杂的因素，不仅要符合城市发展的需要，还必须符合国家的宏观战略。随着后来沈阳市新城的崛起，沈阳金融商贸开发区抢占市场先发优势强劲势头的显现，沈阳也向着东北区域金融中心核心功能区的目标步步逼近。

　　沈阳在"十二五"规划中又提出新的目标，沈阳要建设成为国家中心城市，GDP 要跨入"万亿俱乐部"。大约是以这些新提法为依据，所以才有了本文开头沈阳市要直辖的新话题。

　　相信"雄心勃勃"的沈阳人还会不断有新的直辖话题。

直辖，沈阳的期待

　　沈阳直辖的话题离不开"东北振兴"这个大主题。"振兴东北"的战略刚一提上日程，围绕这个主题，一些问题就被人们不断提出，沈阳乃至整个东北的某些现象受到人们的广泛议论：

"振兴东北"的战略目标是救活几个企业还是救活一个地区？

是先给钱还是先改革？

改革的最佳选择是企业体制还是行政区划？

地方政府的"重头戏"是继续招商引资还是建立法治环境？

《财经时报》曾刊载《振兴东北方式要变，建议将沈阳升格直辖市》一文分析：作为"共和国的长子"，沈阳的基础优势雄厚，但是其长期、全面的计划经济带来的东北地区特有的思维模式，是沈阳改革开放的最大阻力。中国的计划经济时代在某种意义上被称为"东北时代"。东北集中了全国最大、最多、最基础的工业经济。国务院发展研究中心产业经济研究部一位专家明确指出，凡国有企业集中的地方，经济就陷入困境。这几乎是一个规律，也是被实践证明的问题。对市场经济而言，这种规律最大的危害是政策随意、不确定，并成为投资者最大的风险。

在2010年全球城市要素环境排名中，沈阳排在第209位，这是投入的排名，而产出的排名只有242位。如果投入和产出成比例的话，沈阳的竞争力排名也应该排在209位左右，甚至更高。专家对此解释说：沈阳在整合资源方面做得不好，才导致投入和产出不成正比。

沈阳作为东北的中心城市，产生上述这些问题的核心就是人们的观念与思维方式陈旧，不管是"东北振兴"还是"沈阳直辖"，都必须要逐一破解这些难题。

▪ 评点 ▪

沈阳想做直辖市，更应该彻底解决上述问题。因为一个处在焦躁中的城市，注定是一个灵魂缺失的城市，其直辖之梦更无异于"南柯一梦"。

南京:"金陵秋梦"何时休?

· 如果在众多省份中选出一个最能代表中国的样本省份,江苏无疑具有得天独厚的优势,江苏具有兼容并包的个性,可以称为"微缩的中国"。

· 江苏的区域发展极不平衡,其南北差距比整个国家的东西差距还要突出。

· 在区域经贸活动上,苏州、无锡和常熟等市更多地依靠上海,而对省会南京,反而依靠较少,这正是南京的尴尬之处。

"撕裂"江苏的传闻与臆断

南京,历史悠久,中国著名的四大古都及历史文化名城之一。唐代大诗人李白曾有诗咏南京:"地即帝王宅,山为龙虎盘。金陵空壮观,天堑净波澜。"由此可见,作为六朝古都,南京在历史上的中心地位十分显要。

对于南京直辖,曾任《经济观察报》首席记者的仲伟志颇为关注,他在2003年7月《南京直辖传闻的背后》的文章中,对南京直辖这种传闻的幕后新闻进行了透彻的揭示与分析。

梳理相关传闻,内容大致如下:南京升格为直辖市,安徽的马鞍山和滁州两市并入南京;无锡、苏州或者扬州成为江苏省的新省会,但已经受到县级市行政级别束缚的昆山划归上海市,成为昆山区;苏北与皖北、鲁西南等淮海地区重组为淮海省或徐淮省,省会徐州,并成为国家重点扶持的农业大省。

但是,对于南京直辖以及江苏行政区划分割的传闻,当时江苏省和南京市的官员都给予了斩钉截铁的否认。

一位官员指出,作为中央管理地方的重要手段,行政区划并不是一个单一的区域面积问题,也不是一个单一的行政体制或经济体制问题,而是与国体和政体密切相关的系统工程,如此事关重大,国家显然不会轻举妄动。

仲伟志为此采访了很多专家和地方官员。作为江苏省最著名的宏观经济学者

江苏省示意图

之一，江苏省社科院研究员沈立人对此也有耳闻。这位参与过江苏以及南京诸多重大规划研究的老人认为，这样大的变更绝无可能。

有人分析，如果在众多省份中选出一个最能代表中国的样本省份，江苏无疑具有得天独厚的优势，这不仅体现于历史中，也表现在现实中。行政上的分分合合，文化上的南北兼汇，经济上的层次分明，加上丰富的历史遗产和蓬勃的发展现状，江苏具有兼容并包的个性，在某种程度上可以堪称"微缩的中国"。

然而，沈立人认为，江苏的区域发展不是一个完整的版块，其南北差距比整个国家的东西差距还要突出。在南京直辖传闻的背后，实际上隐匿着整个江苏省区域经济发展中的许多矛盾，南京、苏南（苏锡常）、苏北、苏中等地区相互之间，依然存在着行政区划体制阻滞，尽管长江大桥不断修建，但基础设施资源的整合并不能消弭某些矛盾，异地之间产业结构的协调，也很难尽如人意，南北差距仍然会存在且还有进一步加大的趋势。

仲伟志也认为，如果从这个角度分析，如前所述的南京直辖以及江苏行政区划分割的传闻，似乎不能完全排除其有几分可能性。因为这些传闻也是以江苏省域发展中的基本矛盾为切入点的，传闻中的分割方式与这些年来江苏省域发展战略规划的变化轨迹也似乎有些"吻合"。

"都市圈"的迷惘

世纪之交，在城市化步伐骤然加快的形势之下，江苏省又推出了南京、徐州、苏锡常三大都市圈规划，并提出以苏南带动苏北，协调发展。

构建和发展苏锡常都市圈，是江苏省实施城市化战略、整合城镇群体优势、促进苏锡常区域协调发展的重大战略举措，对引导和促进苏锡常都市圈协调发展，提升苏锡常整体竞争力，增强对全省经济社会发展的辐射和带动能力，加快推进全省城市化和现代化进程，具有重要战略意义。

仲伟志曾撰文分析：苏锡常本来就是上海都市圈的天然组成部分，无论如何规划都要接受上海的辐射，与上海的区域经济一体化不可避免。但是这样的意愿在行政壁垒面前屡遭打击，江苏难免要自出机杼。

作为长江中游的重要城市，南京市有六朝古都之称。在近代历史上，南京也是一个有特殊地位的城市。由于地理因素关系，南京处于发达地区和欠发达地区的过渡地带，城市周边有大量落后地区。就"南京一小时都市圈"来说，南京已经吸附了安徽的马鞍山、芜湖、滁州等地，南京的区位优势明显。但是，放在整个长三角来看，很长一段时间内，很多人认为南京有被边缘化的趋势，上海这个长三角的龙头已经吸附了苏锡常地区，自家兄弟苏锡常的注意力并不在南京。

于是，一些研究者认为，无论从哪个方面看，江苏的行政区划格局都不尽合理——南京是江苏西南、安徽东南过渡地带的省际中心城市，宜直辖而不适合做省会，"南京都市圈"便是一个直辖的最佳模本；以徐州为中心的苏鲁豫皖接壤地区则是呼声很高的独立建省单元，现在仅仅依靠一个松散的淮海经济协作区维系，效能受到影响——这样的格局无疑使得本应存在的两个重要辐射源未能获得释放，理所当然需要进行调整。

时至2011年年初，南京直辖的话题早已陷入沉寂，江苏省政府工作报告又提出要实现沿海开发新突破，充分发挥沿海城市、港口、岸线、空间资源和政策等优势，大力发展海洋经济，推动沿海地区开发开放和跨越发展。同时还提出，培育区域发展新优势，区域协调发展战略与省域主体功能区规划相结合，加强沿沪宁线、沿江、沿海、沿东陇海线产业带建设。

不难看出，江苏的区域经济继"江"之后，又向"海"延伸了。也有人担心：南京并不靠海，南京会不会陷入新的尴尬？

2011年6月，由国家发改委制定的《全国主体功能区规划》完成，规划确定了南京的发展方向：提升南京的长江三角洲两翼中心城市功能。增强南京金融、科教、商贸物流和旅游功能，发挥南京在长江中下游地区承东启西枢纽城市作用，建设全国重要的现代服务业中心、先进制造业基地和国家创新型城市、区域性的金融和教育文化中心。

由此不难看出，不管南京直辖与否，不管上述的目标何时能实现，看来其尴尬不是短时期能消除的。

■ 评点 ■

事实上，在现代经济社会，行政区域的划分并不能完全主宰当地的经济活动，城市的吸附力并不以行政长官的意志为转移，自然形成的经济圈每天都在发生各种变化。江苏的苏州、无锡和常熟等市，人们在思想观念上更希望与上海融合，早就已经把自己划入了"大上海经济圈"；在区域经贸活动上，更多地依靠上海，而较少依靠省会南京。这是不争的事实，也是南京的尴尬之处。

按照专家沈立人的分析，无论当初的"三大都市圈"规划还是后来的沿江开发战略，社会资源都是以政府权力配置为主，而不是以市场配置为主。很显然，这是一个综合改革的问题。现实的情况是，如果尚缺乏经济与政治相配套的完整运作机制，诸多问题远远不是一个"南京直辖"能解决的。

南京人希望成为第5个直辖市的这场"金陵秋梦"究竟何时能醒，我们不得而知。

第 三 章

群雄角力——新特区，盛宴还是鸡肋？

新时代的人，与其处于较狭窄环境中的同类相比较，更容易接受宇宙的现实，更能以同化旧的价值观而创造新的价值观，更能作出新的决定，选择新的方向。

——（美国）刘易斯·芒福德《城市发展史》

关于谁会成为中国第5个直辖市的猜测与争论，还一直在延续着，但多年过去了，仍没有一个明确的定论。

然而，一个新的热点迅速波及全国，这就是关于建立"新特区"——增设"综合配套改革试验区"的战略被正式纳入中央决策的层面。

明争暗斗的博弈背后的利益是什么？"新特区"争来的是盛宴还是鸡肋？

"新特区"之争战火蔓延

· 在市场经济日趋成熟，深圳特区的魅力也快要消失殆尽时，为何建立"新特区"还有这么大的感召力？

· 顾名思义，"新特区"的称谓是相对于深圳、珠海、汕头、厦门、海南和上海浦东等老特区而言的。

· 面对激烈的竞争，沈阳采取了"迂回"战术进行申报，先有省属"新特区"，然后再升格为国家级的"新特区"就顺理成章了。

· 武汉市以当仁不让的姿态开始冲刺，并宣称，武汉希望借助"新特区"的平台成为中部崛起的旗手和领头羊。

截至2011年10月，有大约16个规划相继上升为国家战略，还有一大批区域经济战略正在等待国务院审批。应该说，随着新区域经济版图的逐渐形成，新一轮气势恢弘的区域经济"大跃进"已经开局。

早在2007年的"两会"上，温家宝总理在政府工作报告中，将东部、西部、中部、东北四大经济区域的协调发展提到一个前所未有的高度。因此，国家第三个"综合配套改革试验区"的争夺，成为2007年"两会"期间的一个热点。

几大区域板块几乎同时发力展开对"试验区"的争夺，在市场经济日趋成熟、深圳特区的魅力也快要消失殆尽时，为何建立"新特区"还有这么大感召力呢？

首先，顾名思义，"新特区"的称谓是相对于深圳、珠海、汕头、厦门、海南和上海浦东等老特区而言的。既然称为"新特区"，其意义和作用不可小觑，理所当然地类似于改革开放初期中国在东南沿海设立的经济特区。那么"新特区"新在哪里？有专家认为："新特区"与老特区的本质区别在于，"新特区"是在市场经济体制已经基本确立的背景下建立的，因而，完善这种经济模式又需要进行新的试验探索。还有专家总结："新特区"的一切魅力都可以归结为，中央以"试验"的名义向地方政府让渡了部分权力，让地方在体制探索中拥有更大的自主权，"新特区"是中国市场经济的一场更深刻、更全面的改革。专家们的普遍共识是：国家综合配套改革试验区的提出和建设，将成为中国下一阶段深化改革开放的前沿阵地，担负着探索建设和谐社会、创新区域发展模式、提升区域竞争力的使命。尤其是滨海新区的设置，着眼点在于从中国区域经济发展总体布局出发，探索新的历史条件下区域协调发展的新模式。

如此重要的意义和作用，让"新特区"的魅力凸显，全国各地城市争当新特区成为一种必然。于是，争夺第三批"新特区"之战一时烽烟再起，加入战团的城市和区域多达6个。

先看老牌城市广州。广州2 000多年前就是亚太地区重要的中心城市。改革开放后多年来，目睹了深圳成为特区后从小渔村发展成为国际大都市，成为几乎能与自己"平起平坐"的兄弟城市。这次，如果第3个新区能落户广州则是一个绝好的契机。广州的专家认为：在全国开发区原有优惠政策开始逐步淡化的形势下，加大体制改革创新力度推动发展，成为当前面临的必然选择。因此面对这一新机遇，广州申报"新特区"的积极性很高，且志在必得，希望能成为继上海浦东新区、天津滨海新区之后的又一国家级新区。为了提高成功的可能性，广州市曾有意将广州开发区与南沙开发区"打包捆绑"进行申请。其实早在2005年8月，广州开发区就已准备向国务院申请成为"新特区"。多年来，广州开发区的经济效益在全国名列前茅，是全国单位面积产出最高的工业区之一。广州的优势自然十分明显。

海南"申新争特"则更强调自身的区位优势。众所周知，海南是中国改革开放后最早的一批经济特区之一，虽然区位优势十分明显，但是在多年的发展中，海南早就被深圳特区远远抛在后面。所以，海南的政协委员在全国"两会"提案中力陈要成为"新特区"的理由：海南作为岛屿省份，既具有地理单元的独立性，又是位于太平洋通往印度洋的主要通道，是中国通往其他大洲与国家的重要出海口。海南申报"新特区"的优势得天独厚，为其他城市和地区所不能比拟。

广东有珠三角，广西有北部湾。广西虽然和广东同处东南沿海，条件相似，但如今北部湾已经大大落后于珠三角，广东的发展速度也早已令广西不能望其项背。广西为争取"新特区"提出了充足的理由：北部湾地处中国与东盟合作、泛珠三角合作、西南合作等多区域合作的交汇点，它既是西南地区走向东盟、走向世界市场的门户和最便捷的出海大通道和陆路大通道，也是中国与东盟合作的前沿和枢纽；同时，胡锦涛总书记也寄语，希望"北部湾成为中国经济增长重要的一极"。所以，在2007年全国"两会"期间，广西的68名全国人大代表及10多名全国政协委员分别请求，国家应将广西北部湾经济区列为国家经济开发区。

而沈阳人则坚定地认为，沈北新区申请"新特区"意义重大。沈北新区申报"新特区"的目的非常明确，期望在中央振兴东北老工业基地战略决策的大背景下，通过改革创新，实现沈北新区的科学发展，为振兴东北老工业基地起示范和带动作用。面对激烈的竞争，沈阳采取了"迂回"战术进行申报。2006年12月，辽宁省也开始向国家发改委请示，希望批准沈北新区成为辽宁省综合配套改革试验区，即省属"新特区"。虽然属于省级级别，但明眼人一看就明白，沈阳在进行"热身"，省属"新特区"申报自然容易一些，如果先有省属"新特区"，然后再升格为国家级的"新特区"就顺理成章，应该会容易得多，沈阳真可谓是用心良苦。

中部重要省份湖南省也开始发力，力图将长株潭从"一体化"升级为"新特区"。湖南在向外界陈述"申新"的理由时说，长株潭城市群的经济一体化已经探索和实践多年，具备了相当的经济和社会承载力，国际知名度、美誉度日益提升，长株潭新区有能力成为世界看中国、看中部、看湖南以及湖南走向世界的大平台。

作为华中重镇的武汉市更以当仁不让的姿态开始冲刺，并宣称，武汉希望借助"新特区"的平台成为中部崛起的旗手和领头羊。时任武汉市市长李宪生认为，武汉是中部唯一的副省级城市，"一城独大"是武汉城市圈的显著特征，地理和交通区位优势突出。武汉在全国经济发展大格局中具有承东启西、连南接北，承接梯度转移的枢纽作用。

河南"中原城市群"、深圳等地也多方奔走，持续发力，频频出招，一时间"新特区"之争热闹非凡。

正当"申新"之争一片喧闹之时，国家发改委的一纸通知，让热闹非凡的场面立即沉寂下来。第3个"新特区"花落重庆，与重庆一起获批的还有邻居——四川省成都市，曾经一度呼声甚高的北部湾未有太大的斩获。

▰ 评点 ▰

在市场经济日趋成熟，特区魅力快要消失殆尽时，为何建立"新特区"还有这么大的感召力？

因为一旦成为综合配套改革试验区，在金融、土地、税收、财政等政策上将会获得很多优惠。综合这些优惠政策，其最大的吸引力是以"试验"的名义向地方让渡了中央的部分权力，使地方能在完善市场经济体制的探索中拥有更大的区域发展自主权。

尽管国务院批准的区域经济规划一个接一个出台，但很多区域关于两型社会综改的试验区，至今仍然没有太大的动作，进展相对比较缓慢。时下，诸多的问题已经引起公众的争议。

成都：落花有意，流水无情

- 对于成都方面抛出的"绣球"，重庆显得心不在焉。
- 尽管重庆是10多年前从四川分出来的，成为直辖市后，这个昔日的兄弟城市如今似乎有了高高在上的感觉，有些不太将成都放在眼里了。
- 如果合作各方没有大局观和长远的眼光，那么伟大的计划很可能将沦为钩心斗角的"三国演义"，最终以"三个和尚没水吃"收场。

应该说，相对于重庆，成都入选"新特区"，其积极意义大不相同。对于正在和杭州争夺"休闲之都"且处于下风的成都市来说，成为"新特区"是一份十分意外而又独特的惊喜。

成都为何能够入选"新特区"？究其原因，其城乡发展所获得的成就是重要的原因。2003年以来，成都市从解决"三农"问题入手，深入实施城乡统筹、并遵循"四位一体"科学发展总体战略来促进城乡发展。2006年，全市实现地区生产总值2 750亿元，比2002年增长65.8%；全市农民人均纯收入达到4 905元，比2002年增长了45.2%；城乡居民收入差距扩大的趋势得到遏制。

在此之前，有10多个省份参与角逐，争夺第三个综合改革配套试验区，不少专家认为深圳很有竞争力，但成都和重庆却在这场异常激烈的争夺中脱颖而出，这是因为什么？2007年6月13日《华西都市报》中《新特区 西部崛起新的增长极》一文对成都和重庆的优势进行了分析：一、中国城乡二元结构障碍亟须破除，设立城乡统筹综合配套改革试验区能够破除体制性障碍。二、协调平衡发展，中国需要新的经济增长极。重庆和成都是西部大开发的龙头城市，建设成渝经济区可以有效带动中西部地区的发展。三、成都城乡发展获得的成就有目共睹，已有示范效应，为"全国统筹城乡综合配套改革试验区"打下了坚实的基础。

还有媒体透露，在批准成都成为"新特区"之前，国务院委托国家发改委

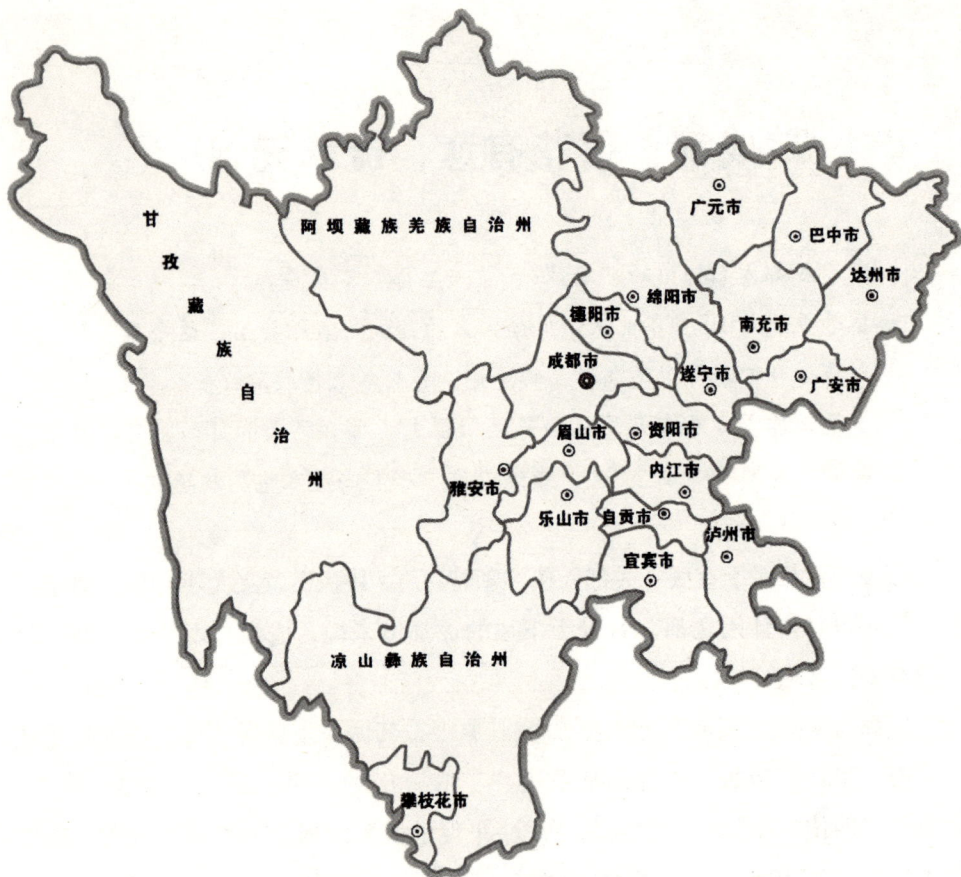

四川省示意图

专程到成都进行了调研。这次批准成都成为"新特区"，也表明了国家对近年来成都的统筹城乡发展工作的充分肯定和高度评价。

总之，位于"天府之国"和西部最富庶的川西平原的成都市，作为中西部地区最大的都市经济区——成渝经济区的重要中心城市，将会迎来重大的历史发展机遇。这次国家设立成都市综合配套改革试验区，对于进一步发挥成都特有的优势，强化成都的带动功能和辐射作用，并加速与长三角、珠三角和环渤海三大经济区相呼应的成渝经济区的崛起，完善国家发展战略的空间布局，促进区域间的协调发展，都将起到十分重要的作用。

由此看来，成都脱颖而出成为"新特区"也算实至名归、不足为奇了。

成都成为"新特区"后，加快了打造成渝经济区的步伐。而对于成都方面抛出的"绣球"，重庆似乎显得心不在焉。

据2010年3月6日的《中国经营报》刊载的《薄熙来图谋西三角》一文描述：重庆这几年来在薄熙来的领导下，已经对于西部重大政策和规划具有更大的发言权。"新特区"的批准是倾斜于成渝经济区的，而重庆方面更青睐于"西三角"概念。2009年11月27日，"川渝经济合作与发展论坛"举行，四川省委书记和省长悉数出席，然而重庆方面连一个副市长都未派出。这些都表明，重庆似乎有意无意在减少成渝经济区的关注度。

2011年3月初，成渝经济区规划终获国务院批准，据说将给重庆带来5 000亿的投资机会。重庆是西部唯一的直辖市，拥有诸多政策优势，而成都的经济实力也不容小觑。

▰ 评点 ▰

有专家"非常谨慎"地分析：一个经济圈的构建绝非易事，在此过程中如何化解各种矛盾，如何保障各自利益将是一个棘手的问题。如果合作各方没有大局观和长远的眼光，那么很可能将宏大而又美好的计划演变成为钩心斗角的"三国演义"，最终以"三个和尚没水吃"收场。

毋庸置疑，这是关乎区域经济振兴规划能否顺利实现的重大问题，相信这样的问题在各地并不是个别现象。如果这种现象成为普遍情况，局部的战略优势必然会转化为劣势，中央的整体战略与政策也会在执行的过程中大打折扣。

长沙的欣喜与郑州的落寞

- 毫无疑问，"新特区"洼地效应的显现可谓立竿见影。其他竞争者自然是看在眼里，急在心上。
- 相比河南，湖南、湖北下手比较早，"武汉城市圈"、"长株潭一体化"都曾参与过第三批"新特区"的竞争。

- 郑州的发展模式一直也是受到质疑的。"郑汴一体化"虽然提得早，但其名头也早被"长株潭"盖过了；原来的"中原城市群"也已败给"武汉1+8城市群"。

猛然间，"新特区"一下子成了"金字招牌"。

既然是"金字招牌"，希望得到的当然不仅是重庆、成都。尽管第三个"新特区"已被重庆和成都捷足先登，但各地的"申新"脚步并未停止，对于第四批新特区的竞争可谓紧锣密鼓，从来没有中断过。

在中部崛起战略中，"武汉城市圈"、"长株潭一体化"和"郑汴一体化"三大城市圈，可谓势均力敌，旗鼓相当，这次又都参与到了第四批"新特区"竞争中，三方竞逐，究竟鹿死谁手，一时难下定论。

时至2007年年底，媒体终于爆出新闻，经过激烈的角逐，纷争不断的中部"新特区"之争尘埃落定，有了结果。武汉和长沙同时"榜上有名"，而唯有郑州市"名落孙山"。

河南人也大都不服气，为什么会出现这样的结果呢？

众所周知，在此之前，国务院已先后批准上海浦东新区、天津滨海新区和成都、重庆为"新特区"，这些城市在成为"新特区"后，在金融、土地、税收、财政等政策上获得了很多优惠。毫无疑问，"新特区"洼地效应的显现可谓立竿见影。其他竞争者自然是看在眼里，急在心上。

根据已有"新特区"的政策优惠，国家发改委将"新特区"的改革探索方向总结为如下几个方面：第一是所有制的改革，进一步提升发展混合所有制经济的层次，形成自主创新的微观体制基础。第二是行政管理体制改革，建立统一、协调、精简、高效、廉洁的管理体制。第三是城乡管理制度改革，加快收入分配、社会保障制度和社会管理体系等方面的城乡一体化步伐。第四是市场体系建设，加快培育要素市场，加快建立有利于增强国际竞争优势和符合国际通行规则的制度环境。第五是社会事业改革，大力发展现代公共服务事业，健全有利于建设资源节约、环境友好型社会的体制机制。

这么复杂的综合配套改革，申报城市必须找到相应的申报主题，否则，申报将会主题不明、诉求模糊，不具代表性和"典型意义"，很难获得批准。河南的败北大概与此不无关系。

还有，在申报"新特区"过程中，一向精明的河南人这次显得有些迟钝。相比河南，同属于中部的湖南、湖北早就在规划绸缪，"武汉城市圈"和"长株潭一体化"都曾参与过第三批"新特区"的竞争。

武汉的申报除了下手比较早外，还研究得比较透，曾经五换申报主题，才获得成功。湖南也早已在城市群、区域一体化、重点经济区发展等方面进行了多年探索和实践。湖南提交的新的长株潭新区开发建设方案，按国家发改委相关负责人的要求多次做出调整，新方案更加符合改革、示范和发展的要求。湖南省的主要领导也是不露声色，加紧公关。在申报"新特区"时，"武汉城市圈"和"长株潭城市群"都强调自己鲜明而又独特的个性，也强调自己对于全国其他区域的参考意义和典型意义。可以说，湖北、湖南这些举措，对于中央在考量和选择这两个地方做"新特区"时的决策，起到了至关重要的作用。

河南本地的媒体也在批评，河南的行动确实慢了半拍。直至 2007 年 8 月 25 日，河南才在一次"高峰论坛"上第一次对外界表态，"郑汴一体化"将申报第四批"新特区"。

其实从客观上分析，河南下手未必就很晚。早在 2005 年郑东新区就已经十分成熟，在申报第四批"新特区"时，郑州曾以河南省重点打造的郑东新区作为主题申报"新特区"，但遭到一些专家学者的质疑和反对，因为已经有浦东新区、滨海新区的先例试点，如果继续以郑东新区这种模式为主题进行申报，获得批准的可能性极低。所以在冲刺第四批"新特区"时，河南才正式亮出"郑汴一体化"的旗子，并作为申报主题。

2007 年底，当河南申报"新特区"最终落榜的消息传来时，河南本地媒体《河南商报》一篇题为《中部新特区花落武汉长沙，三地竞争郑州落榜》的报道显得不无沮丧：湘鄂沸腾，欣喜至极，河南反思，落寞寡欢——郑州为什么落败？这一次败落，再一次拨动了郑州人敏感的神经。与湘鄂两地的兴高采烈、意气风发相比，河南则开始总结经验教训，陷入深深反思与自责之中：相比"武汉城市圈"和"长株潭城市群"，"郑汴一体化"显得弱小、年轻、不够分量，如果以"中原城市群"的名义来申请"新特区"，可能几率更大一些。郑州的发展模式一直也是受到质疑的。"郑汴一体化"虽然提得早，但其名头也早被"长株潭"盖过了；原来的"中原城市群"也已败给"武汉1+8城市群"。"中原城市群"当时的弱点是其改革探索没有"郑汴一体化"成熟，其城市间的合作还仅仅停留在口号、文字上，没有形成真正意义的联合、对接，也没有带动城市之间的经济发展，城市与城市之间并未形成有机联系。

这样分析，郑州的落榜实在不足为奇。直至2010年，由"中原城市群"升级的"中原经济区"才有相对完整的规划出台，并被批准为国家战略，这已是后话。

2010年12月，郑州争宠"新特区"败落3年过去后，美国一家网站公布了郑东新区的卫星图片，并从图片上判断：这只是"一片空屋的堆积"，可能是中国最大的"鬼城"。对此，郑州市没少花气力来进行解释和新闻公关。

■ **评点** ■

昔日争夺"新特区"的败落让郑州倍感落寞，郑州多方面的教训，已经被很多外地城市吸取了，不知郑州本地的官员是否在反思？

不过郑州也不应该气馁，在河南省的经济布局中，2011年是"中原经济区"的起步之年，作为核心增长极，郑州肩上的担子自然不轻。

武汉："过五关斩六将"收获"鸡肋"?

· 屡战屡败，屡败屡战。坚忍不拔的武汉人虽然已"过五关"，但稍有不慎，武汉仍可能会再次与"新特区"失之交臂。

· 武汉"申新"之路坎坷多变，跌宕起伏，历尽曲折，开的专门会议不少于50次，拟出的报告至少有1米厚。

· 2011年2月，履新不久的武汉市委书记阮成发说，武汉比较优势急剧上升。空间上具有聚焦性，效应上具有叠加性，能真正担负起区域经济发展引擎的责任。

对于武汉来说，成为"新特区"的确来之不易，5 年 6 次申报，真可谓"过五关斩六将"，功夫不负有心人，武汉"新特区"终获国务院批准。

博士生导师、武汉大学区域经济发展研究中心主任伍新木是知名学者，也是武汉申报"综合改革配套试验区"试点的政府高参，一直以来，他都是武汉角逐"新特区"的积极支持者。据他透露，武汉"申新"之路坎坷多变，跌宕起伏，历尽曲折。

第一关：2003 年，以"民营经济改革"申报综改区。

武汉这样申报是有其原因的，2003 年，国家围绕发展非公有制经济出台了一系列方针政策。这一年，武汉就着手准备民营经济改革试点工作。作为武汉市政府决策咨询委员会委员，伍新木参与了"武汉市民营经济发展"这一课题的研究。据他介绍，虽然武汉当时民营经济发展迅猛，但在全国来看还存在很多问题。例如第一产业没有形成集约化经营，第二产业整体经济规模小，科技含量低，科技型、外向型企业偏少。实事求是地讲，以此主题申报，武汉没有任何突出优势可言。

伍新木认为，按照新区、试验区"先试点后推广"的操作方式，如果自身不具备明显优势，也没有鲜明特点，就很难吸引上层的注意力。果然，在这种情况下，武汉尽管连续两年申报民营经济改革试点，结果只有失望。

第二关：2005 年，寻求新的突破口——科技创新。

在前次的民营经济改革试点申报失败之后，武汉开始寻求新的突破口——科技创新。

进入 2005 年后，武汉市数次召开讨论会，认为以科技创新为改革试点具备很大优势，"科技创新改革试点"就成了第二套申报方案的核心。

武汉的优势是高校众多，科教人才丰富。武汉有大专院校 59 所，各类研发机构 400 多个，其中中央部署科研院所 26 家，国家实验室和国家重点实验室 14 家，科教实力位于全国第三。

但令人遗憾的是，排名第三的科教实力，并没有给武汉的相关产业带来靠前的排名。同样是科技创新，武汉光谷比不上上海的张江高科，更不及北京的中关村。

有知情者透露，国家发改委再一次回复武汉"申新"：虽然武汉是高校大省，科研实力雄厚，但科技创新与深圳、北京等地相比还有十分明显的差距，"希望武汉仔细研究，拿出一套更有特色和能发挥优势的方案"。

接连的失败，让武汉有些不知所措。

第三关：2006年，目标转向行政管理体制改革试点。

前几次的失败，并没有挫伤武汉继续"申新"的勇气。从2006年上半年开始，武汉把"申新"的目标转向行政管理体制改革试点。

改革开放以来，中国已经进行了5次政府机构改革，经过30多年的快速发展，改革开放进入关键期。在这一特殊时期，行政管理体制中仍存在一些不适应时代发展要求的地方亟待改善，必须通过深化改革，进一步消除体制性障碍，切实解决经济社会发展中的突出矛盾和问题。应该说，武汉的这一次选择具有先导意义。

据介绍，武汉市先后12次召开座谈会，听取专家学者、政府部门负责人和有关企业代表的意见；组织专家分别到重庆、成都、南京等7个城市考察。

尽管武汉希望能在政府职能转变、社会管理和公共服务方面有所作为，并推进政府组织机构逐步优化，改善公务员队伍结构，推进依法行政。但是武汉终因"盘子大、动作小、氛围差等诸多原因"，被认为"很难有大作为"。

国家发改委的回复认为，在全国行政体制改革尚未形成气候的情况下，武汉经济发展并没有走在前列，进行体制改革成功的可能性太小，暂不适合进行管理体制改革。就这样，这一"申新"工作就此了结。

第四关：2006年，"武汉新区"主题昙花一现。

以行政管理体制改革的理由"申新"失败以后，武汉方面考虑武汉新区的规划很有特色，也可以将之作为新的"申新"理由。与行政管理体制改革的命运一样，武汉以武汉新区为主题"申新"也是中途夭折。

其实武汉新区的规划产生于2004年2月，武汉新区以"两江一路"（即长江、汉水、武汉市外环线）围合的扇形区域为规划范围，面积368平方公里。按照规划，新区呈组团分布，各具特色。水系四湖相连，道路五纵五横。计划用几年时间"大拆大建"，基本形成完整框架。着眼于武汉新区未来发展，结合当今世界众多优秀城市的实践经验，针对武汉的实际情况，新区在功能布局、空间景观、生态环境和交通组织，以及规划的整体性、结构性、层次性和开放性方面，与当今世界发达国家城市规划理念同步。

2004 年 12 月，武汉还请来美国、英国、德国、澳大利亚、荷兰等国家和我国的 12 位资深专家，分别从规划、生态、环保、交通、建筑及实施策略等各个方面为武汉新区规划建设建言，提出了宝贵的意见和建议。

然而，武汉新区"新"在哪里，和其他新区的差异在哪里，并没有一个让人满意的答案。一直关注武汉发展的华中科技大学经济学院院长徐长生认为，类似"武汉新区"的提法，全国大同小异，并无新意，难以出奇制胜。

和高层有过密切接触的知情者后来得知，国家发改委评价以此为主题的申报材料：武汉"申新"主题概念模糊，频频更换核心思想，可谓用心良苦，但还需从国家高度、全局考虑。

国家发改委一位官员还特别强调，武汉申报不可太着急。

第五关：2007 年，从"1＋8 城市圈"到"两型社会"。

连续经历过 4 次失利，尤其在"成渝综改区"获批和"中部办"成立之后，武汉的"申新"工作变得更加急迫。

2007 年 3 月 7 日，在十届全国人大五次会议湖北代表团全团审议中，全国人大代表、时任武汉市市长李宪生发言，请中央批准武汉为国家综合配套改革试验区。呼应李宪生的，还有 38 名湖北籍全国政协委员。

这年 6 月 9 日，"成渝综改区"获批。次日，湖北省人大召开大会，时任武汉市委书记苗圩、时任市长李宪生先后表达了武汉继续申请国家综合改革试验区的决心。

此后不久，湖南省以"两型社会"为主题向国家发改委申报"长株潭城市群"为第 4 个综改区，据说报告只有 3 页纸。

获知邻省以长株潭申报"新特区"，武汉市委书记连夜给湖北省主要负责人打电话汇报。直至此时，在第三轮国家综合配套改革试点申请中，一直不见声色的武汉终于开始高调起来。

湖北省曾对"1＋8 城市圈"寄予很高的期望，希望以此作为"中部崛起"的战略支点，以中部最大城市群来做总体规划，圈内各城市要服从整体规划，不能以各自利益为重。

但随后在国家发改委的帮助下，武汉的申报主题从"1＋8 城市圈"改成了

"两型社会"，即"全国资源节约型和环境友好型社会建设"。在那一段时间内，武汉 VS 长株潭成为两省共同关注的大热点。

湖北省示意图

据说国务院为了防止一哄而起，失去改革试点"试验"的积极意义，要求国家发改委研究并提出切实可行的意见。国家发改委经过认真研究，形成意见报给了国务院，并提出建议：先办好已批准的东部两个、西部两个试点；考虑到中部空缺，在中部增加 1~2 个试点；在此基础上，暂停审批新的试点，至少一年内不再考虑扩大试点范围。

这个信息让武汉骤然紧张起来，从当时的情况分析，"长株潭城市群"是其最大的竞争对手。稍有不慎，武汉很可能会再次与"新特区"失之交臂。

就在武汉翘首盼望时，从北京传回消息，武汉获批国家综合改革试验区，一起获批的还有老对手"长株潭城市群"。

屡战屡败，屡败屡战。坚忍不拔的武汉人历经风雨终见彩虹。湖北省一位政府官员感慨万分：5 年 1 800 多个日日夜夜，武汉就"申新"开的专门会议不少于 50 次，拟出的报告至少有 1 米厚。几度调整方向，提出的概念也是屡次更换，一步步走向成功，可谓困难与希望同在、挑战与机遇并存。

2011 年 2 月，履新不久的武汉市委书记阮成发说，武汉比较优势急剧上升。空间上具有聚焦性，效应上具有叠加性，能真正担负起区域经济发展引擎的责任。

■ 评点 ■

不可否认，成为"新特区"极大地满足了武汉人的虚荣心，但这究竟能给武汉的未来发展注入多少活力与动力呢？难免又有武汉人疑窦丛生。

在中国摆脱非均衡发展理论的制约后，关于区域发展的国家战略一个接一个出台。在这种情况下，这么密集度地出台区域经济发展的新战略，"新特区"获得的优势还能凸显吗？武汉市"过五关斩六将"获得的不是一块"鸡肋"吧？

武汉不能忽视的是，以前因"优势"沾沾自喜而摔了跟头，现在应该甩掉多顶所谓"叠加"的"金帽子"，轻装上阵，以免重蹈覆辙。

深圳：焦虑后的宠辱不惊

· 深圳虽然再次成为"新特区"，但与其他城市的市民获得"新特区"时的欣喜程度相比，深圳市民反应十分平淡，颇有"宠辱不惊"的风范。

· "综改试验"不就是创新吗？创新已深入到深圳人的骨髓，有没有这顶帽子无所谓。因为，在此之前被"拒之门外"的深圳市确实没有拘泥于"新特区"这顶帽子，早在原有"特区"的名义下，已经"先行先试"了行政管理体制改革。

· 2009 年 9 月，深圳建市以来最大规模、最大力度的政府机构改革迈出了最关键的一大步，数以百计的"局座"、"处座"失去了自己的位子。

2009 年 5 月下旬，"深圳市综合配套改革总体方案"顺利获得国务院批复。至此有人认为，深圳进入"特区的平方"时代。

作为中国改革开放的窗口，深圳一直承担着"试验田"的角色，在这场"新特区"之争中也不甘落后。据称，深圳市是第一个向国家发改委申请国家级综合配套改革试验区的城市。

从一个边陲小镇蜕变成一个在中国高新技术产业、外贸出口、海洋运输等多方面占重要地位的城市，深圳用了30年的时间，以"经济特区"这项帽子创造了一个城市发展的奇迹。据统计，近几年，深圳GDP和人均GDP在全国大中城市中分别居第四位和第一位，成为中国改革开放伟大成就的一个缩影。

尽管如此，一段时间内深圳发展遇到瓶颈，遭遇"四个难以为继"（土地、人口、环境、资源）。为此，深圳希望以更高水平、更广领域、更深层次的改革寻求突破瓶颈的方法。从2005年初到2006年4月，国家调研组曾8次抵深调研，但首次国家综改试验区之争却是上海浦东新区胜出。接着，天津滨海新区、成都与重庆、武汉和长株潭也先后获批成为综合配套改革试验区。

国家设立"综合配套改革试验区"的目的是通过部分地区"先行先试"，以点带面，进一步完善社会主义市场经济体制，为全国改革发挥试点和带动作用。

而深圳在获批"新特区"后，其行政管理体制改革被寄予厚望。有专家指出，对于已获批的国家综改试验区来说，上海浦东新区注重金融改革，天津滨海新区主要进行港口等综合配套方面的改革，深圳将在行政管理体制改革上寻找突破口。

因此，《深圳市综合配套改革总体方案》提出了"四个先行先试"的改革基本思路：一是对国家深化改革、扩大开放的重大举措先行先试；二是对符合国际惯例和通行规则，符合我国未来发展方向，需要试点探索的制度设计先行先试；三是对深圳市经济社会发展有重要影响、对全国具有重大示范带动作用的体制创新先行先试；四是对国家加强内地与香港经济合作的重要事项先行先试。

国务院在批复该方案时要求深圳"充分发挥经济特区的'窗口'、'试验田'、'排头兵'和示范区作用"，并提出"深圳有条件、有基础、有能力做好改革事项"。

颇有些出人意料的是，深圳虽然再次成为焦点，开启了"新特区"时代，但与其他城市的市民获得"新特区"时的欣喜程度相比，深圳市民反应比较平淡，与之前的焦虑相比，颇有宠辱不惊的风范，连一向乐于讨论政府施政路径的深圳民间人士，对此也不是非常热衷。当然，这绝对不是事不关己的冷眼旁观。创新是深圳之魂，唯有创新才能获得新生，守旧必然是死路一条。何去何从，深圳人不难做出判断。"综改试验"不就是创新吗？创新已深入到深圳人的骨髓，有没有这顶帽子无所谓。因为，在此之前被"拒之门外"的深圳市确实没有拘泥于新特区这顶帽子，早在原有"特区"的名义下，已经"先行先试"了行政管理体制改革。

2006年4月13日，深圳市政府推出了"30项改革措施"，整套方案从行政管理体制、经济领域、社会事业与社会管理体制三大方面切入，而行政体制改革的内容占据了14项，成为整个改革的重点。这曾被普遍看做是全国综合改革的试验范本。

2009年9月，深圳建市以来最大规模、最大力度的政府机构改革迈出了最关键的一大步。80%的工作部门纳入整合范围，在经济、环境、管理等10大领域实行"大部制"。机构精简幅度达到了1/3，数以百计的"局座"、"处座"失去了自己的位子。大部制改革的关键是转变政府职能，机构精简后进一步融合了部门职能，优化了部门内部办事流程，减少了办事环节，确保行政效能的大幅提升。

深圳果然不负中央的期望。这次大部制改革也被专家称为改革开放30年以来力度最大的一次机构改革。

2011年8月12日，举世瞩目的第26届世界大学生运动会在深圳举行。这是深圳成为新特区后主办的一次全球瞩目的世界性盛事。众所周知，北京成功申办奥运会、上海成功申办世博会、广州成功申办亚运会之后，对京津唐地区、长三角和珠三角三大经济板块的"领头羊"城市的发展，起到了巨大的推动作用，申办世界性的展会和举办世界性的体育大赛，已经成为新的历史时期城市发展的"新引擎"。面对北京、上海、广州三位"大哥"级别的城市大"会"战，对于被誉为特区窗口、志做全球先锋城市而又在国内城市GDP排名第4的深圳来说，岂能袖手旁观？经过多方努力，深圳终于成功申办大运会。

尽管很多人对大运会不屑一顾，但深圳人并没有这么看，而是把办好大运会作为深圳提升城市综合竞争力、国际影响力的重要抓手。

果然，深圳利用这次机会和这个平台，把自己推上了一个新的高度。

✎ 评点 ✎

事实上，深圳改革遭遇行政管理体制束缚渐入瓶颈，深圳人也难免会增添些许焦虑和不安的情绪。经济特区建立之初，政府的机构设置借鉴了香港的许多经验，效率很高，运转良好，但最终运行的结果渐渐与内地趋同。而经济特区原来享有的优惠政策也逐渐在全国普及，深圳也因此被纳入全国"一盘棋"的格局中。在这种情况下，深圳每一步改革都会受到约束和限制，深圳在频频闪躲政策"禁区"的过程中，"困顿之意"逐渐显现，行政体制改革的愿望越来越迫切。

从现实的情况看，深圳内地化的倾向已经是越来越明显，这种新的改革试验能否在国内真正起到示范效应，还是应该打一个大大的问号。

"博弈"后难道还是"撒胡椒面"?

· 实施国家战略究竟可不可以"大圈圈里又画诸多小圈圈"?

· 当众多的区域战略扎堆出台后，难免又会出现区域与区域之间的利益如何分割的问题，也涉及区域内局部的利益与关系的平衡等诸多的问题。

· 如何破解"剪不断、理还乱"的多头矛盾和现实问题，很多地方的主政官员仍然是拿不准乃至束手无策。

· 是分享大战略的盛宴，还是捡吃地上的"鸡肋"? 当三思而后行! 千万不能让"新特区"之争蔓延的战火烧昏了头脑!

"新特区"热度还在持续着，各种名目的区域经济战略一个接一个出台。

早在20世纪80年代，中国即出现了深圳等经济特区，而到90年代则出现了上海浦东新区，进入21世纪，又有了滨海新区。

2007年4月，《瞭望新闻周刊》中的《谁当下一个"浦东"、"滨海"?》一文，深度阐释了"新特区"之争的根本原因，分析认为，基于改革释放出的各种信号，学术界对"新特区"的看法掺杂着十分复杂的感情。以"市场经济是由资源在市场中自动实现优化配置的经济"为认识的基本出发点，它的理想状态源于自下而上的内生活力，而非主观推动。

"新特区"热的蔓延，也引起了国内众多专家、学者的关注，他们在解剖区域经济利益争夺的同时，也在探究各地申报"新特区"背后隐藏的政治潜台词。

中国人民大学教授孙久文：经济发展的动力归根到底还是应该来自市场，而不是政策，政策要做的应该是规范市场经济的行为，而不是代替市场本身。所以，设立"国家综合配套改革试验区"，不应当看作是一种区域政策的倾斜，也不是巩固一个城市在某个区域内中心城市地位的一种努力，更不能当作是争夺政策资源的一个战役，而应当视为为国家的深化改革作出应有的贡献。

——摘自 2007 年 5 月《中国经济》杂志《解析新特区》一文

湖北省社会科学院院长赵凌云：综合配套改革试验区的改革自主权是相当大的，稍有不慎就会导致利益偏差，所以设试验区要十分谨慎，是要以谋划区域协调发展的整体布局为战略考虑的，不可分布过多，也不可设置过快。

武汉大学法学院副教授江国华：还用行政赋予小区域以经济特权，不符合市场经济中的普惠制原则，甚至可能加剧区域间发展的不平衡。优惠政策会给小区域带来一定的效益，付出的代价却是牺牲统一规划。随着中国四大区域经济板块的战略部署框架的确定，各地应着眼于将现有的区域发展政策用好用活。不少"申新"的地方本身就有国家级的经济开发区，没有必要在大圈圈里又划诸多小圈圈。

——摘自 2007 年 3 月 27 日《瞭望》杂志《多省市竞争国家试验新区》一文

当众多的区域战略扎堆出台后，难免又会出现区域与区域之间的利益如何分割的问题，也涉及区域内局部的利益与关系的平衡等诸多的问题。更多的专家认为，政策的支持有多种方式，但不管何种支持毫无疑问是非常重要和有帮助的，更大的支持还在于激发区域的发展动力，内在的动力和外在的动力相结合，才能推进区域协调发展，谋划一体化的区域经济新版图。在明争暗斗博弈的背后是利益的纷争，纷争到最后结果成了面面俱到的"撒胡椒面"。

另外，2010 年 7 月 29 日《南方日报》刊载的《区域规划遍地开花，一年内 13 个规划上升为国家战略》分析：事实上，国家已经出台的区域发展规划大多是一个中长期的目标，并没有涉及量化操作层面。但一些地方政府为了把目标执行到位，自己量化一套指标，并要各市县按时间表具体执行，且纳入政绩考核标准。这样做很可能是把"双刃剑"，一方面是能给各地施压，加快所规划产业的发展；另一方面也可能导致各地各自为政，为个体利益牺牲了整体利益。

对此，国家发改委宏观经济研究院张庆杰提出警示：尽管我国区域发展的总体战略基本形成，但在协调区域发展的管理体制、机制方面仍存在着一系列重大的问题需要破解。

"新特区"的争夺，同时反映出中国区域经济发展的矛盾。如何破解"剪不断、理还乱"的多头矛盾和现实问题，很多地方的主政官员仍然是拿不准乃至束手无策。

是分享大战略的盛宴，还是画小圈圈捡吃"鸡肋"？当三思而后行！千万不能让"新特区"之争蔓延的战火烧昏了头脑！

◤ 评点 ◥

笔者认为，如果单纯是为了改变"非均衡发展"现象而出台类似"四面开花"的宏观战略决策，势必会形成"排排坐，吃果果"和"撒胡椒面"的局面，各地难免会为了自身利益而加剧利益纷争，将会贻害未来；再加上地方官员如果继续以"歪嘴和尚念经"的思维行事，最终明争暗斗得到的不只是"食之无味，弃之可惜"的"鸡肋"，无疑还会更深层次地品尝到区域经济"大跃进"的苦果。

新战略规划频出，究竟怎么来落实和实施，恐怕要打一个大大的问号。毫无疑问，区域经济战略的实施与探索"路漫漫其修远兮"，仍需"上下而求索"！

第四章

扑朔迷离——困顿中能否突围？

曾经成就伟大境界的城市不再继续按照那种比例增长。

——（意大利）乔万尼·波特罗《论城市伟大至尊之因由》

一座城市的资源禀赋、历史文化、区位特点、引资环境、财政状况、居民收入、消费水平、福利待遇以及就业情况等诸多要素,无一例外地和这个城市的未来紧密联系在一起。尽管许多城市都纷纷将城市的改革开放、市政建设、招商引资、旅游发展、环境改造等与城市竞争力的锻造和城市品牌的打造紧密结合在一起,但纵观中国内地城市改革开放30多年来的发展路径,存在着诸多的难题和困惑。

首先是发展定位之困。多年来,很多城市的发展定位存在严重的偏差。有的城市很长时间"找不着北",不知道城市究竟应该走向何方。其次是发展路径之困。同样是特区,深圳和汕头呈现两种截然相反的发展路径。还有,同样是资源型城市,有的能可持续发展,有的却早已陷入困境。第三是机遇之困。面对同样的改革开放环境这一政策机遇,有的城市抓住了,有的城市却痛失良机。第四是GDP之困。随着城市竞争的激烈化,GDP成为衡量城市竞争水平最权威的经济指标。要不要GDP,要什么样的GDP,如何处理好经济发展速度与环境保护的关系,几乎成为中国城市一道无法破解的难题。

其他还有诸如产业之困、文化之困、资源之困、环境之困,等等,不一而足。

珠海:失去机遇之痛

· 珠海特区成立25周年时,有媒体提出了尖锐而又系统的批判,让珠海人好不尴尬。

· 与深圳同时起步的珠海，居然在珠江三角洲 9 个地级以上市排名倒数第二！

· 多少年来，珠海的城市定位总是"东一榔头，西一棒子"！

· 2010 年，正值国务院正式批准实施珠海《横琴总体发展规划》一年后，珠海的横琴开发再一次受到舆论的诘难与批评。

· 面对"比特区更特区"的优惠政策，珠海人当然喜不自胜。人们不禁要问：难道这次珠海真的要借此机会超越深圳了吗？

2011 年 8 月初，媒体传来消息，珠海横琴新区的政策已正式获批，国家层面已批复同意珠海横琴实行比经济特区更加特殊的优惠政策，并要求加快横琴开发，构建粤港澳紧密合作新载体。按照获批的政策，毗邻港澳的横琴岛相当于一个类似于香港的"自由贸易区"，从境外进入横琴与生产有关的货物实行备案管理，给予免税或保税，而设在横琴的企业之间货物交易将免征增值税和消费税。

无疑，这是一个"比特区更特区"的优惠政策，珠海人当然喜不自胜。

众所周知，横琴新区的基石就是港澳珠大桥。2008 年，港澳珠大桥经过多年论证后终于尘埃落定。因此，粤港澳三地的深度融合，成为这一年全国"两会"的热门话题。

这也让翘首企盼多年的珠海人不禁松了一口气。作为跨境大桥在内地的唯一落脚点，这座大桥即将给珠海带来新一轮的发展契机。它将在三地扮演"一国两制交汇点"、"粤港澳合作结合点"的重要角色。珠海将调整规划，以便交通、产业布局和旅游等方面能够与港澳地区衔接。

2009 年 8 月，国务院正式批准实施珠海《横琴总体发展规划》。横琴岛的开发，将为珠海在"一国两制"下深化珠港澳合作，创新合作机制与管理模式，共同打造跨界合作创新区搭建新的平台。

然而就在 2010 年 11 月，关于珠海横琴开发的众多疑问与困惑，再度受到媒体的关注，公众也频频发出质询：横琴究竟想怎么发展？此次的质询，让珠海又一次成为焦点。

如果将时间再往前追溯，人们并没有忘记多年前那一次媒体对珠海的过度关注。

2005 年 9 月,珠海市政府请有关媒体和专家进行了一次"纪念珠海经济特区成立 25 周年理论研讨会",实际上此次研讨会的主旨是"反思珠海",探讨如何迎头追赶兄弟城市。借此机会,南方有名的报纸《南方都市报》推出珠海经济特区成立 25 周年系列报道"反思珠海",同时与南方网合作推出"反思珠海"专题讨论。

一石激起千层浪。这一组系列报道在国内引起的强烈反响远远超出了人们的预料。

失误的根本原因是什么?

1980 年 8 月 26 日,广东省深圳、珠海、汕头和福建省的厦门建立经济特区。30 多年来,珠海经济特区从一个边陲小镇,仅有一个红绿灯一条街道的渔村,发展为今天美丽的海滨城市。

作为特区,珠海虽然与深圳同年同月同日生,但由于其区位的劣势和战略的失误,在整个珠三角经济高速发展的 20 世纪 90 年代,却陷入一种边缘化状态,没有能够进入主流的经济发展圈。

20 世纪 90 年代,在深圳蒸蒸日上、持续高速发展,大有与珠三角中心城市广州一争高下之时,珠海却在向边缘化城市滑落,无为在歧路,梦想在彷徨:珠海机场、珠海港、广珠铁路、伶仃洋大桥(后来的港澳珠大桥)……这些被称为珠海"命运工程"的项目,除了显示珠海人的梦想、追求与自信之外,更让珠海人历经了磨难。

"珠海只适合养老,不适合创业。"一段时间,这句话竟然成为外界对珠海这座城市的评价。

而相邻特区的深圳人却无不骄傲地对外宣称:敢闯是深圳之魂!然而,珠海人还保留着多少特区精神?冲劲和干劲哪儿去了?

与深圳同时起步的珠海,如今已不可与深圳同日而语。比不上深圳,尚情有可原,但 2010 年,珠海居然在珠江三角洲 9 个地级以上城市 GDP 排名中倒数第二,仅比肇庆稍强,始终处于"第三世界"的弱势位置。这多少也让人们明白了,为什么多年来许多企业搬出珠海,向广州、中山和东莞等城市拓展的原因。

在"反思珠海"专题讨论中，珠海市的领导层有人自我反思：先天条件与深圳比是显得单薄和不足，但闯劲不够才是关键。

城市定位多变，发展主题模糊

"珠海'东莞'化，城市工业化并非上策，有损珠海海滨旅游城市的形象。"

"珠海经济总量不足，新型工业化是珠海不二的选择。"

2005 年 8 月 31 日，在"纪念珠海经济特区成立 25 周年理论研讨会"上，关于珠海城市定位和产业选择的争论再起。

事实上争论一直存在，从来没有一个结论。多少年来，珠海的城市定位几经修改，与此依存的产业定位也常常是左右摇摆。在这个过程中，值得思考的问题的确很多，其中之一便是产业政策的延续性，企业一直缺乏稳定、高效、低成本的经商环境，导致珠海的产业没有做大做强。

《南方都市报》2005 年 9 月的一篇报道《珠海 25 年来五易城市发展定位支柱产业发展曲折》分析：珠海的城市定位多变，政策难以延续，20 多年来多次改变城市发展定位，与此依存的产业发展道路曲折。

第一次定位：1980 年，港澳客人的旅游区。在此期间，"三来一补"企业与深圳同时起步。

特区创立之初，引进"三来一补"加工企业给了珠海最初的发展机会，这是珠海小渔村发展为城市的起步阶段。

1980 年，经济仍以传统农渔业为主的珠海"敢为天下先"，将自己定位为"建成具有相当水平的工农业相结合的出口商品基地，成为吸引港澳客人的旅游区，新型边防城市"。那几年珠海的旅游业获得较大发展。

在发展旅游业的同时，珠海很快意识到，真正能帮珠海走上富裕之路的，还是工业制造。珠海的外向型经济就是在十分艰难的条件下起步的。

第二次定位：1984 年，海滨工业商贸城市。这个阶段工业高速度发展但地缘劣势渐显。

1984 年 1 月，珠海市谋划转型，提出"海滨工业商贸城市，以工业为主，兼营农渔牧业、旅游业、商业，综合发展"的新方针，并制定"外引内联与自办相结合，以外引为主"的工业发展思路。

但此时，珠海的发展受到交通不便的严重制约。珠海前市委书记梁广大对此有切肤之痛，他曾感慨：运一个集装箱从珠海到香港要 3 000 多元，而从深圳到香港只要 1 000 多元，香港是经济发达的国际都市，但因为交通相对便捷，香港的影响很快辐射到深圳、东莞，珠海发展节奏则慢了半拍。

第三次定位：1990 年，海滨旅游城市。此阶段，珠海高度重视环保和高科技产业，却失去了首次产业大转移的大好机遇。

珠海在产业选择上过早地抛弃了传统制造业，和第一次产业转型的重要发展机遇失之交臂。20 世纪 80 年代末到 90 年代，珠三角其他城市经济高速发展的时候，珠海选择了"花园式海滨工业商贸城市或高科技城市"的定位。

1992 年的首次"科技重奖"之后，珠海把发展高新技术企业和技术含量高的企业作为重点，严格限制兴办低附加值高成本的劳动密集型企业，利用重奖效应积极引导和支持高新技术产业的发展。珠海错过"三来一补"加工业发展的原始积累阶段，追求跨越式发展，结果造成了珠海工业竞争力整体弱化，工业化进程落后于周边地区。

第四次定位：2000 年，三基地一中心。在此期间，珠海由于诸多企业规模过小影响了整体经济的发展。

2000 年，珠海确立了珠海"三基地一中心"的城市定位。"把珠海建设成为以信息技术为龙头的高新技术产业基地、有较强吸引力的产学研基地、高附加值的产品出口创汇基地，成为有较强辐射力和吸引力、环境优美、经济繁荣、秩序优良、文明富庶的现代化区域性中心城市"，这一定位似乎给了珠海一定的活力和转机——资源初步得到了整合，生产要素得到了比较有效的配置。但珠海大中小型工业企业之间的关联性差，缺少分工协作，缺少共生的利益土壤。

第五次定位：2003 年，珠三角中心城市之一。此时珠海尽管聚集效应初显，但园区产业协调不够的矛盾凸现。

2003 年 1 月，珠海市在遵循"三基地一中心"的城市定位基础上又提出"工业西进、城市西拓"战略。"两西战略"的推进，改变了整体经济格局不平衡的局面。2003 年以来，珠海全市工业总产值突破千亿元大关，结构发生重大调整，重工业首次超过轻工业，西部地区成为工业发展龙头，产业聚集效应和辐射带动作用开始显现。石化产业，在 PTA、长兴化工、联成化学等一批石化项目形成的龙头牵引下，恒基达鑫、美国气体等一批配套项目集聚珠海。

2003 年，珠海市新的总体规划获国务院批准，珠海被定位为"珠江三角洲中心城市之一，东南沿海重要的风景旅游城市"。2004 年，珠海市高新技术产品产值比上年增长 30%。然而，2005 年上半年珠海工业增长回落，工业增加值率下降。工业增加值率低，恰恰反映出珠海工业的结构特点，那就是外向度高，民营工业发展相对落后。

一个城市如果没有准确定位，就会导致发展战略目标的缺失。多少年来，珠海的城市定位这种"东一榔头，西一棒子"的变化，固然反映出珠海的决策者孜孜以求、不断探寻最适合自己的城市定位和产业选择的良苦用心，但形势的发展，让珠海的这些良苦用心付诸东流。城市定位应该是一个需要动态把握的过程，如果把握不好，很可能会自乱阵脚。

长期尴尬的珠澳合作

除了定位失误之外，"珠澳合作"长期无所建树、"找不着北"也是珠海发展陷入困境的重要原因。

俗话说"远亲不如近邻"。深圳的发展依托于香港，然而，珠海很长时间内却似乎无法依托于澳门。

显然，与深圳背靠香港相比，珠海背靠的澳门这座靠山"不硬"。大多数珠海人也认为，珠海发展不如深圳，就是因为深圳靠着香港这棵大树，这当然让急于发展的珠海人"看在眼里，急在心里"。

珠海颇具大手笔的战略长期陷入尴尬境地。尽管早在 1997 年 12 月 30 日伶仃洋大桥项目就获得了国务院批准立项，但大桥长期没有动工，直至 2008 年的港澳珠大桥建设规划获得国务院批准，珠海人才真正"松了一口气"。

珠澳合作之路可谓"历经风雨方见彩虹"。1999 年澳门回归前，珠海为迎接澳门回归投入了大量的精力，但是很长一段时间内，两地政府为主导的合作很难在同一个平台上协调。澳门回归后，两地的合作也是始终处于不冷不热的尴尬境地。

进入 2009 年，随着珠三角规划纲要的获批，珠澳合作开始有了新的动作。《澳门日报》2009 年 4 月 15 日在头条刊发报道，时任珠海市委书记甘霖在澳门表示，"珠澳同城化"势在必行，两地政府已就共同发展取得四点重要共识：基建对接、通关便利化、产业合作、服务一体化。澳门特区政府则认为，珠澳两地不存在任何矛盾，珠海好，澳门也好。

这一次，围绕"珠澳同城化"的发展策略，珠海市政府与澳门特区政府取得重要共识，并总结出四个主要方向：第一，加快两地的基建对接，尤其是跨境交通基建的对接，全力发展以口岸为主要站点的交通网络；第二，通关便利化；第三，加强产业合作，尤其在现有的旅游合作基础上拓展休闲旅游，争取更大的合作空间；第四，因未来可能会有更多澳门居民频繁往来两地，居民需要的社会服务如卫生医疗、教育等，必然要朝着一体化的方向发展。

2009 年 6 月 24 日，国务院召开常务会议，讨论并原则通过《横琴总体发展规划》，将横琴岛纳入珠海经济特区范围，对口岸设置和通关制度实行分线管理。要逐步把横琴建设成为"一国两制"下探索粤港澳合作新模式的示范区。

至此，珠澳合作才真正翻开了新的一页。如此看来，尽管珠澳同城化将是推动两地紧密合作的发展方向，但是谁也不会否认，珠澳合作还有很长的路要走。

命运工程时乖命蹇

珠海的"命运工程"受到诟病最多的当属珠海机场。

1995 年 5 月 30 日，珠海机场正式通航。珠海机场耗资 69 亿元，却没有给珠海带来相应的收益，反而给政府背上沉重的包袱，当时仅基建拖欠的债务就达 17 亿元。成为珠三角其他城市的反面教材，经常被引为"前车之鉴"。

机场受人议论与诟病最多的，就是其不合时宜的"超前大跃进"。整个机场，从候机楼到跑道，全部超出了最初的规划。候机楼原本设计仅为 2.5 万平方米，随着施工进展，近乎疯狂地扩大，跑道长度达到 4 000 米，竣工时候机楼已经达到 9.28 万平方米，几乎达到规划面积的 4 倍。事实上，机场修建好了，到周边城市的快速通道却没有打通。周边客源进来的道路不太通畅，严重制约了珠海机场的生存与发展。

珠海建机场的积极性，大约是受了深圳机场的激励和影响。和珠海机场一样，深圳机场在兴建之初也有人指责其"没有必要"，但由于深圳机场自身发展十分顺利，很快成为内地第 4 大航空港，用事实堵住了批评者之口。而珠海机场就没有这么幸运了，因为在珠江三角洲 2 万多平方公里的范围内，3 000 多万人口，竟有香港、广州、深圳、珠海、澳门 5 座国际机场，加上佛山、惠州 2 座军民两用机场，明显存在重复建设的问题。

转机在 2006 年来临，珠海机场与香港机场合作获得国家民航总局、商务部、广东省政府批准，正式进入合作实施阶段。香港机场租用珠海机场的设施，租金低至每年 2 亿元左右，租赁管理的时间为 20 年。之后，香港机场将考虑入股珠海机场，最终解决珠海机场自身的历史遗留问题。

除了珠海机场外，还有其他一些如港口、码头等重大交通基础设施等"命运工程"也是长期难有大的起色。

由于珠海很早就提出了"大港口、大工业、大发展，大繁荣"的战略，所以"命运工程"一词几乎贯穿于珠海的整个 20 世纪 90 年代，成为那个时代珠海人提及最多的词汇之一。关于"命运工程"的含义，最初指整个珠海西区开发战略，但后来民间常常用来表示的，只是那几个主要的基础设施项目，包括伶仃洋大桥、珠海港、珠海机场、广珠高速公路、广珠铁路等。珠海人认为这些项目决定了这座城市能否实现自己的现代化之梦，所以被认为"性命攸关"。

这些工程大都由于这样和那样的原因，要么论证历经曲折，要么上马后进展缓慢，要么饱受非议。批评者则认为这其中不少项目是珠海如今债台高筑的主要原因，不仅拖慢了珠海的经济发展进程，也是珠海人遭受挫折的主要原因。

还有，珠海的会展经济也是"起了个大早，却没有赶上晚集"。如今，广州、深圳、东莞已经成为国内会展业的核心城市和重要城市，珠海却沦为"被会展业遗忘的角落"。

希望的彩虹能否照进现实？

2009 年初，转机终于到来。国务院正式批复出台的《珠江三角洲地区改革发展规划纲要（2008—2020）》对珠海进行了明确的定位：珠海要充分发挥经济特区和区位优势,尽快形成珠江口西岸交通枢纽,增强高端要素聚集发展功能和创新发展能力,建成现代化区域中心城市和生态文明的新特区,争创科学发展示范市。

《广东省重点建设项目计划(草案)》显示,"港珠澳大桥"工程包括主体工程近30公里、连接线和口岸工程,估算总投资726亿元。"港珠澳大桥"经过多年论证后尘埃落定,珠海又面临着一次难逢的机会。

备受关注的珠海横琴岛的开发在历经一波三折之后也迎来曙光。珠海市有关方面透露,横琴新区计划在一国两制下,试行三种制度的管治模式。当《横琴总体发展规划》获国务院批准后,有媒体为之造势,各种溢美之词充斥着媒体版面,诸如"国家级新区"、"中国未来30年改革开放的新引擎"、"后来居上"、"首期投资1 000亿",等等,甚至发出令人产生无限遐想的追问:横琴和深圳,谁将是珠三角未来的金融高地?其气势大有和深圳一争高下的意思。

人们不禁要问:这次珠海真的要借此机会超越深圳了吗?

◣ 评点 ◥

事实上,珠海横琴岛至今仍处在一个未开发的原生态状态,与当初媒体的热炒形成了巨大的反差,与人们的想象更是相去甚远。它的功能定位和产业定位、投资安排、引资节奏以及与澳门政府的对接等,都存在诸多的困惑。

珠海能否在不远的将来成为珠江西岸"新的深圳"?在新的历史条件下,粤港澳合作新模式如何探索?珠海横琴开发需要解决的最突出的矛盾是什么?珠海的特区之路究竟将走向何方?国家给予横琴新区"比特区还要特区"的政策效应究竟会怎样显现?

这一切仍将会受到举世关注。

汕头：被遗忘的特区

- 汕头是座曾经盛极一时的城市，曾被恩格斯赞为"中国唯一具有商业意义的口岸"。
- 改革开放后，汕头一次又一次，被蒙上不光彩的阴影——疯狂的走私、肆无忌惮的骗税、明目张胆的制假贩假、阴魂不散的六合彩、丑陋的南华大火……
- 当外来人才在深圳、东莞等地大展拳脚、促进当地实现经济腾飞时，汕头不仅没有吸引更多的外来人才，反而有大量原先在汕头的人才选择了离开。
- 近十几年来，汕头三位主政官员都是来自深圳特区，这是意味深长的任命。

早在 1858 年，恩格斯在《俄罗斯在远东的成功》一文中称"汕头是中国唯一具有商业意义的口岸"。马克思主义的先驱对中国汕头如此关注，足见当年的汕头在中国乃至全世界的地位。

辉煌与沦落

"唯一具有商业意义的口岸"这句话代表了汕头这座城市在 19 世纪后半叶的成功。在恩格斯写下这句话的 3 年后，即 1861 年，汕头成为对外通商口岸，8 个国家在此设立领事馆，商业一时繁华。

20 世纪末，这座城市再次迎来了它的辉煌。20 世纪 80 年代，改革开放以后，汕头作为广东省第二大城市，成为当时全国四个经济特区之一，走在改革开放的前列，肩负历史重任，扮演推动中国崛起的领头羊的角色。中央给予"特殊政策、灵活措施"，扩大财政、计划、外贸、金融、物资、劳动工资和物价等方面的自主权。此时，汕头确实获得了千载难逢的发展机遇。

然而，在今天中国一日千里的高速发展进程中，其他特区城市早已迅速崛起，就连很多昔日不起眼的草根城市，汕头都已经望尘莫及了。这座位居粤东、在未设特区前曾是广东省仅次于广州的第二大城市，在改革开放后已经沦落为一个普通的城市。

汕头，在一个本应大有作为的伟大时代，在改革前沿的风云际会里，似乎被人们遗忘了，笔者曾在周围朋友圈子里问过这么一个问题："中国有哪几个特区？"被遗忘最多的就是汕头。

2008 年 8 月，一篇题为《落魄的特区，破败的汕头》的网文成为天涯、百度贴吧里面热传的文章。名为"琴台知音"的网友在文章中历数汕头的种种不是后作出结论："无论是经济发展，还是政府行政体制改革创新，无论是过去——哪怕是曾经'疯狂'辉煌的过去，还是依旧沉闷的现在，作为特区的汕头，都是失语者，贡献乏善可陈。不必讳言，汕头，作为特区，无疑是失败的！"

谁被遗忘谁就会被抛弃，就会沦落，这是铁的定律。

汕头的沦落在于其信用的垮塌。2001 年 4 月，汕头骗税案爆发，被当地奉为"神明"的知名人物、全国人大代表张桂溪"落马"了，这对汕头来说绝对算是不小的"地震"了。就在这一年的 6 月，以尖锐批评报道闻名国内的《南方周末》刊发了一篇题为《逃税骗税丧失信用，汕头经济发展严重受阻》的文章，该文用醒目的标题，大幅的版面篇幅，深层次地揭露汕头信用丧失、经济出现巨大滑坡的原因。迅速蜕化成疯狂骗税大案主角的张桂溪"落马"，犹如多米诺骨牌被推倒，汕头的信用问题总爆发，成为人们关注的问题。

人们总结了汕头信用缺失的几大问题。首先是骗税案频繁；其次是制假成风，售假泛滥，使"潮货"在国内已出现严重的信用危机；再次是六合彩泛滥成灾，使汕头世风日下，社会环境深受毒害。一个令人触目惊心的数据是，汕头因参与"六合彩"赌博而被刮走的民间资金竟然高达上百亿元。

信用的缺失导致了当地经济的萎缩。由于不讲信用，据说全国曾有 18 个地区向所属企业发出通知，提出不和汕头做生意。

市场经济秩序混乱，信用也失去了，经济发展就会受到影响。汕头经济发展不仅已落后于珠江三角洲，有一些指标甚至也落后于全省的平均水平。

市场的反击是迅速而残酷的。信用问题毫无疑问地影响到企业的经营。汕头市政府的信用也受到了前所未有的挑战。

毫无疑问，这是这座城市多年来不规范发展所必然要付出的代价。

新华社记者吴亮当时在题为《诚信是经济发展之本》的新华时评中一针见血地指出："潮汕人被公认为'最会做生意'，一代代潮汕人的努力，建立起了诚实守信的良好形象。然而今天的潮汕人，却栽在了不讲诚信上。"

汕头人自己也不得不承认说："汕头已经到了最危险的时候。"

独特的潮汕文化与汕头人

面对汕头的局面，不少人产生这样的疑问：为什么汕头发展会遇到这样的问题？

有人认为，汕头特殊的地理环境和文化氛围，以及政府部分官员由指导思想的偏差带来的腐败，导致了这样的局面。

作为潮汕文化的重要组成部分，汕头人至今依然保持着很强的"潮汕人"的群体认同感。这一点使人际关系成为潮汕人最为重要的感情纽带。重视人际关系的另外一个结果是，不少企业和各级政府官员有着千丝万缕的联系。正因为如此，才导致汕头的地方保护主义盛行，人情风、裙带关系猖獗，助长了犯罪行为的发生。

汕头素享"楼船万国"、"百载商埠"之美誉。潮汕人向来以"省尾国角"自嘲。潮汕平原三面环山，一面向海，连绵的山脉隔断了潮汕人和内陆的联系，长期以来潮汕的陆上交通极为不便，与内陆的联系被阻隔，但海路却是畅通的。狭窄的潮汕平原土地稀缺、物质匮乏，再加上历代不断有移民涌入，更加重了地少人多的局面，于是潮汕人只好向海上发展，以海为田，在海上与人互通有无。这也造就了潮汕人独特的海洋观念和商业意识。另一方面，从秦朝时的远征军官兵的留守到魏晋后中原士族的避难，再到南宋末期军臣的定居，中原文化不断被带入并与当地文化融合。当中原等地的文化已经发生了巨大变化的时候，这里由于与内陆的联系太少而仍然保留着最为完整的古代中原文化。

既有开放的海洋意识，又保留着完整的古代中原文化——在外人看来，潮

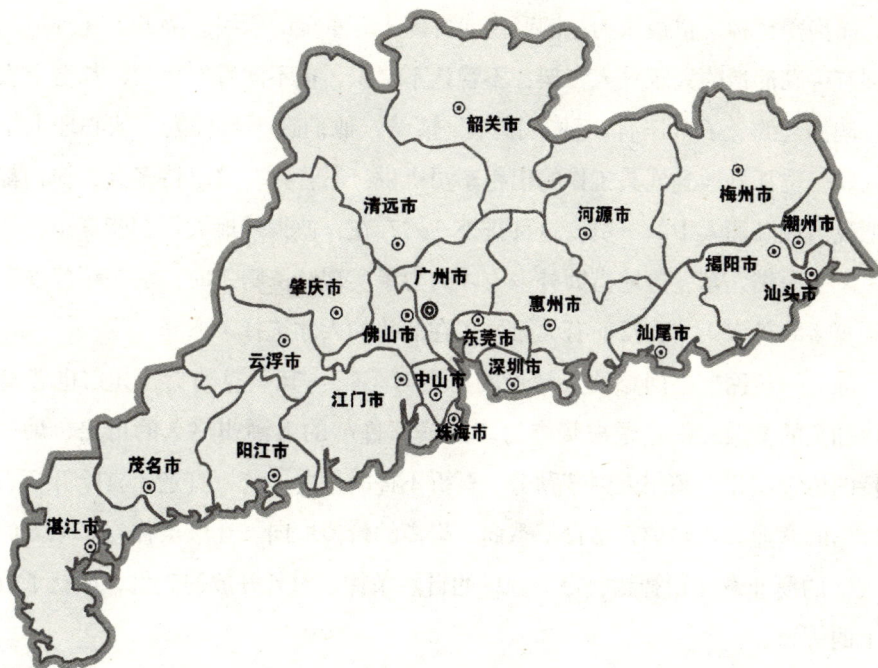

广东省示意图

汕人是一个独特而矛盾的群体。在这种矛盾中，潮汕人积极的一面和不足的一面都对潮汕经济发生着深刻的影响。

潮汕人被誉为"东方犹太人"。犹太人善于经商是举世闻名的，潮汕人经商理念根深蒂固、生意头脑十分灵活也是有历史传承的。潮汕是开放的，早在唐宋时期已有潮汕人到东南亚谋生，到了明清时期，当其他地方沉浸在"天朝上国"的迷梦中一再走向封闭时，潮人的红头船却遍布东南亚。正因为潮汕海上贸易的活跃，也才有了恩格斯那句对于汕头的评价。至今，潮汕地区已经形成了"本土一千万，海外一千万"的人口阵势，从遍布海内外各地大大小小几千家潮汕会馆中，你就能感受到几乎无所不至的潮汕人的足迹，所以有歌曲唱道："凡有潮水的地方，就有潮人。"

的确，潮汕人是个"独特而矛盾的群体"。潮汕人善于经商，市场意识浓厚，在他们四处闯荡开放经商的背后，又表现出很封闭的一面。潮汕人走到哪里都很容易抱成团，形成他们的一个生活圈子，而这个圈子是非潮汕人很难进入的。而抱团精神，也被认为是潮商走向辉煌十分重要的原因。潮汕人在外地只要碰到有讲潮汕话的人跟外人打架，不管认不认识，也不问青红皂白，都会上去帮忙。潮汕人的骨子里还有一种"排外"情结，他们瞧不起外人，从心理上排挤外人。一位从外地到汕头工作的出租车司机讲：不管我在这里待多久，他们都不会把我当成潮汕人中的一员。这种排外性的存在，使得外地人很少能真正在汕头立足。当深圳、东莞等地借助外来人才的力量实现经济腾飞时，汕头不仅没有吸引到更多的外来人才，反而有大量原先在汕头的人才选择了离开。

汕头一位网友在回顾汕头辉煌的历史时感叹"其兴也勃焉，其亡也忽焉"。近代汕头的繁荣，得益于被赞誉为"海滨邹鲁"的大潮州悠久的历史、灿烂而独特的传统文化。潮州人刻苦勤劳、百折不挠的优良传统，打造了冒险开拓、诚实守信的商业文化精神，培育了重商、崇商的价值取向。凭借被称为"东方的犹太人"的商业奇才和智慧、得天独厚的自然条件、对外开放的先机，成就了近代史上的辉煌。

汕头的落后甚至被遗忘，是源于文化之衰。汕头，在继承潮汕文化精华的同时，也沿袭了其糟粕，潮汕人目光短浅、故步自封、盲目排外等思维特性也得以保留。

汕头未来的"生命工程"是什么？

2001年3月底，李统书从深圳调任汕头市委书记，应该说这是一项颇为意味深长的任命。

李统书在深圳工作19年，调任前是深圳市市委副书记。深圳和汕头同为经济特区，然而，深圳始终保持了惊人的发展速度，而汕头则在20世纪90年代后期逐渐落伍。调李统书任职汕头，显然有借助深圳的经验、在汕头发展的关键时期发挥作用的考虑。

果不其然，李统书上任一月之后，即与汕头市市长一起，携市委、市政府、市直主要职能部门及各区县主要负责人前往深圳考察，回来后很快提出"向深圳学习"的口号。

李统书说：汕头要审时度势，知落后而后勇，发愤图强，进行二次创业，奋力拼搏,急起直追,聚精会神搞建设,一心一意谋发展,再创汕头辉煌。李统书在他任期内始终强调:重塑信用、优化投资环境是汕头的生命线。李统书上任后还对汕头的未来发展进行了新的定位:新的决策要高起点规划、高标准建设,整合区域资源,优化产业布局,建立粤东中心城市。

汕头的"生命工程"是什么?毫无疑问,还是信用。李统书主政汕头的时间并不长,所幸的是,"打造信用汕头、重振汕头经济"作为一种理念开始根植进了汕头人的心中。用官方的说法,这是未来汕头的"生命工程"。

知耻而后勇。面对竞争、面对挑战、面对落后,汕头后来继任的主政官员决心下更大的工夫赶超先进,用更加超前的思路和气魄、更加超常的力度和措施来抓发展。

于是,在2007年,一个着眼于科学发展、谋划长远的《汕头市"十年大发展"战略规划纲要》正式出台,其总体思路是把汕头建成粤东闽西南赣东南经济协作区重要中心城市。

"十年大发展"分为三个阶段性奋斗目标,即"三年打基础"(2007—2009年),"五年大变化"(2007—2011年),"十年大发展"(2007—2016年)。

"三年打基础",就是用三年左右的时间,以规划建设东部城市经济带、工业经济带和生态经济带为龙头,组织实施韩江河口整治规划等一批重大项目,重点打好基础设施、产业发展和社会环境三大基础,经济发展速度接近全省平均水平。

"五年大变化",就是到2011年,汕头全市生产总值达到1 400亿元以上,年均增长14%以上,力争人均生产总值达到27 500元,比2005年翻一番。

汕头市政府最大胆的决策就是打造"三条经济带",即东部城市经济带、临港工业经济带、绿色生态经济带。汕头处在珠三角、闽三角中间地带,按照"三条经济带"的规划和发展,汕头将不仅是粤东区域性中心城市,而且应该发展成海峡经济圈的中心城市之一,作为广东省参与海峡经济圈建设的"桥头堡"。

经过10年的努力奋斗,汕头将全面建成在泛珠三角区域、海峡两岸经济圈中发挥重要影响的现代化港口城市、区域性中心城市、生态型海滨城市,成为聚集辐射功能强大的粤东城镇群中心。

这一规划吹响了汕头大发展和崛起的号角,支撑汕头崛起的三大经济带构想不断获得重大进展。时任汕头市委书记黄志光表示："汕头出现了良好的发展势头，汕头一定会崛起。"

2007 年，汕头 GDP 增速为 1999 年以来最快，2010 年 GDP 达 1 203.253 亿元，增长 13.7%，增速高于全省。

回首汕头经济特区走过的历程，汕头人清醒地认识到：与其他特区和先进地区相比，汕头特区思想观念一度保守，开放步伐曾经放缓，开放力度日渐式微，导致率先开放的优势丧失。究其原因，归根到底就在于特区意识淡薄、缺乏世界眼光、战略思维滞后，错失了发展的最佳历史机遇。

2010 年 5 月，李锋从深圳市副市长的位置，调任汕头市委书记。他是继李统书、黄志光后，第三位从深圳调往汕头的主政官员。媒体评述，这又是一次意味深长的任命。

2011 年 4 月初，国务院正式批复同意将汕头经济特区范围扩大到汕头全市，从 2011 年 5 月 1 日起正式实施。对此，有汕头人充满了希望地说："30 年特区小范围小打小闹没搞好，现在特区范围扩大了，希望汕头能以宽眼界、大规划、大开放的手笔踏踏实实地做好新发展！"

可以说，今天的汕头又进入一个高速发展的新阶段。在新的历史起点上，汕头人开始探寻汕头发展的新优势。如今，几乎所有的汕头人都坚信，汕头必将重新在广东、在中国、在世界树立起新的形象。

◤评点◢

汕头人应该从正反两方面经验中吸取教训，必须努力唤醒和增强特区意识，把深化汕头的改革开放置于全国全方位开放的大格局中去重新审视，置于经济全球化的大趋势中去分析思考，不断拓展对外开放的广度和深度，提升开放型经济水平，并稳健务实地推进。唯有如此，汕头的全面振兴和重新崛起才能成为可能。

海口："吊着腊肉吃白饭"?

- 有人问："海南最知名的是什么？"答曰："南霸天。"
- 20世纪90年代，海口教训惨痛，很多企业在宏观调控一开始便受到了致命的冲击，企业的大面积死亡，使得海口经济的复苏成为一个十分漫长的过程。
- 当杭州和成都为争"休闲之都"打得不可开交的时候，海口却在袖手旁观。
- 如此天生丽质、如此优越的旅游资源，海口乃至海南还能继续忽视它们么？

一次，我们组织的一个记者团赴海南采访，途中谈到各地的风物特产，《深圳特区报》的一名记者是海南人，他问大家："你们说我们海南最知名的是什么？"大家面面相觑。一位女记者说："最知名的莫过于南霸天。"尽管引得大家哄堂大笑，在座的人却也十分认同她的说法。

20世纪50、60年代出生的人大都是通过电影《红色娘子军》才知道中国有个海南岛，海南岛上有座五指山，有条万泉河，有着迷人的热带风光。

天生丽质难自弃

众所周知，海南岛是中国的第二大岛，四面环海，海岸线曲折绵长，港湾众多。海口地处海南岛北部，与雷州半岛隔海相望，自古以来就是进出海南的客货运输中心和海南对外贸易的重要口岸，是海南岛航运史上最早的渔、商港，素有"琼州门户"之美称。

据史书记载，海口港旧称白沙津，远在北宋时期就是海南岛最大的贸易港口。清咸丰八年（1858年），据《天津条约》辟琼州海口为通商口岸。光绪二年

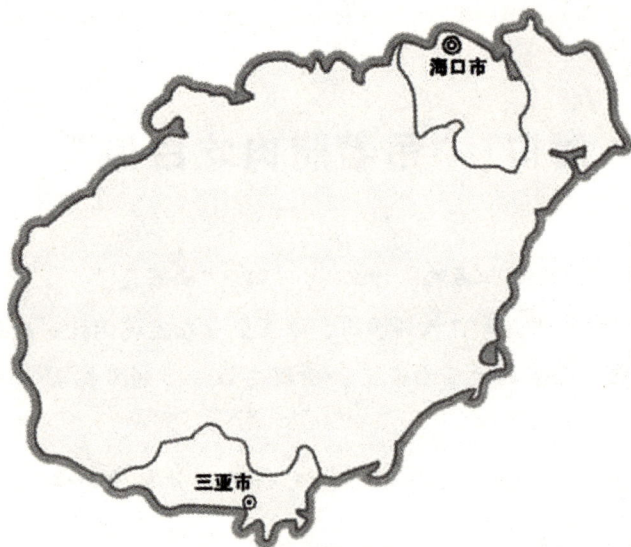

海南岛示意图

（1876年）设洋人海关——琼海关，海口港沦为帝国主义国家倾销商品的场地及掠夺琼州农副产品的中转站。1962年，经国务院批准，海口港成为对外开放口岸，海口成为海南和外界联系的主要桥梁。

1988年4月，经中央批准，原隶属广东省的海南行政区撤区建省，中国最大的经济特区由此宣告成立。地处南疆的海南岛开始了大发展的历程，海口也迎来了大批新特区的建设者。

美国一媒体得悉海南的优惠政策后发表评论：如能够认真兑现的话，确实是破天荒的最特别的政策。当时韩国、新加坡、泰国的一些高级官员也认为，那个时候是到中国投资的大好时机，而投资最理想的地方就是海南岛。

"中国最大的特区"、"特殊优惠政策"、"最佳的投资环境"，等等，当时这些频繁出现于新闻媒体的醒目字眼强烈吸引和打动着国内外的投资者。

于是，数以千计的外商如过江之鲫，涌向海南岛进行投资考察，有的当即就决定在海南岛投资建厂办企业，他们携带巨资来到海南，纷纷摩拳擦掌，立志要在这个全中国最大的特区轰轰烈烈干一番事业。

然而，中国房地产的大"泡沫"莫过于海南岛。过分的投机、过热的炒作、畸形的投资几乎将海南岛的经济葬送，致使海南的经济多年缓不过气来。

资金过分集中于房地产业，严重抑制了其他产业的发展，这是房地产热带给海南的最大不幸（后来，虽然海口伴随着全国的地产"高烧"一起度过了一段"美好的时光"，但随着国家近年来越来越紧的调控政策，海口的经济增速放缓）。

很多企业在1993年的那一次宏观调控开始后受到了致命冲击，企业大面积死亡，使得海口经济的复苏成为一个十分漫长的过程。

尽管海口有海南航空公司这样十分成功的股份制企业，但是也出现了"琼民源"这样在海南创造过"辉煌"和"神话"的短命企业。尽管"琼民源"早已经退出公众的视野，但它给海南乃至中国证券市场带来的印记却是永远难以抹去的。

能否打好"休闲"这张牌？

当杭州和成都为争"休闲之都"打得不可开交的时候，海口似乎在袖手旁观。

海口人不应该不明白，如今整个世界的休闲经济已经呈现喷薄之势，海口的条件即使不能说远胜杭州和成都，但至少是特色鲜明，足以与它们媲美。

海南以其明媚的阳光、湛蓝的海水和洁白的沙滩吸引了国内外众多游客，凡是到过海南的人，无不为其所折服。就海滨的风光和其他条件来说，国内任何地方都无法同海南相比。就资源品位而言，海南的海滨风光相比美国的夏威夷、印尼的巴厘岛、泰国的芭堤雅、澳大利亚的黄金海岸一点也不逊色，并且旅游资源更多、自然条件更好，因而有"不是夏威夷，胜似夏威夷"之说。迷人的海滩景致是海南发展旅游业的最大资本。

海南另一最有特色的旅游资源（也是第二大旅游资源）是其丰富的热带植物。作为国内唯一地处热带的海岛，典型的热带气候给了这里的植物最佳的生长条件，众多的橡胶园、挺拔的椰树、修长的槟榔树、娇艳繁多的热带花卉、散发浓香的热带水果园……构成一幅独特的热带风光。尤其珍贵的是，海南还拥有被国际旅游组织评定为A级的尖峰岭热带原始森林、五指山原始次森林带，以及全世界独有的青皮林、红树林。这些热带植物资源不但具有很高的观赏价值，而且也具有极高的经济价值和科研价值。

海南还有一个重要的旅游资源就是温泉，已发现的有 30 多处。海南的多数温泉矿化度低、温度高、水量大、水质佳，大多数属治疗性温泉，且温泉所在区域景色宜人。

海南作为一个多民族聚居的省份，由于长期以来的孤悬海外，与中原经济文化的联系经常中断，岛上居民与内陆的联系和交往受到诸多限制，因而其民族文化、风俗习惯等保留得更为原始。特别是岛内的少数民族——黎族，与内陆其他少数民族有巨大差异。其特有的文化习俗很吸引人，如：高架于山中、屋顶形似船篷的住房——船形屋，造型别致，风格独特；黎族妇女所穿的筒裙，图案花纹精美，完全为自己所织绣；以烤竹筒饭、山兰玉液为特点的传统饮食，风味俱佳；另外还有作为男女社交活动与婚恋媒介的黎族歌舞，以及传统的节日"三月三"，自制的土乐器演奏等，都具有独特的旅游观光价值。

作为当今最有前景的产业，中国的许多城市已经把发展休闲产业和旅游业结合起来，拉动经济增长。2006 年，世界休闲博览会在杭州举办，杭州已经提出打造东方"休闲之都"的口号；而成都号称自己是一个"来了就不想走"的城市，浓郁的悠闲人文气息给成都增添了特有的魅力，使其成为中国西部中心城市。

然而，制约海南和海口休闲产业发展的有如下几大问题：第一，在休闲理论上，未对休闲产业做系统的产业分析研究，并邀请国内外休闲领域的专家学者加入，先期研究休闲产业发展的趋势和内在成因，探讨海口发展休闲产业的前景和路径，从理论上挖掘海口休闲产业的资源和整合利用前景，充分研究休闲经济在拉动城市发展、提高经济活力等众多方面的作用。第二，在休闲产业的规划上，没有提出鲜明的"休闲之都"的城市定位，缺乏科学统一的旅游规划和清晰的休闲产业规划，难以实现资源与旅游产业的有效整合。休闲产业发展处于自发性、散点式状态，商业形态单一落伍，零售商业主要以购物为主导，不符合旅游、休闲度假的消费需求。第三，基础设施薄弱。未将休闲产业和旅游、房地产、会展、商贸、旧城改造、滨海地区等开发结合起来，推进海口的交通、公共设施的基础建设，扩大海口旅游的内涵和外延，并打造出城市新的形象。第四，没有借助博鳌论坛的影响力，举办"中国休闲产业论坛"，邀请世界级的休闲产业研究专家、学者共同探讨中国的休闲经济和海口发展休闲产业的计划及构想。曾有网友提议设立永久性的"国际休闲论坛"，在每年的博鳌亚洲论坛之后举行，每年根据主题邀请世界上一些有代表性的城市和地区参加，借此平台探讨中国城市双边、多边合作的机制和机遇，突出海口在中国休闲城市中的独特地位和作用。第五，从休闲设施上看，海口也缺少一批高档次、集约化、有特色的休闲商业设施，高质量的旅游产品种类较少，缺乏轰动性、高知名度的旅游产品和项目。一直以来，海口也没有利用得天独厚的条件建设海洋主题公园。

上述这些都成为海口乃至海南长期的软肋。要打好旅游和休闲这张牌，海口乃至整个海南必须要解决以上这些问题。

2010 年 6 月，《关于推进海南国际旅游岛规划纲要》获国务院批准，海南建设国际旅游岛上升为国家战略，并明确了海南国际旅游岛的战略定位、发展目标，即中国旅游业改革创新的试验区，世界一流的海岛休闲度假旅游目的地，全国生态文明建设示范区，国际经济合作和文化交流的重要平台，南海资源开发和服务基地，国家热带现代农业基地。

2011 年初，海南的"十二五"规划出台。"十二五"期间，海口将加快建设世界一流的海岛休闲度假旅游目的地，一批高端旅游项目正抓紧推进。上述诸多难题，海南开始逐一破解。

2011 年下半年，随着海南"离岛免税"政策的启动，海南国际旅游岛建设提速。无疑，海南又迎来了一次新机遇，但愿海口不要再次痛失良机！

◥ 评点 ◣

无疑，海南极具稀缺性的热带滨海旅游资源和淳朴的民俗风情，相比于国内其他城市，可谓独领风骚。如此天生丽质、如此优越的旅游资源和发展休闲经济的条件，海口乃至海南很长时间以来却把它忽视了，让很多人看来，这简直就是"吊着腊肉吃白饭"，不能不令人遗憾。

十堰：你被谁抛弃？

- 招商局的一位主要负责人曾劝阻前来考察的投资商不要盲目到十堰市投资，因为他也认为十堰市"前途渺茫"。
- 十堰是一座被边缘化的城市，这是不争的事实。
- 十堰市在失落"东风"后，才真正认识到了武当山这一品牌的巨大价值。
- 当少林的大量衍生品显示出咄咄逼人的市场竞争态势时，武当只靠一柄工艺品武当剑在抵挡拼杀……

2003年，东风汽车公司总部搬至武汉；2006年5月，东风有限公司总部又东迁江城。

"东风"两个总部搬迁，十堰市基地产值两年内下降近200亿元。至此，十堰市的"废都论"、"塌陷论"、"边缘化论"不绝于耳。

"东风"的离去，难道真会引发多米诺效应吗？

"废都"的焦虑

曾经的辉煌，让十堰人无限眷恋。

"集中力量，建设大三线"，1965年，毛泽东发出这样的号召，共和国在十堰布下了二汽这枚"棋子"。

昔日，这里还是荆棘遍布的小山沟，人口仅仅数百，铁匠铺就是轻工业。短短几十年时间，东风公司的到来使十堰成为一个轻、化、重工业门类齐全的现代工业城市。到2004年，十堰汽车及零部件企业330多家，汽车工业资产445亿元，汽车工业产值371.53亿元，占规模以上工业总产值的79.5%，实现利税占财政收入的一半以上。十堰成为世界三大商用车工业基地之一，号称"东方底特律"。

20世纪80年代，十堰列全国小康城市第6位，全国城市综合实力评比中排名第22位，与武汉、西安、郑州等大城市分庭抗礼。

东风总部及其总部效应，让十堰摇身变成一个现代化城市。但是东风公司有自己的战略——东风要"融入发展，合作竞争，做大做强，优先做强"。

20世纪90年代开始，东风公司先后在襄樊、武汉开辟基地，人才、资金、技术东移拉开了帷幕。

2001年，东风公司取得悦达起亚汽车25%的股权，进军江苏。

2003年，东风乘用车公司创立大会在武汉、广州同时举行。

2003年，东风增资扩股，成立东风襄樊康明斯发动机有限公司。

这一切意味着东风要走出大山，另辟发展途径。

而且随着总部搬迁，投资2亿美元的金狮撤资，东风广泰、东杰空调、东风柴发，等等，一批企业跟风而去。

总部走了，十堰城市化、工业化的动力消失，它给十堰人的心理冲击和影响恐怕更为深远。

第一是决策层忧愁：东风公司外迁，首先是损失了东风总部这个巨大的无形资产，然后是迁出效应影响投资热情。而直接的损失还在于总部搬迁造成为总部服务的物流、人流、信息流的流失，造成税费大幅减少。经济指标往下滑，干群自觉脸上无光，阴影笼罩在商人的心上。于是东风总部搬迁的这一企业行为，逐步演化为敏感的政治、经济话题。

时至2006年，正是十堰人被"塌陷论"困扰之际。这年4月，时任十堰市委书记的赵斌在香港招商后取道深圳回鄂，趁此机会，笔者在深圳采访了他。他说：十堰市因为汽车而建设而兴起，十堰人十分看重东风公司，对它的依赖心理是不能否认的，东风总部迁走对十堰市经济发展的影响也是不能小看的，不承认这一点就不是实事求是的态度。作为决策者，他对这一点看得非常清楚。

第二是普通干部心态涣散。随着东风总部搬迁，东风的管理层也调走不少，十堰的一般干部也是人心思走。笔者的两个大学同学，一个在此期间调往上海，另一个举家迁往深圳。实际上人才的流出还是次要的，关键是未来人才的流入将会受到非常大的影响。干部的心态涣散还表现为对十堰市的未来没有信心。招商局的一位主要负责人曾劝阻前来考察的投资商不要盲目到十堰市投资，因为这位干部也认为十堰市前途渺茫。招商局主要干部都这样说，投资者的信心自然要大打折扣。

武汉东风新总部旁边的著名地产项目"东方夏威夷"，更是将巨大的售楼广告牌竖在进入十堰市的高速公路入口处。据"东方夏威夷"的开发商介绍，"东方夏威夷"的买家大都是十堰人。

第三是市民的失落心态。请看网上的热议：

"十堰培养的产业给了武汉，十堰处在湖北的边缘地带，十堰在湖北的心中更是边缘地带，现实是：'武汉1+8城市圈'中没有十堰，湖北副中心城市也没有十堰，十堰在湖北完全处于一种被冷落和被抛弃的境地……"

"在现实中，因为地域接近的原因，十堰人和陕西人却有很多共同的文化和生活习惯，你将清楚地看到，十堰和西安的联系将会越来越紧密……"

"被称为'东方底特律'的汽车城，在湖北竟这般没地位。适者生存，十堰也需要寻找自己的位置，十堰更需要生存和发展。"

从中不难看出十堰市民众那种不可名状的失落感。

"边缘化"的困惑与"塌陷论"的辩证

十堰的网友们说得没错，十堰是一座被边缘化的城市，这是不争的事实。

前些年，湖北省的"武汉城市圈"把十堰排除在外，现在的"一江两线"把十堰作为"汉十线"的尽头，十堰在湖北发展的格局中似乎越来越尴尬。

有名为"山水人"的十堰网友在《十堰，"边缘化"城市的突围》的网文中称，十堰被"边缘化"了。其影响主要体现在未来发展瓶颈上：一是局限性，产业政策难覆盖，发展没有吸引力；二是动摇性，现代经济和市场的"锅底"和"洼地"现象会动摇边缘化地区原有的产业基础，造成资源的流失；三是盲目性，在一定阶段上，边缘化会导致边缘化地区发展的目标缺位、战略被动、发展减速。

上述不利影响在十堰已经显现。现实危机让十堰"做大做强"的心情更加迫切。当时的市委书记赵斌有个"拳头论"，就是以"山、水、车"三大世界亮点为依托，十堰打好三张牌。一是打好武当牌，发挥华中黄金旅游圈的聚合作用；二是打好汽车牌，使之真正对周边区域经济产生强大的辐射力，牵引力。三是打好南水北调牌，以环保为内核，以水流为纽带，整合京津经济圈的资金、技术等要素，发展生态农业、环保产业、绿色有机食品业等。力争用 5 至 10 年在全市形成山、水、车为核心的三大经济增长极，使十堰成为鄂陕渝豫四省市毗邻区域的经济中心。

谈到十堰的未来，赵斌说，经过几年努力，十堰可望实现大的突破。以此为蓝图，十堰"十一五"规划曾提出，到 2010 年全市汽车产量达到 55 万辆、零部件 60 万份，实现产值 800 亿元，真正成为中国第一、世界前三的商用车基地。后来，这个目标基本实现。

在 2008 年湖北省"两会"上，十堰市委书记赵斌当选为湖北省副省长。赵斌的升迁说明了十堰市在湖北的地位并非人们想象中那样尴尬。

接任的十堰市委书记的陈天会说，十堰市在"十二五"规划中提出了建成"百万辆级汽车城"的目标。到 2015 年，十堰市的 GDP 将会超过 1 300 亿元。

武当山的尴尬

武当山的确是十堰市的一张牌，而且应该说是一张王牌。

武当山作为世界文化遗产，不管作为文化资源还是旅游资源都是十分独特的。作为十堰的金字招牌，从某种程度上讲，它的品牌价值不比东风汽车品牌的影响力小。

20 世纪 80 年代，一部电影《少林寺》让少林功夫闻名全球。如今，少林寺与长城、兵马俑并驾齐驱，已经成为中国的外交名片。有人把少林的复兴缘于电影《少林寺》。在《少林寺》上映两年后，一部名为《武当》的武打片也曾上映，只可惜没有引起像《少林寺》那样的轰动。

与少林相比，武当毫无优势。仅从旅游业分析就可看出端倪，据统计，当武当山的旅游人次约为 50 万时，同一时期少林寺的旅游人次却高达 500 万，相当于 10 个武当山（据悉武当山的旅游人数 2010 年超过 200 万人次，与少林寺距离大大缩小）。

武当山以道显耀天下，以武闻名世界，作为宗教圣地和旅游目的地，拥有许多得天独厚的条件与优势。

第一，从旅游价值的角度分析。武当山的风景名胜多如繁星，灿如彩锦，是集幽、奇、秀、美为一体的道教名山，有"七十二峰、三十六岩、二十四涧、十一洞、三潭、九泉、十池、九井、十石、九台"等山水风光。武当山是武当道教和"武当拳"的发祥地，其道教建筑可以追溯到公元7世纪，宫阙庙宇镶嵌在峰峦岩洞和奇峰幽谷之中，布局巧妙、规模宏伟、技艺精湛，集中体现了中国元、明、清三代宗教建筑的艺术成就，代表中国古建筑的最高水平。武当山以其独特的风韵吸引着国内外游客，今日香火依然。那历经千百年沧桑的道教宫观、悠扬的道家音乐、神奇的武当武功、丰富的神话传说，连同那些虔诚的香客，传递着中国古老的文化气息。

第二，从文化传承方面来分析。道家文化不仅影响一代又一代的哲学家、思想家、医药家、宗教家、科学家、文学家，也铸就了武当山辉煌的历史。元、明朝几百年间，武当作为"皇室家庙"、"大岳武当"、全国最大的道场，地位在"五岳"之上，朝拜者人流不绝，"踵磨石穿，声号山裂"，"盖旷世所未有也"，为后世留下了博大精深的武当传统文化、丰厚的健康文化资源。武当山已经名列"世界文化遗产"名录。

第三，从武术方面来分析。武当武术植根于中国道家哲学的沃土之中，以养生健身为宗旨，以道教哲理发微于武当拳理，形成了从理论到功法都蕴藏着深奥哲理和精妙拳技的武当功夫。但千百年来，武当内家功夫密递暗传，玄妙莫测，所以外人很难一睹其风采。武当功夫作为中华民族优秀的文化遗产，受到世界各地越来越多的人喜爱。"北崇少林，南尊武当"，应当说，武当武术与少林功夫是不相上下的。

但在开发和利用上，武当山远远落在少林寺的后面。少林寺在美国、德国、日本、澳大利亚等130多个国家和地区进行了注册。武当功夫尽管也先后在央视的"星光大道"和湖南卫视的"谁是英雄"节目里成功表演过，但与少林寺在全球媒体令人咋舌的曝光率相比就相差甚远了。在前些年文化部公布的18项"优秀出口文化产品"中，有两项都是与少林有关的。这18项中排在第一的就是功夫舞台剧《少林雄风》，还有一部武功剧《少林武魂》。与之相比，在文化推广方面，武当显示出的差距与弱势让十堰人自己都无话可说。

长期以来十堰市的决策者的工作重点都只是围绕着"二汽"(东风)在转,忽视了对"武当"品牌价值的挖掘,以致"武当"在品牌运营和市场推广上出现明显的缺失。

当一首"神奇的九寨"让九寨沟成为热门旅游景点时,武当山旅游却总是处在不温不火的境地;当邻市襄樊"诸葛亮演义酒"大行其道的时候,"武当酒"已经死火多年,不知如今在哪里。当西藏"藏医藏药"揭开神秘面纱在市场不断走红时,"武当太极"养生保健品与医药还"锁在深闺人未识";当邻居宜昌市的绿茶远销国外时,"武当道茶"尚处在市场萌芽阶段;当少林的大量衍生品显示出咄咄逼人的市场竞争态势时,武当只靠一柄工艺品武当剑在抵挡拼杀……

近年来,十堰市在失落"东风"后,重新审视自己,才真正认识到了武当山这一品牌的巨大价值。为了打好武当山这张"王牌",十堰市成立了武当山旅游经济开发区(属于湖北省人民政府批准的省级开发区)。武当山旅游经济开发区制定了"创世界知名风景区,建中国山水园林城"的宏伟目标。近年来已对景区环境、保护、建设进行了全面科学的规划,景区、景点及公路沿线进行了全面的绿化美化,对游路及配套设施进行了全面修复和完善。武当商城步行街、武当山旅客中心、五星级假日酒店、民俗文化村建设工程、武当文化广场、武当博物馆、武当演艺中心等基础设施建设工程已全面展开,有的已经竣工。

尽管如此,开发区对如何挖掘武当山品牌与文化价值似乎还处于摸索阶段,没有从文化、旅游的推广及其衍生产品的开发上,进行整体与系统的规划,也没有拿出可操作性强的执行策划方案。后来,十堰市政府承办了"第七届武当国际旅游节",盛会的主题是"武当走向世界,十堰拥抱未来",开幕式举办了大型文艺晚会并与中央电视台"欢乐中国行"栏目合作;2010年举办了"武当山国际武术健康大会",等等,但是这种以旅游推介和招商引资为目的、功利性太强的节庆活动,实际效果并不十分理想。即使在中央电视台做一些广告,或者请大导演来给武当执导一台类似于漓江《印象·刘三姐》的实景驻演晚会,也不能从根本上解决武当山品牌战略的问题。

另外还有传闻,曾有十堰市的政协委员提议将十堰市改名为"武当市"。当然这样改名也未尝不可,但问题是如果不先把武当的牌子打出去,真的把十堰市改成了"武当市"又能如何?

▗ 评点 ▖

"东风"离开十堰市,带给十堰的忧虑至少有以下几点:一是作为十堰最大投资主体的东风公司今后还会有多少项目布局十堰,东风商用车在十堰还能待多久;二是武汉经济的"内敛"在湖北省行政推动下还有多少优势集中的举动?武汉等"中心"的优惠政策还会吸引走十堰的企业吗?另外,人才的流失和人气的消散表面上一时好像看不出什么,实际上是长远的、深层次的问题。

笔者后来考察了武当山,武当山新的规划和管理模式在国内可谓独树一帜,游客蜂拥而至,已不可与昔日同语。一位民营企业家的作为,让十堰开发武当的尴尬有所消弭,让人们看到了希望。后来有新闻透露,随着十堰市旅游政策的不断优化和接待环境的进一步迅速提升,交通瓶颈被一举突破,厚积薄发的武当山旅游事业已步入了快速持续发展轨道,在国际、国内旅游市场上声名鹊起,连获"欧洲人最喜爱的中国十大景区"、"最受群众喜爱的中国十大风景名胜区"、"首届中国自驾车旅游品牌十佳目的地"等荣誉称号。

尽管如此,从整体上分析,对于如何打好武当这张牌,十堰市还需要进一步认真规划。

唯有将武当山的这一金字招牌擦得更亮,武当才能快步走向世界,走向世界的武当必然带来十堰市地位的提升。

第 五 章

风起云涌——开发区的迷茫

终于，城市本身变成了改造人类的主要场所，人格在这里得以充分的发挥……而最终，人格又将会破坏人们种种过分的虚妄与要求。

——（美国）刘易斯·芒福德

什么叫开发区？笔者以这样一个问题问过周围的一些朋友。

"开发区就是一个城市的'特区'。比如深圳、上海浦东是中国的特区，那么一个城市的开发区不就是这个城市的'特区'吗？"

"开发区就是圈一大块地，做成一个大'瓮'，开发区招商引资就是'请君入瓮'。"

这样的回答确实有几分道理。多年来，"开发区"三个字在各类媒体上频频出现。在过去30多年间，招商引资从陌生到熟悉、从熟悉到狂热，开发区建设经历了从低谷到巅峰的过程。

"点土成金" 的开发区与城市命运

· 中国的开发区是如何白手起家、点"土"成金的呢？
· 中国开发区的探索实践，是中国改革开放过程中开天辟地的伟大创举，被全世界视为宝贵的"中国特色"经验，受到全球瞩目。
· 很多城市的开发区呈现出如此乱象，而又直接受开发区影响的城市命运又将如何呢？
· 一个城市的勃兴与开发区的兴衰密不可分。

上海浦东开发区的建立带动了上海乃至整个中国的新崛起；天津滨海新区的兴盛是天津成为"北方经济中心"的重要砝码；深圳高新技术产业园区成为深圳新一轮腾飞的战略支点；苏州经济技术开发区是苏州成为区域经济领头羊的

基石。

毋庸置疑，一个经济开发区的兴衰与这个城市的命运紧密相连。

早在1986年，邓小平视察天津开发区后欣然题写了"开发区大有希望"。此后中国经济开发区呈现蓬勃发展的状态。

20多年前，经国务院批准，大连等10个国家级开发区诞生了。近30年来，国家级开发区已发展到128个，这些国家级开发区的探索实践，不仅是中国改革开放中的一项成功创举，也被世界视为一种宝贵的"中国特色的经验"，受到全球瞩目，尤其是受到广大发展中国家的肯定、重视甚至借鉴。

2011年9月21日，商务部发布了《2010年国家级经济技术开发区投资环境综合评价通报》，90家国家级开发区参与评价，其中包含36家新升级的国家级开发区。通报显示，总指数位于前10位的国家级开发区依次是：天津、苏州、广州、昆山、青岛、烟台、北京、上海漕河泾、大连、杭州。

国家开发区自创建伊始，历史就赋予了它不可替代的重大使命。那么，中国的开发区是如何白手起家，如何点"土"成金的呢？

《人民日报》记者龚雯多年前在其《探索"中国经验"：国家级开发区20年发展启示录》一文中总结道：国家级开发区从建区之日起，就高度重视土地的首选规划、管理和利用，选址尽量不占耕地，并较早进行了土地使用制度改革。全面推行国有土地使用权有偿使用制度，并坚持高效集约用地，力求用地结构与其规划的功能定位相一致。

正因为如此，国家级开发区是国内土地利用集约化程度最高的区域之一，吸引了大批优质工业项目，以最节约的土地资源投入，取得了可观的经济、社会和环境效益。国家级开发区实行集中开发、集中供应、合理规划的运作方式，利用产业集聚的优势，成为国内土地和能源节约利用率最高的区域之一。可以说，开发区走出了一条科技含量高、经济效益好、资源消耗低、环境污染少、人力资源优势得到充分发挥的新型工业化、快速城市化的道路，为中国以工业化促城市化提供了很好的样板，为当地城市经济发展作出了卓越贡献。

近30年来，国家经济开发区的探索功不可没，因为当初"吃螃蟹"的正是国家级经济技术开发区，赢得了中外投资者的普遍赞誉，对于国内体制改革、国外一些发展中国家的城市建设与经济发展，都具有普遍的借鉴意义。

2011 年，国家高新技术开发区建立已经 20 周年，也是国家"十二五"规划实施的第一年。国家加快了高新区从省级升级到国家级的审批。全国政协副主席、科技部部长万钢强调，要加快新升级的国家高新区建设，更加突出提升自主创新能力，更加突出培育和发展战略性新兴产业，更加突出服务于发展方式转变和经济结构调整，更加突出发挥辐射带动作用，努力把国家高新区建设成为自主创新的战略高地、培育和发展战略性新兴产业的核心载体、实现创新驱动与科学发展的先行区域。

事实表明，开发区已经和城市的发展和命运密不可分，甚至可以这么说，现在国内无数的开发区已经成为一片片躁动的土地，这里正轰轰烈烈地上演着中国历史上最为壮观的一幕幕"淘金"大戏。

在开发区的追逐竞赛过程中，开发区派生的一些经济生态恶果并没有引起人们足够的重视，开发区的过度开发还在紧锣密鼓地进行，招商引资竞赛也正在不断升级，各种"圈地运动"打上了更为冠冕堂皇的旗帜。

城市的开发区呈现出如此乱象，而直接受开发区影响的城市命运又将如何呢？

▌ 评点 ▌

目前国家级开发区已发展到 128 家，省级、市级甚至县级开发区更加数不胜数，无疑更加剧了开发区之间的同质竞争。

不可否认，一个城市的勃兴与开发区的兴衰密不可分，在相当长的一段时间内，开发区工业园与招商引资为城市的发展和经济的迅速增长作出了重要贡献。

但未来开发区何去何从？人们在期待着答案。

"圈地运动" 缘何持续 "高烧"?

· 开发区、工业园纷纷上马，招商引资盲目行动泛滥成灾。过去10年间的 "圈地" 面积竟然超过了一个民族5 000多年的城建面积总和。

· 进入新世纪，中国内地又出现新一轮的 "圈地热"，一些城市不顾自身的客观条件，纷纷争相圈地上马开发区，改革开放以来的土地管理终于第三次失控。

· 为了圈地，部分开发区巧立名目，分批分次向上审批，最终达到大量圈地的目的。

2003年7月份，国务院办公厅接连发出两个文件：《关于暂停审批各类开发区的紧急通知》和《关于清理整顿各类开发区加强建设用地管理的通知》。

就在两个通知发出前不久，召开了全国进一步治理整顿土地市场秩序电视电话会议。这次会议预示着新一轮土地市场的治理整顿正式开始，也显示了国家下大力解决开发区 "圈地热" 问题的决心。

改革开放以来，随着国民经济迅速发展，各项建设占用土地大量增加，乱占、滥用耕地现象日趋严重。开发区、工业园纷纷上马，招商引资盲目行动泛滥成灾。

早在1985年，爆发了第一次建设占用耕地的高潮，随之而来的恶果就是全国农业大减产。这不能不引起中共中央、国务院的高度重视，所以在1986年3月发布《关于加强土地管理制止乱占耕地的通知》中提出："要建立和完善土地管理法规"，"抓紧制订《中华人民共和国土地法》"。

1992—1993年期间，国家宏观经济严重失控，也搞乱了土地管理制度。诸多问题互相作用使房地产市场秩序混乱，有些地方土地投机行为严重，"炒地皮者" 获取暴利，又吸引大量资金流入房地产。这种行为的恶性循环更加剧了土地市场的混乱，最终酿成1992—1993年的又一次占地高潮，大量耕地被占用，大量土地资源被浪费。此后，国务院开始了严格的宏观调控，在时任总理朱镕基的"铁腕"整治下，过热的经济开始降温，及时刹住了乱占土地之风。

2003 年，改革开放以来土地管理第三次失控。

进入新世纪以来，中国面临的国际和国内经济形势发生了重大变化，政府管理也日益规范，法制建设已很完善，为何土地市场的混乱现象又出现且呈现一哄而起的局面呢？总结分析，新一轮开发区"圈地热"无非有以下几方面的原因。

第一，中国已经正式加入 WTO，日益融入全球经济一体化的进程。加入WTO 对中国经济产生的影响和冲击是全方位的，经济和社会发展既面临严峻的挑战，城市发展又面临难得的机遇。面对这一次机遇，各个城市似乎都不想失去，失去这次机遇无疑意味着就要落后。

第二，众所周知，这一阶段党中央明确提出了全面建设小康社会的宏伟目标，并指明了新世纪中国经济和社会发展分阶段的战略任务，全国迅速掀起全面建设小康社会的热潮。在这种热潮中，土地开发成为一些城市实现这一战略目标的捷径。

第三，进入新世纪以来，党中央、国务院不仅高调提出"西部大开发战略"，而且对东部沿海发达地区也提出了新的发展目标——率先实现现代化，由于党和政府对中国实现区域经济可持续发展提出了新的要求，各地的开发区竞赛又掀开了新的一页。

第四，会展经济的重大项目相继出炉。北京奥运会、上海世博会、广州亚运会的相继申办成功，对市场产生了重大利好，这些项目产生了巨大的投资和消费需求，同时推动了多个相关行业的发展。

正是因为上述原因，中国经济进入新一轮增长的快车道。在这一背景下，继20 世纪 80、90 年代初期的两次开发区"圈地热"之后，中国内地又出现新一轮的"圈地热"。

为此，才有了 2003 年两个通知的出炉。国务院办公厅《关于暂停审批各类开发区的紧急通知》中明确规定：各省、自治区、直辖市人民政府和国务院有关部门，一律暂停审批新设立和扩建各类开发区。国家级开发区确需扩建的，需报国务院审批。

据宏观经济研究院国土所前些年提供的一份题为《我国土地管理中存在的问

题及对策》的报告指出，随着开发区"圈地热"的持续升温，开发区土地利用逐渐暴露出来诸多问题，大致有以下几种：一是盲目扩容，二是土地置换盛行，三是"先用后征、边用边征"的问题突出，四是采取分次审批、集中使用的"零批整用"模式达到占地目的，五是随意改变土地用途。

▪ 评点 ▪

尽管开发区在中国的经济建设与城市发展中功不可没，但是我们不能回避，开发区"过热"也带来了很多不良后果——各地开发区、工业园纷纷上马，大范围圈地的无序竞争，招商引资工作如火如荼。据说，过去10年间的圈地面积竟然超过了一个民族5 000千年的城建面积总和。城市的可持续发展正在经历着由此带来的种种阵痛——盲目建设和招商引资狂潮加剧了环境失衡。

如果不从体制上和机制上解决问题，很多问题还会继续泛滥成灾乃至无法收拾。

血拼"招商竞赛"，城市引资生态恶化

· 某些城市甚至不惜违背国家有关法规，用其他城市难以实现的优惠条件来争夺投资。

· 由于官员选拔机制与政绩是紧密关联的，招商引资有利于官员创造"政绩"，一些官员不顾血本，在所不惜，千方百计为自己今后的升迁铺平道路。

· 弄虚作假、欺上瞒下、谎报招商数据，贿赂腐败应运而生，招商引资中的各种费用也就成了腐败贿赂滋生的源头。

· "鹬蚌相争，渔翁得利"，"血拼"所谓优惠政策带来的后果是，投资方一家独赢。

随着改革开放的深入，20世纪80年代中期开始于沿海地区的开发区建设和招商引资活动，有如潮汐般推向全国。在这个大潮中，形形色色的经济开发区遍布大江南北，内地几乎所有城市都争相登台亮相，洽谈会、文化节和旅游节等，互相攀比，争奇斗异。

这是因为，中国改革开放以来，以城市为主体的经济活动占据着越来越重要的地位，同时城市发展也面临着双重任务，既要贯彻执行国家的法律法规、落实各项政策措施，又要因地制宜实施地方发展战略，加快发展与建设的速度。

在缺少资金的情形下，城市政府需要获得更多的资金，来满足本地固定资产投资、财政税收以及社会就业的增长需求，并确保一定的经济增长速度。鉴于此，建设开发区和招商引资工作成为了城市发展的重中之重。

尽管按照正常秩序，各个城市之间竞争实力差异很大，通常对于投资环境的评价需要综合考量，政策只是其中的因素之一，但在目前的情形下，为了争取产业资本、外国资本和跨国公司的投资，各地政府不仅在不遗余力地打造投资环境，还将投资优惠政策作为引资最重要的竞争手段。除给予外国直接投资以超国民待遇之外，某些城市甚至不惜违背国家有关法规，用其他城市难以实现的优惠条件来争夺投资。

由于地方利益的客观存在，城市必须把握好机遇才有可能在未来发展竞争中胜出，因此寻求外来资本的动力就格外强劲。所以，我们不得不关注地方政府的某些领导为何不计成本地致力于招商引资，其动机离不开以下原因。

招商引资为好大喜功者增添了新的浮夸主题，有利于官员创造"政绩"，为升迁铺平道路。很长一段时间，官员选拔机制与政绩是紧密关联的。上一级对于各城市政府官员的政绩考核虽然没有统一的标准，但体现经济增长率的量化指标和外显的城市形象，理所当然地成为考量的重要因素。因此招商引资成为各地方官员很难抑制的冲动。

由于浮夸风在招商引资过程中抬头，不切实际，心态浮躁，不严格地进行科学论证，"捡到篮子里都是菜"。招商引资数字、额度的提升犹如兴奋剂一样，致使有些官员莫名其妙地兴奋起来，所以他们乐此不疲。

不难理解，恐怕正是基于以上考虑，很多地方的招商引资工作才日益如火如荼，才逐步演绎成城市间恶性竞争的态势。这种资本供求关系的严重失衡，使得投资商占绝对优势。地方政府主导而非市场导向的招商引资活动，使几乎人格化的地方政府在行使招商引资职能时往往伴随有很强的行政动机,本应是成本导向下的企业投资经营行为转化为追求地方利益的政府行为,而随着市场经济的发展,这种政策失误将给引资的经济效果带来诸多负面效应。

还有最令人感到荒唐可笑的,湖南省某县上演了的一出招商引资闹剧。该县2006年曾给县直机关下达招商引资任务指标,某局为了能够完成任务通过政绩"考核",人为地找到一个"托"弄了个项目。该项目经该县有关领导一番"包装"后,一个2 000万元人民币的内资招商项目,摇身变为投资上千万美元的"外资项目"。为充分展示这一"招商成绩",县政府又将其拿到在长沙举行的首届中部投资贸易博览会上再次"签约"。当年中博会上,该县引进的电源连接产品项目被描述为"美国SMH香港公司投资1 050万美元"的项目。正是因为这个"千万美元"项目的引进,在永州市中博会签约项目到位外资绝对值的排名上,该县高居榜首。

结果可想而知,该投资项目搁置多年未果,被占土地长期荒芜,造成投资者与政府"两败俱伤"。该县一位干部说,如果不是县委、县政府下达招商引资任务,完不成"指标"直接影响年终考核单位排序,就不会发生这桩招商引资的"闹剧"。

2011年4月,据新华社报道,辽宁某集团未履行环评审批手续,擅自建设年产10万吨镍铁合金的冶炼厂。这是辽宁鞍山某县政府两年前引进的"重点项目",后来还将"鼓励新富集团提高产能"写进政府工作报告。这家企业违规生产10个月,因严重污染和破坏当地环境,多次引发群众上访。

2011年7月,《新京报》报道了陕西省某市招商引来恶果的新闻:该市某广场因开发企业资金链断裂,10年来时建时停,被当地人称之为"楼停停"。该企业欠债2亿多元,引资计划搁浅,破产重整遇阻,集体维权事件不断,政府部门为此垫资,却依然无用。本来是政府招商引资大力扶持的项目,到头来却以"烂尾"终结。

可以说,这种案例在国内数不胜数。河南省漯河市对本市招商引资中"政策失败"的现象进行了分析和思考,概括为"三多三少"和"三重三轻"。"三多三少"就是投入多而产出少,承诺多而兑现少,签约多而履约少;"三重三轻"就是重引进而轻服务,重数量而轻质量,重审批而轻监管。

　　招商引资狂潮除了加剧环境失衡外，也改变了官场生态。考评政府官员"政绩"的重要指标有很多，除了GDP增长率外，还有招商引资指标、财政收入、社会就业率、内外贸易的盈余或赤字等。于是，一些城市把招商引资当作"一把手工程"，甚至将招商引资任务层层分解，市摊派到县，县摊派到镇，乡镇一级再摊派到村，逐级摊派。在一些地方，甚至定期将招商引资的成绩登报公布，排列名次。还有很多地方将与之相应的政绩考核简化，"取得多少招商业绩做多大的官"。诸如此类用招商引资业绩考量干部的方式，正在产生不良的"官场之怪现状"：虚夸之风盛行，为保住乌纱帽，部分官员弄虚作假、欺上瞒下、谎报招商数据；贿赂腐败应运而生，招商引资中的各种费用成了腐败贿赂滋生的源头。

◣ 评点 ◢

　　"鹬蚌相争，渔翁得利"，这是"血拼"所谓优惠政策产生的必然结果。在这场投资和引资双方的博弈中，唯有投资方独赢，他们为今后留足了巨大的利润空间。此外，社会资本也被广泛使用，很多地方政府积极利用当地与外界的人脉网、血缘网与公共关系网等社会资源，进行招商引资的策划活动，也带来很多弊端。

　　另外，招商引资狂潮很大程度改变了官场生态，政绩表现的需求又加剧了招商引资中非理性的恶性竞争，使"招商竞赛"进一步升级。很多地方以行政命令的方式，给各部门下指标，搞所谓"招商引资大奖赛"，助长了虚报浮夸。更有甚者不惜牺牲群众利益，换取投资或政绩，严重扭曲了政府职能。到了对政府招商引资重新进行界定和规划的时候了，否则让政府难堪、让公众买单的闹剧还会再一次次的重演。

　　再者，2010年12月，国务院发布了《国务院关于统一内外资企业和个人城市维护建设税和教育费附加制度的通知》，决定对外商投资企业、外国企业及外籍个人征收城市维护建设税和教育费附加，统一内外资企业城市维护建设税和教育费附加制度。这是我国统一内外资企业税制的又一重要举措，也意味着外资超国民待遇的终结。随着外资企业在国内超国民待遇的丧失和金融危机双重影响，外资逐渐寻求在东南亚国家的投资机会，如印度、越南、泰国、柬埔寨等，分流了不少原准备到中国投资的外资企业，国际资本的流向已经发生微妙变化，所以，国内开发区招商引资的思维和做法也应该随之转变。

大角逐，没有硝烟的战争

· 迪士尼如此巨额的建设资金究竟从哪里来，人们心中不免留下一连串疑问。

· 深圳世纪晶源这个号称总投资320亿元、产值过千亿元的LED全产业链项目负债30多亿元，濒临倒闭。

· 在富士康庞大的"相亲约会团"中，人们发现了美国TI、日本东芝、荷兰飞利浦等国际知名企业的身影。

· 最初连惠州也没有料到，项目因为壳牌加盟被搞大成一个"巨无霸"的石化项目，惠州因此名声大噪。

随着"开发区热"的升温，各城市开发区之间的项目抢夺一时风起云涌，尤其是大项目之争可谓惊心动魄。

引进大项目，可以带动一大批配套企业。在引进大项目的过程中，相关配套企业入驻，能够逐步形成完善的配套产业链，而这条产业链又将吸引其他优质项目落户，从而形成良性循环。

因此大项目自然成为城市和开发区争相抢夺的对象，世界500强更是成了"香饽饽"。

大项目之一：上海，全力引进迪士尼。

2011年4月，备受关注的上海迪士尼乐园项目一期终于开工，并"大干快上"地拉开了建设序幕。

上海引进迪士尼，真可谓一波三折，舆论也关注了很长时间。

2007年底，备受关注的上海迪士尼项目在沉寂一年后悄然启动。据透露，此次迪士尼项目重启，很有可能将选址由原先的川沙镇换成崇明岛。

此前曾有北京也将引进迪士尼落户的报道，不过后来北京市的政府官员出来澄清说，北京引进的是迪士尼动漫产业而非迪士尼整体项目。

上海这一内地首个迪士尼主题公园项目预计耗资 244.8 亿元，一期占地约 1.5 平方公里，最早于 2014 年对游客开放。和全球各地的迪士尼项目相比，上海迪士尼将被列入超大规模行列。全部建成后，上海迪士尼项目总占地面积可能达到 6~8 平方公里，数倍于目前香港的迪士尼主题公园。专家预测，一旦上海迪士尼建成，将带动总计上万亿的 GDP 总值。内地 80% 以上客流将被吸引至上海，甚至包括大量亚洲旅游资源。

上海迪士尼数百亿元的融资规模一直是业界关注的热点。银行界的人士表示"整个投资额超过想象"，整个迪士尼以及上海国际旅游度假区的投资将超过 1 000 亿元。

尽管有国家支持，刚刚结束的世博会上海投资巨大，迪士尼如此巨额的建设资金究竟从哪里来，人们心中不免留下一连串疑问。

大项目之二：三城演义，造"芯"运动升温。

大连引进英特尔的成功，似乎为已经冷寂的芯片业投资以及部分城市的招商引资注射了一支"强心针"。2008 年，半导体新一轮投资热潮骤然升温。

2008 年 10 月 28 日，世纪晶源试投产成功。世纪晶源是深圳市超大型高科技重点项目，其核心区首期投资 128.9 亿元。据估计，产业基地全面投产后可实现直接年产值 1 000 亿元人民币以上，并可拉动相关产业年产值 4 000 亿元以上。报道称，这标志着我国化合物半导体产业上游核心技术的"瓶颈"被突破，不仅填补了国内光电子产业的多项技术空白，还将对我国光电子产业的发展产生积极的推动作用。

不过，后来媒体披露出令人震惊的消息。2011 年 5 月，深圳世纪晶源这个号称总投资 320 亿元、产值过千亿元的 LED 全产业链项目负债 30 多亿元，濒临倒闭，成为一个吞噬深圳市土地资源、优惠政策、银行贷款的巨大黑洞。

原来，大项目竟然是大骗局。

大项目之三：武汉，富士康横空出世。

在电子工业领域，富士康可谓赫赫有名，在招商引资中，谁能获得这个"巨无霸"的青睐都会喜不自胜。

2006年，富士康投资华中重镇武汉。富士康集团与东湖高新区签订正式投资协议，首期将投资10亿美元，富士康（武汉）科技工业园将建成世界级的光机电研发与制造基地。

富士康项目无疑是武汉市近年引进的特大项目，整个富士康产业园建成后，可实现年产值1000亿元以上，相当于再造一个东湖高新区。为了让富士康落户，武汉可谓煞费苦心，仅东湖开发区就投资28亿元，对该项目进行配套建设。

在富士康庞大的"相亲约会团"中，人们发现了美国德州仪器、日本东芝、荷兰飞利浦等国际知名企业的身影。正是这个电子制造业"巨无霸"给武汉人带来了无限的想象空间，3年内其武汉基地的年产值超过了1000亿元，武汉由此成为全球最大的数码照相机制造基地、全球光机电产业重镇。再加上给富士康的配套企业，武汉市与光电子产业相关的许多数据将会被一次次刷新。随着富士康武汉园区的投产，其配套生产的巨大含金量已经逐步释放出来。

2010年，富士康在郑州也布下了新的"战略棋子"。

大项目之四：五城相争，惠州独执牛耳。

2011年年初，惠州市中海油二期的1000万吨/年炼油和100万吨/年乙烯项目上马，在这个"巨无霸"带动下，惠州市石油化工产业链的不断延伸，为城市发展带来了倍增效应。

惠州这个特大合资项目可追溯到20年前。1991年7月，中国有关方面与英荷壳牌集团公司合资兴办南海石化项目可行性研究协议签字仪式，在北京钓鱼台国宾馆隆重举行。

世界各大媒体纷纷报道。新华社发的消息称"南海石化项目是目前我国最大的中外合资项目"。南海石化与南国惠州一起引起世人瞩目。

经过12年悠悠岁月，2003年南海石化项目最终落户惠州。这一当时新中国成立以来最大的中外合资项目的合作过程，跌宕曲折，耐人寻味。

广州、深圳、东莞、珠海、中山等地都参与了这个项目的角逐。为拿下这个项目，惠州付出诸多努力，与珠三角其他对手一争高下。

面对该项目几十个亿的投资，所有抢夺该项目的城市给出的合作条件一个比一个优惠。其间，深圳、东莞等市也是尽全力争取，为了知己知彼，惠州方面还专门派人去深圳盐田、蛇口以及东莞虎门做摸底调查。

经过综合比较，惠州的优势实在太明显，在这一场历时一年的拉锯战中，专家组最终敲定惠州胜出。

后来随着谈判的深入，500 万吨/年炼油厂转变成了 1 200 万吨/年炼油厂；45 万吨/年乙烯装置也升为 80 万吨/年乙烯装置。最终，一个 1 200 万吨/年的巨型炼油厂和一个投资达 43 亿美元的 80 万吨/年乙烯装置敲定。最初连惠州也没有料到，这个项目因为壳牌加盟被搞大成一个"巨无霸"的石化项目，正是这个可以彻底改变一个城市经济面貌乃至整个珠三角经济格局的巨型项目，使惠州一时名声大噪。惠州迅速吸引了中国乃至全球的目光，一度成为投资者的梦幻之城。

惠州正是在这一项目的争取、推进过程中，从一个沿江城市逐步走向海洋城市。根据惠州市"十二五"规划，到 2015 年，石化区炼油规模将达到 2 200 万吨/年，乙烯规模达到 200 万吨/年，石化工业总产值超过 2 200 亿。

2011 年 7 月中旬，一场大火再一次让惠州石化这个大项目引起全世界的关注。

▋ 评点 ▋

在网上搜索"招商大项目"几个字，你会有惊人的发现：找到相关网页约 120 多万个条目。看到那些鼓舞人心的新闻标题，谁还会非议和指责我们各个城市中日新月异的开发区呢？

引进大项目，可以带动一大批配套企业。在引进大项目的过程中，相关配套企业入驻，能够逐步形成完善的配套产业链，而这条产业链又将吸引其他优质项目落户，从而形成良性循环，这不能不对各地政府形成巨大的吸引力。

但是招商引资还是要根据自身条件，不应贪大求洋。几乎可以肯定地说，如果一味只盯着大项目，处理不好"大"和"小"的关系，势必会形成"西瓜没捡着，芝麻也丢了"的结局。

开发区的功过是非

· 很多开发区"以市场换技术"的做法，经过多年检验，最终证明是错误的。

· 开发区招商引资竞争，往往伴随着税收优惠政策、土地优惠政策，所以开发区招商引资竞争确实导致税收流失和财政收入流失。

· 很多不是开发区的企业，也享受开发区待遇，钻了国家的空子，却没有拉动地方经济的提升。

1986 年夏天，邓小平在天津开发区写下"开发区大有希望"的题词，使这一年成为中国开发区的元年。

20 年后的秋天，商务部发布了《中国国家级经济技术开发区发展报告(2006)》，在肯定开发区历史贡献的同时，也总结了开发区竞争的种种"过失"，同时也表示要研究制定开发区的退出机制。开发区成了一个充满争议的角色。

20 多年弹指一挥间，中国的经济社会情况发生了翻天覆地的变化，开发区能适应这种巨大的变化吗？开发区是否存在滥用优惠政策的问题？开发区的增长模式将如何调整？对此，《中国经营报》曾邀请孙继伟、杨亚沙、刘军红、刘桓等几位专家进行了对话，就这些问题进行了反思。

反思之一：FDI 大国是否还需要开发区来吸收外资？

中国已经是世界第三大外商直接投资目的国，中国的外汇储备跃居世界第一。在这样的新形势下，中国的开发区招商引资政策是否该做相应调整？

专家们认为，当前在世界经济的全球化与地区化并行的形势下，中国经过30 多年的改革开放，已初步形成了从南到北、贯通全国的产业带，并形成了有机联系的产业梯度。不可否认，甄别外资，确保优质外资流入，有利于提高产业竞争力。但矫枉过正，也会带来负面影响。

另外，国际上已开始警惕或评估"中国风险"，外国企业对华直接投资

（FDI）出现谨慎势头，如2006年，日本对华直接投资锐减30%。日本产经省开始要求企业注意分散"中国风险"，利用俄罗斯、巴西、印度乃至越南作为"分散中国风险"的新投资地。同时，夏普、索尼等大企业积极回撤关键产业，在日本兴建新的工业基地。在这种内外形势的变化下，如果外资政策的转变过猛，很难避免外资流入停顿。在中国依靠外资、出口主导的经济增长方式没有根本转变前，外资流入的停顿将不可避免地成为中国经济发展的巨大风险。

反思之二：开发区真的引进了高技术吗？

改革开放之初，关于开发区的一个定位就是"以市场换技术"。经过这么多年发展，开发区是否还要引进需要的高技术？

国家级开发区经历的发展阶段同中国引进外资所经历的阶段相同：即从劳动密集型产业向资本、技术密集型产业转变，及从制造业向服务业转变的过程。在初级阶段，国家级开发区引进的外资项目以劳动密集型中小企业为主，技术转让较少，许多外资企业仍处在试探和观望之中。1992年之后，随着大型跨国公司进入中国，国家级开发区引进的外资项目规模迅速扩大，因而利用外资项目的技术含量和技术水平得到显著提升。

开发区发展高技术有两类途径，一是孵化和扶植，二是引进。高新技术开发区在孵化、扶植和引进高新技术方面发挥了比其他开发区更大的作用。当然，经济技术开发区与高新技术开发区有相互渗透的趋势，优秀的经济技术开发区也引进了大量的高新技术。

反思之三：税收流失黑洞有多大？

前审计署审计长李金华曾透露，6省区80个开发区由于二元税制下实行的不规范操作，导致除正常减免税收外，税收流失65亿元。开发区是否成为税收流失的重灾区？

开发区以减免税收的方式吸引高新技术企业，以暂时的税收收入减少，促进地方经济发展、扶持企业技术升级是正确的。但是，如果引进的企业不是高新技术企业，不仅没有带动技术等级的提升，还造成了国家税收的流失，那就是得不偿失的。

税收优惠政策导致开发区内企业与区外企业的税负水平相差很大。差距太大带来的利益驱动，造成开发区任意扩大。很多不是开发区的企业，也享受开发区待遇，钻了国家的空子，却没有拉动地方经济技术的提升。

税收方面，除国家规定外资企业可享受所得税率 15% 及 "两免三减半" 的优惠政策，一些开发区还自定所得税 "两免五减半"、"五免五减半"，以及其他税种地方所得部分返还等违规做法。开发区招商引资竞争，往往配套有税收优惠政策、土地优惠政策，所以开发区招商引资竞争确实导致税收流失和财政收入流失。

但是，对此问题要从两方面看。中国企业税负比较高，税收流失从某种意义上说，是一种藏富于民的体现。即使在开发区以外，也有大量的税收流失现象。事实上，近年来，中国税收增长率、财政收入增长率都比 GDP 增长率高，这说明开发区招商引资竞争带来的税收流失和财政收入流失并没有带来特别严重的后果。再结合招商引资竞争的积极作用，可以认为，开发区招商引资竞争总体上利大于弊。

反思之四：开发区乱占地问题如何解决？

如何充分利用开发区现有规划土地问题十分重要。特别值得关注的是长三角地区。该地区有 13 个国家级开发区，由于在制造业、高新技术产业方面发展较早，产业链齐全，因此该地区经济总量在全国开发区中占有较大的比重。但大量聚集的各类企业也使得该地区资源十分紧张，如劳动力成本高企，土地、电力、能源和原材料供应紧张。该地区一些企业，包括外资或民营企业正在撤离该地区，选择毗邻的苏北、安徽和江西等地区。

在开发区用地上，要避免 "一刀切"。既要给社会效益和经济效益好的开发区足够的用地指标，保证其功能的充分发挥，又要防止开发区 "跑马圈地" 现象东山再起。要在这两者之间取得平衡，必须对开发区的社会效益、经济效益和用地指标的匹配性进行科学的量化评估，以此作为用地指标的分配依据。

反思之五：产业转移是不是开发区升级的好办法？

产业梯度转移是客观规律，开发区利用好产业梯度转移既可以实现后来居上，也可以实现强者更强。对经济发达地区的开发区而言，产业梯度转移过程中，可以转出不适合本区发展的项目，承接国际上转移过来的优良项目，产业梯度转移的一进一出过程就是实现产业升级、优化开发区功能的过程。对欠发达地区的开发区而言，产业转移有利于招商引资，可以给开发区提供跨越式发展的机遇，也是区域经济快速发展的强大外力。

一些国家级开发区的发展历程表明，国家级开发区应立足于高新技术产业及国家级高新区的发展方向，并逐步与国家级高新区接轨。这也应是国家级开发区可持续发展的方向。

很多国家级开发区已集聚一批电子信息等领域的高新技术产业群体，并以此构成国家级开发区的主要产业，因此各开发区的许多产业在相当大的程度上雷同。以汽车制造及其零配件产业为例，中国许多国家级开发区都将其作为支柱产业，列为重点发展或鼓励性产业，如广州、烟台、昆山、青岛、西安、合肥、长沙和武汉等20多个开发区。在广州开发区，仅汽车零配件项目就达820个。

反思之六：开发区还是地区经济发展的龙头吗？

国家级开发区对本地及中国的经济发展作出了重要的贡献。以长三角地区为例，根据国家发改委2005年的统计数据，国家级开发区GDP总量达到33 859亿元，实际利用外资总额约占当年中国实际使用外资总量的43.65%。中国GDP的68%和外贸出口的87%来自各级各类开发区。可见，在相当多的地区，开发区还是地区经济发展的龙头。

从区域比较中可以发现，凡是经济发展和城市化进程快的地区或城市，往往在开发区建设中居于领先地位；凡是开发区建设突飞猛进的地区或城市，往往实现了跨越式发展。

开发区还有一个意外的贡献，也就是开发区招商引资竞争促进了政府服务意识的提高。由政府主管部门调去开发区工作的人员对这一点体会尤其明显，在政府主管部门工作时，总是"朝南坐、等人求"。调去开发区工作后，首先要转变观念，对入驻企业和潜在投资者热情服务、积极帮助。

反思之七：开发区需要怎样的退出机制？

地方政府应该端正经济发展观，不能盲目追求GDP。在发展开发区时，应该根据自己所在区域的地域优势决定发展方向，而不能一窝蜂引进。对开发区应该实行动态监控管理，定期清理。要研究制定滚动管理办法和退出机制，对办得不好和不符合国务院要求的开发区要黄牌警告，甚至撤销，以减少跑税因素。

一些城市存在滥用开发区政策的问题，主要是土地违规和工程项目中的腐败问题比较多。克服开发区弊端的重点在这两个方面。对于经济欠发达地区来说，还有对污染项目开绿灯的问题。要强调的是，开发区的退出机制是非常重要的，要从招商引资向招商选资转变。从投资密度、经济密度、税收贡献、就业贡献等方面对引进项目进行严格把关。

对于效能很低但占地面积又比较大的企业，开发区要给予一定的补贴让其退出也是值得的。

■ 评点 ■

上述"反思"的这些问题，反映最大和困扰最突出的问题是"乱圈地"。

大量同类产业的聚集和重复建设不仅造成各种资源的浪费，也造成各开发区之间、企业之间相互的无序竞争，因而不利于当地经济的发展。而大量同类产品的出口，又易与其他国家产生贸易摩擦或遭遇贸易壁垒。

这些因素也是一段时间内开发区充满争议的重要原因。

开发区将向何处去？

· 曾经在引进外资和城市发展中立下不朽功勋的各类经济开发区，被"过多过滥"等问题推到舆论的风口浪尖。

· 对部分开发区实行黄牌警告甚至撤销的消息发布后，在一些开发区引起了很大反响。

· 一时间，又有很多新区如郑州新区、沈阳沈北新区还有珠海横琴新区等，如雨后春笋般冒了出来。

在蓬勃发展的同时，开发区各种问题也逐渐暴露出来。随着科学发展观的提出，国家也提出了土地新政。此时，曾经在引进外资和城市发展中立下不朽功勋的各类经济开发区，被过多过滥等问题推到舆论的风口浪尖。

后来，有关部门核减了4735个各类开发区，治理整顿前全国各类开发区竟有6741个。各类开发区的数量、规模已大幅度减少和压缩，遏制了盲目圈占土地对农民利益的侵害。

此后，国家对开发区的政策和未来发展方向已经有了十分明确的意见，《中国国家级经济技术开发区发展报告（2006）》指出，对办得不好和不符合国务院要求的国家级经济技术开发区实行黄牌警告，甚至撤销。消息传出后，在不少开发区引起了反响，有些开发区感到无所适从，甚至恐慌。

随着开发区经济的逐步多元化、国际化，中国开发区发展面临在深化服务、产业治理、品牌推广和政策对接方面的四大能力挑战。赛迪顾问建议，中国开发区应根据本地的不同特点，进一步突出产业战略定位的独特性，建构与众不同的发展模式，进一步增强运营模式的精益求精，进一步有的放矢，巩固招商引资成果，建立示范效应，进一步促进开发区向着全面、协调和可持续的方向科学发展。

对于直接关乎一个城市竞争力的核心要素——经济技术开发区，究竟该何去何从？这个问题已经成为国家决策者和城市管理者思考的问题。

全球金融危机爆发后的2009年12月21日，《天津日报》刊发了《国家级经济技术开发区未来发展》一文，论述总结得失，展望未来。文章认为，为了迎接危机后时代的来临，国家级开发区要贯彻落实科学发展观。首先是合理精选战略产业。精选一批具有区位比较优势，能够培育和发展壮大的新兴产业，致力于建立一批具有国际影响力、特色鲜明的产业聚集区。第二是以创新技术作为区域经济发展的动力。开发区的跨国公司投资项目虽然很多，外向度很高，但大多数开发区仅仅作为跨国公司的全球或区域性生产和制造中心，而不是一个高技术的开发和创新中心。开发区不仅要作为经济发达的区域，更应成为重大技术、关键技术突破的源头，成为先进技术的创新基地，让科学技术成为推动开发区经济成长的原动力。第三是应该让所有人共享开发区经济成长的成果。

2011年3月，"十二五"规划纲要作出了"以中心城市和城市群为依托，以各类开发区为平台，加快发展内陆开放型经济"的最新决策。此前不久，国家发改委确定了国家级经济技术开发区"十二五"规划的总体发展方向：以科学发展观统揽全局，牢牢把握国内外形势的新变化、新机遇，充分发挥开发区在体制创新、科技引领、产业聚集、土地集约等方面的平台载体作用；在加快转变发展方式、推动科学发展、构建和谐社会的新征程上继续探路领跑；在深化改革、扩大开发、优化结构、产业振兴等方面实现更大的作用；在国家实施东部地区率先发展、中部崛起、东北老工业振兴、西部大开发战略和提升沿边开放水平以及在新时期打造重要城市群、新的经济带中成为更加重要的支撑力量；着力打造创新园区、绿色园区、和谐园区、低碳园区等特色园区，继续当好深化改革的试验田和扩大开放的排头兵，成为体制创新、科技创新、结构调整、产业振兴、生态环保、集约节约资源利用、可持续发展的新的引领示范区。

由此可见，新时期的开发区作用再次开始凸显。事实上，谈到"试验田"，时下的开发区发展已经呈现新的趋势。"新区"的概念取代开发区横空出世。代替原来开发区履行先试先行任务的"新区"，承担起新一轮改革探路者的重任：探索新的历史条件下区域协调的制度创新和发展模式。所谓"新区"，除了一些以开发区为主体的新区之外，还包括国家层面的综合配套改革试验区，以及城市划出的以商业开发为主要目的的行政区域。继浦东新区、天津滨海新区后，很多新区又如雨后春笋般冒了出来，如郑州新区、沈阳沈北新区，还有珠海横琴新区等。

对于新区，各地的热情毫不逊色于当年的开发区。在规模上，新区似乎更是有过之而无不及。

评点

如果新时期开发区发展模式不能实现由规模到效益、由速度到竞争力的转型，以后也难免再次遭遇整顿。再说，即使不会遭遇整顿，自身发展也会举步维艰。

第六章

春秋争霸——城市大决战之殇

紧缩城市—— 一种可持续发展的城市形态。

　　　　—— （美国）著名城市理论家、社会哲学家　刘易斯·芒福德在今天，中国可能再也找不出第二对城市，像它们一样同出一门，血肉情深；也可能再也找不出第二对城市，像它们一样明争暗斗，口水连天。这个"它们"指的就是苏州和无锡，最引人关注的是这两个兄弟城市的苏南"龙头老大"之争。

当众多城市为"休闲之都"的冠名争执不休时，杭州和成都凭借其各有千秋的休闲资源和不分伯仲的休闲氛围脱颖而出，成为中国"休闲之都"之争中最有实力的两座城市。

大连和宁波都曾提出过打造"中国服装之都"，后来大连又提出建设"浪漫之都"，这似乎让宁波捕捉到了取代大连而成为"中国服装之都"的新契机。

"自古彭城列九州，龙争虎斗几千秋。"江苏徐州和山东济宁为争夺"淮海王"打得不可开交。

在硝烟弥漫的中国城市竞争中，"双雄逐鹿"始终是精彩的看点，成为全球经济生活中一道生机盎然的新景观。

中心城之争——上海战香港

· 2009 年 3 月，国务院批准上海建成国际金融中心和航运中心。中国建设国际金融中心、国际航运中心的"上海路线图"，就此揭开神秘的面纱。

· 2009 年上海 GDP 总量首度超过香港，一举成为中国经济总量最大的世界级都市。

· 香港唯一领先于上海的，是国际金融中心。后来，国务院要求深港合建

"全球性的金融中心"。

- 沪港深的合纵连横，让国际航运中心伦敦和新加坡艳美不已。

香港是名副其实的国际大都会，与之比较，内地即便像上海这样得天独厚的超级都市，也难免显得有些底气不足。上海有一阵目标紧盯住香港，后来又放出话，说是要向纽约、巴黎看齐，至于香港甚至东京，都不足为道。

曾荫权曾在接受媒体采访时说，香港的目标是建成伦敦、纽约和东京这样的国际中心都市，将上海这样的地方中心远远抛在后面。

到21世纪初，许多人认为上海将取代香港的地位。然而10年过去了，香港依然在金融、商业、城市竞争力上保持领先。

赶超香港，上海的机会究竟何在呢？

香港竞争力领先上海，上海潜力大于香港

2011年5月6日，中国社科院《2011年中国城市竞争力蓝皮书：中国城市竞争力报告》发布，报告对全国294个地级以上城市综合竞争力进行分析和比较后发现，香港在多个竞争力排行榜均名列榜首，力压北京和上海，继续在中国城市整体竞争力榜单上排名首位。实际上在上年度，除了在规模上上海超过香港外，香港在效率、结构、质量、人才竞争力、主要产业竞争力、生活环境竞争力等方面均超过上海。

曾有学者分析两地的关系，认为：上海经济正在急速发展，但目前欠缺适当的条件建设合适的平台让市场经济可以完善发展，同时，港沪两地在华南及华东各占独特天然的地理环境，两地在国家发展中的分工非常清楚，因此香港绝对不必担心会被边缘化。

早些年在香港公布的《沪港国际城市竞争力报告》的结论是，上海于个别竞争力指标上评分高过香港。报告同时指出，虽然上海在经济总量上不及香港，尤其是在金融和贸易方面。但从制造业、高科技、消费品行业角度和发展的后劲来看，上海应更具竞争优势。比较上海和香港的发展，当时两地常用的一个指标就是GDP。结论还认为，就这个指标而言，上海在不远的将来就能赶上香港。

　　果然，在2009年，上海全年 GDP 首度超过香港，不仅成为两地人们的话题，也成为全国关注的话题。

　　面对这一现实，2010年3月5日，香港特别行政区行政长官曾荫权在全国"两会"会场外接受香港媒体访问时表示：香港和上海是两个配合性很强的城市，上海 GDP 的超越对香港不是威胁，最重要的是彼此能一起寻找发展机会。

　　紧接着的3月7日，上海市市长韩正在记者招待会上说：上海和香港是兄弟，我们是合作关系。由于历史的、现实的、产业结构等各个方面的原因，上海目前的生态环境，还有一些不尽如人意的地方，比如上海的水环境还不是太好，上海的大气候环境和国际上很多城市比，还有明显的差距。实际上，上海的人口较香港更多，如果以人均 GDP 计算，香港是上海的近3倍。

　　香港拥有众多世界之冠，整体条件仍优于上海，香港的城市竞争力无论在引资环境上还是在全球化形象方面，都明显超越上海，香港仍然保持其亚太地区国际城市的领导地位。但今后香港的发展大概只能以现有的优势加以整合发展，如以国际市场为主的贸易、金融，良港和空港的优势。

　　现今的香港是全球第11大贸易经济体系、第6大外汇市场及第13大银行中心，香港是国际金融中心。

　　香港的外汇市场发展完善，买卖活跃，在全球外汇市场中占不可或缺的地位。由于香港与海外其他外汇市场均有联系，因此可全日24小时与世界各地进行外汇买卖。

　　很长时间内，香港股票市场在亚洲排名第2，仅次于日本。其创业板是根据美国纳斯达克股票市场的模式设立的第二板市场。到2009年底，上海股票市场总市值在全球排名第5位，成交金额排在第3位，筹资总额排在第6位，股票成交金额超过香港。

　　以船只抵港和离港次数计算，香港港口是全球最繁忙的港口之一。香港国际机场也是全球最繁忙的机场之一。香港是主要的国际和区域航空中心，全球各大航空公司都有航班飞往香港。

　　2011年5月18日，瑞士洛桑国际管理学院（IMD）发布《2011年全球竞争力排名报告》，中国香港特别行政区因政府效能和企业效能卓越，与美国并列全球竞争力榜首，这是香港竞争力首次名冠全球。

抢占"总部经济"制高点，上海已占优势

2010 年 11 月 20 日，上海总部经济论坛举行。此时，上海总部企业对城市经济发展的贡献率已经超过 30%。

上海是中国最早提出"发展总部经济"口号的几个城市之一，经过这些年的发展，在"总部经济"的路上，上海最大的对手仍然是香港。

2008 年 1 月，全球最大的半导体芯片制造商英特尔公司落户黄浦江畔，成为沪上这一年第一家"总部经济"外资企业。至 2010 年底，上海跨国公司地区总部已经超过 300 家。除此以外还批准外资投资性公司 203 家，设立外资研发中心 311 家，上市公司总部 300 多家，中央企业总部 8 家，中央企业地区总部、重要生产基地或营运中心 100 多家，全国"民营企业 500 强"的企业总部 24 家……这是上海在实施"总部经济"战略后，结出的丰硕果实。上海成为中国内地总部数量最多的城市。

上海商圈中心——徐家汇美罗城于 1997 年建成，10 多年来吸引了来自世界 500 强的埃克森美孚石油公司、百胜公司、微软公司、瑞表公司等入驻，纷纷设立中国总部；而挺立在浦东的曾经的"中国第一高楼"——金茂大厦更是云集了汇丰、花旗等 10 多家国际金融机构的总部，成为"站着的金融街"。

事实上，在吸引外资企业总部取得的成效方面，上海一直当仁不让地走在全国前列。早在 2002 年 7 月，上海就发布了《鼓励外国跨国公司设立地区总部的暂行规定》，这份文件被外界视为上海加速发展总部经济的纲领性决议。该规定出台后，跨国公司在沪设立地区总部迅速出现"井喷"。据上海市外经贸委一年后的统计结果显示，包括阿尔卡特、联合利华、通用电气等在内的 53 家著名跨国公司，均在这一年到上海设立了地区总部。

在 2008 年初，上海总部经济促进中心发布了上海首张总部经济地图，各区域形成了不同的发展特色：陆家嘴金融贸易区、卢湾区的淮海路服务总部楼宇区、徐汇区漕河泾研发型总部楼宇区、静安区南京西路跨国公司总部、长宁区的国际商务花园和虹桥临空经济园、闸北区的东方环球企业中心、闵行区的紫竹科学园和浦江智谷、浦东新区的民营企业上海总部基地、宝山区的钢铁总部基地、

嘉定区的西郊生产型服务业集聚区和青浦区的西郊总部经济园和文体产业城。

上海各开发区凭借独有的区位优势成为提升产业集聚、汇聚人才资源的前沿阵地。除市中心外，浦东、松江、青浦、嘉定等郊区都陆续建立了商务园区。浦东 2010 年引进合同外资 56 亿美元，新增跨国公司地区总部 18 家，总数已达 150 家，占全市总量的 50%。松江在实施总部经济策略后一年左右，已吸引了包括美国、法国、日本等国的 80 多家世界级企业的总部落户。张江高科更是其中的佼佼者，累计超过百亿美元的外商投资额，近 5 000 家注册企业，其中大多数为研究发展型企业。在总部经济初步实现集聚的同时，还出现了向郊区延伸的趋势，以及总部在中心城区、生产部门在郊区的发展模式。

复旦大学中国经济研究中心主任张军教授对总部经济的能量和威力感受颇深。他认为，当今国际经济中心城市，无一不拥有数量众多、实力雄厚的总部经济，它们既是国际金融中心，又是国际控制决策中心、科技研发中心和教育人才中心。总部经济和城市化进程密切相关、相辅相成，这也是当前中国各城市纷纷发展总部经济的重要原因。总部经济可以形成空间集聚效应，企业和企业之间像磁石般彼此吸引，通过企业的集聚，减少生产、运作和决策成本。上海国际问题研究所世界经济研究室副主任张海冰说：上海是中国总部经济发展最快，势头最好的城市。

作为纳税大户，各企业总部带来的利益显而易见。虹桥商务区仅联合利华一家总部，年税收便过亿元，入驻恒隆广场的通用电气（中国）公司，一年纳税 1.5 亿多元，欧莱雅（中国）公司一年上缴税收超过 2.9 亿元。

再看香港，海外企业及跨国公司在香港设立的地区总部或营销中心近 4 000 家，吸纳的香港员工超过 10 万人，为香港国际金融、贸易中心的地位发挥了重要作用。因此无论从规模还是从对经济的实际贡献，当下香港仍然是中国最成熟的总部经济重镇。

尽管上海已经成为除香港外，中国总部经济项目最集中、发展最快的城市。然而，面对国际国内的新形势，上海总部经济仍有很大的发展空间。

面对上海"总部经济"的日益加速，香港方面感觉到了压力。香港美国商会前主席祈裕庭曾表示：新加坡与中国香港在争夺海外公司方面的角力不断白热化，而上海近年来也开始与香港争夺总部经济第一高地。

尤其在世博会后，上海总部经济竞争力已大幅提升，成为公司设立总部的理想之地。

香港捍卫国际金融中心地位

2011年3月22日，国际上最权威的全球金融中心指数（GFCI）公布了第9期全球金融中心城市竞争力排名，第3位是香港、第5位是上海。香港作为区域内领先的国际金融中心，仍然是当之无愧的。

曾任香港证监会研究部主任的张仁良先生认为：香港要巩固国际金融中心地位，除了要继续发挥以往的优势，比如良好的法律体系、自由不干预的市场、健全的监管规则等以外，还要结合当前经济形势和国家发展战略，扮演好自己的角色。张仁良还进一步分析，经济全球化、信息科技日益发达、其他金融中心相继涌现，都对香港提出了新的挑战。

香港特别行政区政府高度重视巩固和提高香港国际金融中心的地位，希望来自上海发展国际金融中心的最新消息，激励香港奋发。上海外国语大学东方管理研究中心副主任、经济学博士章玉贵认为，香港作为亚太金融中心以及为内地企业提供国际融资的重要平台，在中国金融格局中扮演着特殊角色。以国际金融中心的指标来衡量，香港已是全球第二层次的金融中心；香港同时还扮演着内地金融业学习国际金融经验，参与国际金融竞争的桥头堡角色。从这个意义上说，上海与香港金融业之间存在着发展的阶段性差别。

香港社会对上海的发展总是表现出浓厚的兴趣，特别是上海金融中心的动向更令香港社会关注。

2009年4月11日，在泰国帕塔亚出席东盟系列峰会期间，有香港记者向中国国务院总理温家宝提问：香港与上海怎么互补合作？温家宝强调：国际金融中心的地位是靠市场竞争力决定的，香港金融中心的地位是不可取代的，前提就是香港有区域优势，有金融经营的历史，形成了金融之间的广泛渠道，有完备的法治，有经过训练的众多金融人才，等等。

但温家宝指出，香港的金融中心面临着竞争，也用得上中国一句老话"不进则退"。

　　但不可否认的是，香港目前仍是中国最发达的金融中心，香港在金融中介及配套机构、金融人才、金融市场准入自由度、金融信息透明度、金融监管水平等各方面，仍具有优势。

上海建构金融与航运中心

　　2010年4月7日，上海在浦东新区发布"全球国际金融中心竞争力指数"。结果显示，上海国际金融中心竞争力位居全球第三，仅次于纽约和伦敦，排名超过东京、香港。这一消息受到众多非议，因为起草该竞争力指数的，是上海浦东国际金融航运双中心研究中心主任。对此，有媒体报道：上海"自封"金融竞争力全球第三。

　　自从浦东开发以来，"国际金融中心"一度处于上海"四个中心"的核心地位。

　　5年打基础、10年建框架、20年基本建成国际金融中心——早在2004年，上海就如此描绘建设国际金融中心的蓝图。

　　而在那之前，国际金融中心的梦想，上海已经做了十几年。1992年10月，党的十四大把建设上海国际金融中心正式确立为国家战略，这是党和国家在经济金融全球化趋势加快的背景下，从国家全局利益出发做出的重要战略决策。正是从1992年开始，上海根据中央的决策，定下了将上海建成国际经济、金融、航运和贸易中心的战略目标。上海重点围绕金融中心的目标，着力建设全方位、多层次的金融市场体系。1990年12月，上海证券交易所开业，随后全国银行间资金拆借中心相继建立，2002年以上海黄金交易所建成为标志，上海的金融市场体系基本建成。在原来上海的发展目标中，国际金融中心占有极为重要和优先的地位，但是由于政策瓶颈的限制，一直无法取得更大的突破。

　　2006年6月12日、13日，国家主席胡锦涛视察上海，指示上海要建成国际经济、金融市场、贸易、航运中心和现代国际大都市。香港有媒体随即发表评论，分析上海对香港的挑战。

　　2007年6月15日，当时的上海市委书记习近平主持中共上海市委常委学习会，听取中国人民银行时任副行长项俊波关于上海国际金融中心建设有关问题的专题辅导报告。习近平在讲话中表示，建设上海国际金融中心是事关全局的国家战略，是中央交给上海的历史重任，今后 5 年是上海建设国际金融中心的关键时期，必须突出重点、加快推进。

2008 年 7 月，温家宝总理在上海调研时再次强调，要把金融发展放在更加突出的战略位置，全力营造良好的金融发展环境，推进上海国际金融中心建设。

对于香港和上海的竞争，有专家认为，未来的中国作为一个超大经济体，完全可以有两个金融中心，犹如美国的纽约和芝加哥。目前，要加快沪港金融业的相互渗透和市场的联网，以便于上海更好地向香港学习，并使香港有更好地向内地发展的机会。

2009 年，国务院批准上海建立国际金融中心，也有人提出疑问：上海建设国际金融中心，会不会削弱香港国际金融中心的地位？专家们则以为，不仅不会，而且可以实现互惠双赢。上海目前在吸纳内地资源方面占有绝对优势，而香港占有上海所没有的国际资源优势。目前，上海有的资源，如大量的国企上市资源，香港没有；而香港有的资源，如外国上市企业、交易品种、监管制度，上海没有。这两种优势只要合作，就可能共享，并实现共赢。2009 年 3 月，国务院总理温家宝主持召开国务院常务会议，审议并原则通过将上海建成国际金融和航运双中心的意见。意见指出，上海要加强与香港的优势互补和战略合作，形成分工合理、相互促进、共同发展的格局。

上海瞄准国际金融中心的既定目标，对上海而言并不意味着一路坦途。在这样的背景下，上海市政府将航运中心的建设也提到一个更为重要的高度。而航运中心的建设将进一步为国际金融中心的形成创造基础性的条件。

作为亚太地区的两大交通枢纽，上海和香港一直存在竞争关系。在海运方面，虽然上海港是世界第三大集装箱港。但与位居全球第一的香港相比，还有很大的差距。上海港口与香港的地位，决定了两港合作有重要的意义。港城经济是上海和香港经济最为重要的部分之一，对两地的发展有着重要的作用，香港利用经济迅速发展的有利调整，借助良好的环境，形成了高效的港口管理体制，率先占据了国际第一大港的地位。上海在新一轮的发展当中，成为港口的航运中心是目标。

在航空港方面，上海和香港的最主要差距，不在于硬件，而在于软件。随着竞争的深入，两地开始了前所未有的竞合，两地机场走向了合作之路。2003年10月，沪港机场在香港签订《沪港机场紧密合作框架意向书》。2009年10月，沪港机场合作进一步深化，联手成立了管理公司。此举有助于上海机场引进及借鉴香港国际机场丰富的枢纽机场运营管理经验、技术和品牌，提升运营效率和管理水平。

国务院批准上海建立航运中心，是希望"上海进一步优化现代航运集疏运体系，实现多种运输方式一体化发展。整合长三角港口资源，完善航运服务布局。探索建立国际航运发展综合试验区，积极稳妥发展航运金融服务和多种融资方式，促进和规范邮轮产业发展"。

的确，就海运中心而言，上海超过香港的日子已屈指可数；就航空中心而言，上海正日益逼近香港。香港唯一领先于上海的，是国际金融中心。不过，国务院后来批准的《珠江三角洲地区改革发展规划纲要（2008—2020年)》与《深圳综合配套改革总体方案》中提出，深港合建"全球性的金融中心"。这样一来，上海追赶香港会越来越显得吃力。

但不管怎样，如今上海追赶甚至超越香港的脚步声越来越近。中国社科院2011年城市竞争力报告显示，香港尽管在综合竞争力方面依然领先上海，但上海的城市竞争力指数大幅攀升，拉近了与香港的差距。

▪ 评点 ▪

无疑，香港和上海是中国的两个中心城市，优势互补、良性竞争是双方不二的战略选择。正如上海市长韩正说的一样："上海和香港是兄弟。"

既然是兄弟，何必"同室操戈"？

实际上，沪港深的合纵连横，让国际航运中心伦敦和新加坡艳羡不已。

新世纪的"平津战役"

· 与其他一些龙头城市的定位十分明晰不同，很长一段时间以来，天津给人的印象始终是模糊的。

· 2010 年天津 GDP 自 1985 年以来首次突破 17%。继上年度首次超过苏州后又一次超越苏州，并直逼广州和深圳，增长幅度在国内城市中继续排第一名。

· 原来排在全国第三位置的广州感受到了天津猛烈的竞争势头。

作为沿海城市，天津往往会被人们拿来与深圳、广州等放在一起进行比较；作为直辖市，天津又自然会被人们与北京、上海放在一起进行比较。但与其他一些龙头性城市的定位十分明晰不同，很长一段时间以来，天津给人的印象却始终有些模糊。

2006 年上半年，国务院对天津的明晰定位，让天津的这个尴尬迅速消弭，让天津人兴奋的好消息纷至沓来。

3 月 22 日，国务院常务会议审议并原则通过了《天津市城市总体规划（2005—2020 年）》，会议指出要努力把天津市建设成为国际港口城市、北方经济中心和生态城市。

4 月 26 日，国务院常务会议决定批准天津滨海新区成为综合配套改革试点，继上海浦东新区获批后，天津滨海新区成为我国第二个综合配套改革试点区。

5 月 26 日，国务院发布《关于推进天津滨海新区开发开放有关问题的意见》，批准天津滨海新区进行综合配套改革试点。

8 月初，国务院批复了《天津市城市总体规划（2005—2020 年）》。国务院在批复天津市城市总体规划中表示，要将天津市定位为国际港口城市、北方经济中心和生态城市。

由此，在新的历史时期，天津在人们心目中的形象已经不再模糊，而且十分明晰：中国北方的经济中心。这是新的而且是难得的历史性机遇。天津人表达着欣喜之情。当然，对普通的天津人来说，除了十分兴奋之外，也多多少少感到新定位沉甸甸的分量。

毫无疑问，要做北方的经济中心，天津与北京的关系将是一个不能撇开的话题。

熟悉历史的人都知道，自明清以来，以北京为核心的京畿地区就是一个联系比较紧密的发达地区和政治、军事重地。京畿地区覆盖范围，包括北京、天津、唐山、保定、廊坊、秦皇岛、承德、张家口等城市，大致与现在所谓的京津唐地区相同。用当代城市术语阐释，这个地区应该可以被称为"首都圈"。

20世纪50年代中期，全国进行行政区划调整，京畿地区被划分成几块，一部分划归北京管辖，一部分划归天津，大部分并入河北，京畿地区作为一个整体不复存在。20世纪70年代划分和调整经济协作区，京津唐地区隶属于华北区。因传统计划经济体制带来的条块分割，以及大而全、小而全的生产力布局，使该区域内各个城市的建设与发展各自为政，难以统筹安排。

20世纪80年代中期，为了进一步扩大对外开放，"环渤海经济区"概念被提出，这一概念涵盖了传统京津冀地区。

如今，随着天津的重新定位，天津发展如何与京津冀发展相协调也被纳入国家战略层面。对这一次的战略决策，南开大学经济学院教授季任均作出了如下解读：

把天津定位为北方经济中心，而北京市城市总体规划中并没有表示要建成经济中心，这是国家发展战略的需要，同时也是对历史的尊重，这并不是天津取代北京成为经济中心。北京与天津在历史上本来就是一个首都、一个经济中心，但由于历史的原因，北京也由一个历史上的消费城市变成了生产城市，许多生产项目都上马，与周边城市发展造成一系列重复建设，相邻的地区发展不协调甚至有些畸形。但现在中央从国家发展战略的角度考虑，将天津定位为北方经济中心，而北京则定位为"国家首都、国际城市、文化名城、宜居城市"，让这两座城市发挥各自应有的作用。这可以让北京的城市负荷不像以前那样重，可以减少本不必有的任务。这些任务则可以让周围的其他城市来承担。

自天津滨海新区纳入国家发展战略之后，在许多天津人心中，天津早就该

天津市示意图（设滨海新区前）

成为北方的经济中心了，这似乎是水到渠成的事情。然而，国务院批复《天津市城市总体规划（2005—2020年）》的消息，还是引起了社会各界的强烈反响。

尽管迟到，但毕竟是件高兴的事，天津人还是兴奋不已。天津市举行新闻发布会，高调宣布国务院对《天津市城市总体规划（2005—2020年）》作出的批复。天津终于有了明确的城市功能定位和身份：在未来15年时间里，作为环渤海地区经济中心的天津市，要以滨海新区的发展为重点，逐步建设成为国际港口城市、北方经济中心和生态城市。同时，拥有综合配套改革试点的政策优势，滨海新区将作为天津未来发展的新引擎，带领天津成为名副其实的北方经济中心，并使天津成为全国第三个拉动区域经济发展的龙头型城市。

这样的城市定位带来的机遇与挑战前所未有，难怪媒体称，这是对天津的一次"世纪大考验"。

2009 年，环渤海区域经济发展及天津滨海新区规划获批；11 月，国务院正式批复同意天津市调整部分行政区划，撤销天津市塘沽区、汉沽区、大港区，设立天津市滨海新区，以原先 3 个区的行政区域为滨海新区的行政区。这标志着滨海新区行政管理体制改革已经全面启动。

2010 年 2 月，天津与北京、上海、重庆、广州一起，被确定为国家五大中心城市。天津滨海新区已成为世界跨国公司在中国投资最密集的地区之一，世界500 强企业已有 120 多家在这里投资设厂。在国家战略的推动下，滨海新区仅仅用了 5 年时间实现 GDP 连续迈上两个千亿元台阶，占天津总 GDP 近一半，成为促进京津冀、环渤海区域发展的重要力量。

整个"十一五"期间，天津 GDP 增速达到 16%。2010 年，天津 GDP 达到9 108.83 亿元，比上年增长 17.4%，这是自 1985 年以来首次突破 17%，增幅居全国首位。继上年度首次超过苏州后又一次超越苏州，并直逼深圳和广州，增长幅度在国内城市中继续排第一名。

这一数据格外引人注目。这无疑标志着天津"北方经济中心"的效应正逐步显现。

■ 评点 ■

天津成为"北方经济中心"后，发展速度和增长质量可圈可点，正在挑战国内"老三"的地位，向广州发起冲击。

"数字诚可贵，务实价更高。"在"十二五"期间，天津不能让眼前的胜利冲昏头脑、稳健发展、务实推进、抛弃"唯 GDP 论"，才是天津未来的正确选择。

新"淮海战役"——徐济决战"淮海王"

- 在整个淮海经济区，能够与徐州一争高下的只有济宁。多年来徐州与济宁各有千秋，难分伯仲。
- 济宁的首要举措是亮出孔子这张世界级王牌，徐州的"两汉文化看徐州"的品牌也随之打响。
- 两军对垒，济宁有济宁的绝招；捉对厮杀，徐州也有徐州的王牌。
- 用"江湖规矩"来说：江湖地位来自于拳头，谁的功夫厉害谁就应该做老大。自此以后，济宁与徐州公开鸣锣对垒。

徐州、济宁地域相连，人缘相亲，文化相近，且都属于淮海经济区范围。

"难分伯仲"是对济宁与徐州目前态势的最好概括，就像在一场马拉松比赛过程中，两个运动员在前进过程中你追我赶、相互交替，目前都还没有抵达终点。

鸣锣对垒，各有千秋

济宁位于山东省西南部，素以"孔孟之乡，礼仪之邦"而著称，是东方儒家文化和华夏文化的发祥地，被誉为"东方圣城"，曲阜"三孔"（孔府、孔庙、孔林）、邹城"四孟"（孟府、孟庙、孟林、孟母林）在海内外享有盛名。

"自古彭城列九州，龙争虎斗几千秋。"徐州历史悠久，帝尧时为大彭国，是江苏境内最早出现的城邑。这里是上古养生学家彭祖的封地，是汉文化的发源地，汉兵马俑、汉墓、汉画像石为中国两汉文化的"三绝"。

徐州、济宁相邻，都属于淮海经济区范围，经济发展水平在各自省内处于一般水平。两市分别是各自省内乃至全国重要的能源基地。徐州在电力、冶金、工程机械、化工和建材等产业具有一定的规模和优势，济宁则在农产品、纺织和工矿产品等方面优势较为明显。

山东省曾确立"一群三圈"战略，即半岛都市群、济南都市圈、青岛都市圈和济宁都市圈。而作为鲁西南重镇，以济宁为中心的济宁都市圈包括济宁、枣庄、菏泽 3 个城市，山东省政府确立了济宁市作为鲁西南区域发展增长极的核心地位，对济宁都市圈未来的发展和对山东西部地区的辐射带动作用寄予厚望。

从中国地图上可以清晰地看到，自徐州向东 200 多公里的铁路，宛如一根银线穿起一串珍珠，连接起徐州、铜山、邳州、新沂、东海、连云港。这里物华天宝、人杰地灵，也是江苏省委、省政府原来早就确定的沿东陇海线产业带。

早在"九五"末期，徐州已被省政府确定为江苏三大都市圈之一。接着江苏省委、省政府又提出构建和谐社会协调发展的战略决策，加快沿东陇海线产业带建设，在苏北地区构建一个现代化的国际海港，形成一个新型工业化的产业带，发展以徐州为中心的新兴都市圈和城市群，是苏北崛起的突破口。

经济总量不相上下，你追我赶。毫无悬念，徐州与济宁是淮海经济区域内最具竞争力的两座城市。从 GDP 来看，1990 年济宁是 104.1 亿元，徐州是 112.8 亿元，徐州比济宁多 8.7 亿元；到 2004 年，济宁地区是 1 102.2 亿元，徐州为 1 095.8 亿元，济宁首次反超 6.4 亿元。到 2010 年，济宁市 GDP 超过 2 500 亿元，增幅 12.9％；徐州市 GDP 为 2 866.93 亿元，增长 13.9％，增速居江苏省第一位。此次徐州又反败为胜，超过济宁。两市在经济总量方面，几乎齐头并进，发展速度方面你追我赶，在淮海经济区内互为合作伙伴，又呈竞争之态。

从古到今，徐州一直是兵家必争之地，而今，这里又成了商家必争之地，在徐州市"十一五"规划中，地跨苏鲁豫皖四省的"徐州都市圈"的蓝图分外夺人眼球。众商家云集徐州也是因为看好淮海经济区的市场潜力，这个经济区处于长三角与渤海湾两大经济区结合部，连接苏、鲁、豫、皖四省，是新亚欧大陆桥东部发展较快地区，属三大经济区中最不发达地区，正因不发达，其潜能更是无限。

而构建济宁都市圈的目的之一，也是看中了这个不发达地区暗藏的无限市场空间。一位当地的专家说："这个市场丢不起，未来人口增加为 1.5 亿，比山东全省的人口还多，潜力太大了。"

正是在巨大市场的诱惑下，才让济宁决定也要争做淮海经济区龙头——"淮海王"。这样的设想并非一厢情愿，从主要经济指标来看，GDP、财政收入、利用外资、居民收入等 11 个指标数字中，多年来徐州与济宁各有千秋，难分伯仲。

还有，在整个淮海经济区，能够与徐州一争高下的只有济宁。更为重要的是，目前淮海经济区 200 公里范围内，还没有一个带动和辐射能力强的中心城市。谁先在淮海经济区率先崛起，谁就可以在这个大市场中掘到更多的金。济宁、徐州两市的决策者都熟知这样一个等式：淮海的中心有 1.2 亿人的大市场。在淮海经济区内部的板块经济"演义"中，如果说鲁南与苏北之间是"集团军作战"的话，而济宁与徐州则是"两个高手的对垒"。

我们不妨看看《淮海经济区经济开发联合会章程》中的表述："苏鲁豫皖四省接壤地区的 20 个市经过充分协商，组成以徐州为中心、以连云港和日照港为'窗口'的淮海经济区。"从这些描述来看，20 个城市似乎承认了徐州具有一种中心城市的法定身份。但是，中心从来就不是一成不变的，用"江湖规矩"来说：江湖地位来自于拳头，谁的功夫厉害谁就应该做老大。2003 年济宁开始"亮剑"，时任市委书记贾万志理直气壮地向外界宣称：济宁要争当淮海经济区的龙头。

自此以后，济宁与徐州公开鸣锣对垒，都要争夺淮海经济区龙头老大。

龙争虎斗，谁做"淮海王"？

既然敢提出争当龙头，济宁除了上述优势外，它的底气又来自哪里？

2006 年 6 月，山东"鲁西南济宁都市圈规划"正式出笼，都市圈建设将体现"核心集聚，两翼突破"的战略。规划中描述，济宁都市圈包括济宁、枣庄、菏泽 3 个设区城市，共计 8 个区，曲阜、邹城、兖州、滕州等 4 个县级市，15 个县，总面积 27 473 平方公里，人口为 2 037 万人。济宁都市区作为龙头，而菏泽市和枣庄市区——滕州市为两翼。

而徐州市早已经在 2002 年末被确定为江苏省的南京、苏锡常、徐州三大都圈之一。徐州都市圈除了徐州市本身之外，还将山东、安徽、河南的部分地区"规划"在内。

而济宁都市圈也不甘示弱，将其影响范围"圈"到了省外，济宁都市圈的影响圈层将包括河南濮阳、开封、商丘以及江苏徐州的相邻部分。

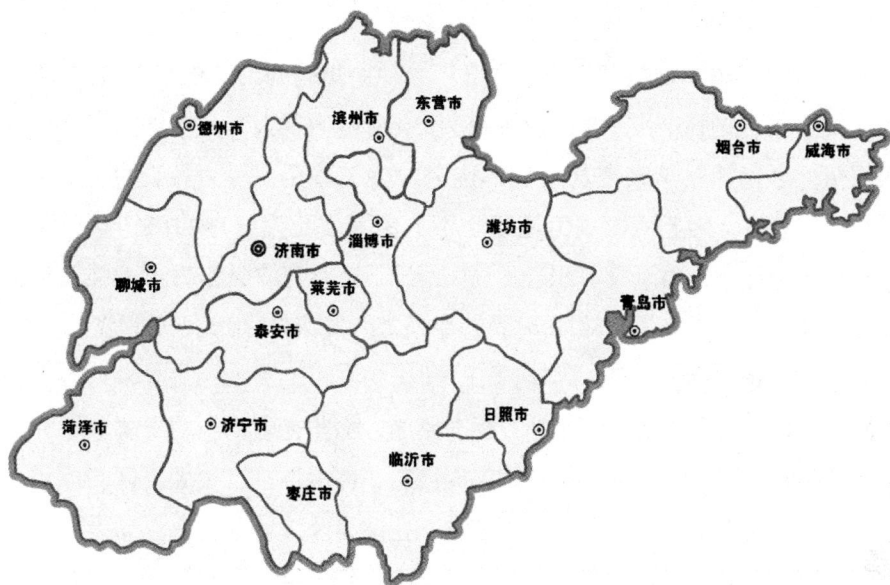

山东省示意图

随着徐州与济宁的竞争更加激烈，这场竞争已经从经济领域转到文化领域，因为两城的领导者都明白，文化是城市的灵魂。济宁抓住国家提倡建设和谐社会、民间掀起"国学热"和"读经热"的机会，积极做活儒家文化，每年孔子诞辰，曲阜的祭孔规格一年比一年高、影响一年比一年大，不但有官方的活动，还有从全世界赶来的儒家朝圣者。

无疑，擦亮文化金字招牌，济宁的首要举措是亮出孔子这张世界级王牌。济宁人认为，摆在他们面前的另一大机遇就是中华文化标志城的建设。中华文化标志城，是济宁塑文化品牌的第一号工程，从专家论证到设计选址，历经多年时间，而这几年，正是济宁对擦亮文化金字招牌、繁荣文化事业、文化产业逐步加深认识的几年。

面对济宁咄咄逼人的文化竞争势头，徐州当然不会袖手旁观。与济宁的"孔孟文化发源地"相对应，"两汉文化看徐州"的品牌也在打响，徐州汉文化资源尤为丰富，最具代表性的当数被称为汉代"三绝"的汉墓、汉兵马俑和汉画像石，其中徐州汉画像石被誉为我国古代文化遗产中的瑰宝，是一部形象的汉代生活的"百科全书"，与苏州的明清园林、南京的六朝石刻合称为江苏古代文化

"三宝"。

在《2007年中国城市竞争力蓝皮书》中，徐州被列为文化竞争力前10位的城市，徐州有网友十分高兴，认为徐州汉文化影响力很大。其实作为汉文化发祥地的徐州，尽管其近年来在着力发挥优势，突出特色，努力打造"楚汉文化"招牌，但目前在文化上的影响力还远比不上儒家文化发祥地的济宁。"汉代三绝"作为历史遗产，由于没有积极地做"活"，对游客的吸引力不太强，甚至有济宁人嘲讽徐州的"两汉文化"就是"墓葬文化"；而徐州人则反讽济宁"中华文化标志城"是"大忽悠"的"胡子工程"。

两军对垒，济宁有济宁的绝招；捉对厮杀，徐州也有徐州的王牌。不管怎样争斗，徐州和济宁，两者都不排斥淮海经济区，都承认自己是经济区的成员，淮海是大舞台，是大市场，而且两个都市圈都在淮海经济区范围内，都提出要"做好淮海这篇大文章"。因为只有首先承认自己是淮海经济区的成员，才有所谓的"龙头之争"，不在淮海内部就不用争龙头了。

仅就淮海经济区的地域而言，徐州是毫无争议的中心，以徐州为圆心、半径200公里正好覆盖整个淮海经济区。徐州的综合交通枢纽地位也远高于济宁。对于巩固自己在淮海经济区的地位、建设徐州都市圈，徐州人的决心非常坚定。徐州的决策者列举了建设徐州都市圈的三大好处：一是有利于促进区域城市化和区域共同发展；第二，对"做大做强"徐州，增强徐州集聚能力，提升徐州的综合竞争能力，是个很好的机遇；第三，有利于徐州在一个更高的平台上实现跨越式发展。

而济宁争夺淮海经济区的龙头地位，从某种意义上说已经不仅仅是济宁单个城市的行为，而成了山东省战略发展的重要组成部分。因为，按照增长极理论的正负效应原理，区域增长极除了具有要素扩散功能外，在市场利益驱动下，还具有明显的生产要素回流效应。比如，东部沿海发达地区经济发展已进入收获期，后来国家在西部地区的投资有相当部分自发地又回流到了东部。

如果拿这一原理去分析，济宁人未免会产生这样的担忧：一旦济宁在这场竞争中失利，会不会像打开了山东的南大门，生产要素也会随之大量流失？

从徐州商业圈对鲁西南地区消费者的吸引力来看，这样的担心也似乎并非杞人忧天。

▎评点 ▎

徐州、济宁两市的竞争是短兵相接式的竞争。在区域经济愈来愈走向竞合的今天，这种直接的空间、地理竞争无疑是内耗式的不良竞争。

两市由于隶属于不同的省份，难免受到行政管辖的羁绊。两市在城市功能定位、空间布局、产业规划、结构调整等方面，存在严重的同质化竞争。如果都想做淮海经济区的"龙头老大"，双方又不坐下来，积极探讨怎样加强两市对接合作，争斗将会到何日为止？当别的区域竞争早已经呈现良性竞争的态势时，徐、济两市还在为争夺"淮海王"而"内耗"，这才是两市最大的悲哀。

曾有专家对媒体讲过："徐州与济宁作为'双子星座'应发挥双核带动的作用。在淮海经济区的'发动机'、中心或'龙头'的问题上，不能思维狭隘地仅仅认为是一个具体城市，也可以是一个城市群。"相信只有这种认识才是两城明智的选择。

华南中心城：深圳 VS 广州

· 在国内区域城市的竞争中，深圳与广州的竞争最为引人注目。不管如何，广州还是在 GDP 方面超过了深圳，广州作为省会城市，不管是地位还是"脸面"均被保住了。

· 近些年，原来"老死不相往来"的两座城市的决策者开始频频走动，互相取经。

· 如果深圳与香港一体化，广州将很难是深圳的对手。虽然广州已经与佛山联手打造广佛经济圈，但也无力抗衡深港一体化。

广州、深圳这两个城市之间的关系，也被媒体称为"双城记"。广州作为广东省的省会、华南的"老大哥"，一直被中国特区的窗口城市深圳紧追不放，并且着实领略了深圳志做"全球先锋城市"的竞争气势。

难分高下的博弈

2007 年《中国城市竞争力蓝皮书》发布的信息显示，深圳城市综合竞争力首次超过上海、北京，跃居中国内地城市之冠，而广州排在第 5 位。

2008、2009 和 2010 年度，深圳城市综合竞争力依然超过上海、北京、广州，居中国内地城市之冠，而广州的排名滑落到了第 6 位。

不仅排名情况不容乐观，广州的其他各项细化指标，也让广州人感到担忧。

根据 2008 年蓝皮书公布的调研结果，广州部分指标的胜出靠的是历史积淀，如：广州在 2 000 多年前便是亚洲的商都，商业文明底蕴丰厚，营商氛围极其浓厚；同时作为省会城市，其经济规模、经济基础也有历史沉淀；在人才上，广州得益于高校众多，也是一种时间的沉积。所以，广州在规模竞争力、人才竞争力、资本竞争力、基础竞争力及营商品牌等项目上进入了前 10 名。

而广州在效益竞争力、结构竞争力、质量竞争力、科技竞争力、文化竞争力、区位竞争力、制度竞争力等"新兴指标"上，均被抛在 10 名以外。这从一个侧面反映出广州未来的发展暗含隐忧。如果深圳实现与香港融合的计划，那么广州将难以望其项背。

尽管深圳和广州互有优势，但现在无论说谁更强都会引发争议，比如说在高新产业上，深圳有华为、中兴这样的领头羊，而广州没有。在金融上，深圳有深交所，这是得天独厚的优势。

深圳市委党校副教授易永胜说，深圳政府官员的个人素质属全国上乘，还拥有一批博士官员。深圳市政府官员开会时，很多人能说一口流利的英语，有的还能说一口日语，这方面，深圳确实做得不错。

深圳特区成立以来大量官员外调的现象引人关注，其影响深远。尤其近些年来，自 2001 年底张高丽从深圳调往山东任省长到 2007 年 12 月李鸿忠调往湖北任省长，7 年间从深圳走出的 2 位干部，都先在省长岗位任职，张高丽目前职务更高，任中央政治局委员、天津市委书记。这表明：改革开放以来，深圳不但贡献着改革的经验、教训与思想，更为中国的全面开放培养了不少能力很强的高级干部。

而广州市除了原市委书记林树森调任贵州省省长之外，再没有别的干部高位升迁。

当然这些并不能说明深圳已经超过了广州，广州同样是一个魅力之都，底蕴深厚，有汽车、石化这样的支柱产业，具有强大的带动能力。广州的 GDP 总量目前仍超过深圳。2010 年，广州的 GDP 为 10 290 亿，首次突破万亿，而深圳的 GDP 达 9 510 亿，列全国第 4 位，广州的增幅也略高于深圳。因此，现在就为深圳和广州分出高下，显然为时过早。

金融中心，PK 的主战场

2003 年 1 月，深圳颁布《深圳市支持金融业发展若干规定》；2006 年 3 月，《广州市支持金融业发展意见的若干实施细则》出台。

两个政策何其相似。这两个政策文件都明确规定，对在当地新设立的金融机构总部一次性奖励 500 万元，解决子女教育问题，购置办公用房给予补贴。甚至连补贴的标准都是一样：每平方米 1 000 元。

这仅仅是广州、深圳争夺中心城市的"战场"之一。随着广深两城并驾齐驱局面的逐渐形成，争做华南地区中心的暗中角力渐渐浮出水面。

2006 年，在广东省十届人大四次会议上，审议通过了《广东省国民经济和社会发展第十一个五年规划纲要》，《纲要》如此描述广深的定位：把广州建设成为带动全省、辐射华南、影响东南亚的现代化大都市，把深圳建设成为富有创新活力、具有中国特色、中国风格、中国气派的国际性城市。广东省政府通过分工避免广深同质化竞争的意图相当明显。

实际上前几年，广州和深圳如何定位一直是公共关注的话题，更是广东省"两会"代表热议的问题。随着两个城市的迅猛发展，广州和深圳逐渐形成你追我赶、齐头并进的势头，广州和深圳的 GDP 相差不大。谁应该成为广东省的中心、广东到底需要几个中心等"中心之争"的话题浮出水面。

广深两地"中心之争"的实质无疑应该是金融中心之争。2003 年 1 月，深圳市政府提出了把深圳建设成为区域性金融中心，并出台了金融 18 条；2004 年 1 月，广州市政府也提出"把广州建设成为带动全省、辐射华南、面向东南亚的区域金融中心"，提出与深圳金融 18 条相仿的《关于大力发展广州金融业的意见》，并且在 2005 年底成立专门为地方金融工作服务的正局级行政机构——广州市金融服务办公室。

在 2005 年和 2006 年的"两会"上，这种争夺达到白热化，广州的省人大代表提出把深交所迁移到广州的议案。

这个议案遭到了深圳方面的强烈反对，不少深圳金融界人士斥之为地方保护主义。作为反击，在 2006 年广东省政协和人大会议上，不少深圳代表发出了"从广州搬迁一所高校到深圳"的声音。尽管这个问题在广东省人大会议上当场遭到了广东省发改委和广东省教育厅领导的否决，但是广深两地在各种资源和政策上形成争夺之势的局面已成为众所周知的事实。

这场中心之争的结果是广东省政府在"十一五"规划纲要中的"现代化大都市"和"国际性城市"的表述和定位。

黄华华省长分别在 2008、2009 和 2010 年的政府工作报告中提出"加快打造广州、深圳区域金融中心"，不断为这个老话题增添新的兴奋点。

2009 年 9 月 22 日，伦敦金融城公布了全球金融中心指数，这一世界权威的排名自然备受关注。深圳在我国内地城市中排名最前，在全球金融中心城市排名第 5 位，上海排第 10 位。这是个几乎出乎所有人意料的排名。论规模、论影响，深圳金融中心眼下还无法比肩世界级同行，但是伦敦金融城的排行榜比的不是谁的规模更大，而是谁的潜力更强。因此，这个出人意料的排名代表着国际金融界对于一个后起之秀的认可。深圳本地的媒体《深圳商报》对此发表评论："排名出人意料，认可令人鼓舞。"2010 年 3 月，伦敦金融城公布第 7 期全球金融中心指数，深圳名列第 9 位，蝉联内地城市首位，多项指标也跃居全国首位。

2010 年 6 月，中国金融中心指数（CDI CFCI）对我国内地 24 个城市的综合金融竞争力进行评价比较。指数显示，上海、北京、深圳分获前 3 名，广州位列第 4 名。

深圳作为区域金融中心的实力和潜力不仅体现在这些排名上，从现实层面分析：以深圳证券交易所为核心，包含主板、中小板、创业板、代办股份转让市场在内的多层次资本市场已初步形成；深圳是创业投资最活跃的地区，机构数量及资本规模居全国首位；深圳是证券类机构最为集中的城市之一，与上海旗鼓相当；深圳是全国最大的财富管理中心，深圳的共同基金管理规模占全国的半壁江山。

2011年6月，被称为深圳前海"基本法"的《深圳经济特区前海深港现代服务业合作区条例》基本定稿，深圳前海作为国家金融创新和对外开放的试验示范窗口，被视作中国的"曼哈顿"，深圳又开始了新一轮的金融创新。

可以说，在金融中心城建设方面，广州已经被深圳远远甩在后面。

不同的发展路径与重新定位

2002年，张德江从浙江调任广东省委书记，上任不久即提出了"内源型经济"和"外源型经济"的概念。新概念的提出也有其深厚的背景。

据当代中国出版社出版的《中国城市口水战》一书分析，广州与深圳的这场"中心之争"实际上体现的是：广深持续了20多年的经济增长模式走到了尽头，何去何从，两城市需要重新选择经济发展路径和增长模式。这场中心之争的背景是民工荒、油荒、气荒等各种生产要素短缺危机此起彼伏，珠三角赖以迅速发展的依靠——廉价劳动力和土地制胜的经济模式已经日渐式微。

在政策优势丧失之后，作为原来"特区窗口"的深圳也一下子找不着北，发展战略与方向一度陷入迷茫，在一段时间内，深圳的作用仅仅是珠三角与香港联系的通道，这个时期被称为深圳的"边缘化"和"孤岛化"时期。

尽管广州发展速度一度落后于深圳，但是广州也在寻求突破，并最终找到了另外一条道路：发展总部经济，并提出打造"双核多点"的总部经济聚集区建设模式，吸引大型跨国企业前来投资和设立中国总部。广州市政府以天河区珠江新城和越秀区环市东为双核，依托天河体育中心、环市东、沙面三大板块推动总部经济良性发展。在发展总部经济的规划中，注重与深圳和香港的错位发展，谋划港深穗亚太最具活力的总部经济圈带。由于看中其良好的基础设施和便利的交通条件，以广本、丰田等为代表的大量跨国企业纷纷以此作为进军内地市场的桥头堡。一些世界500强在广州设立了总部和办事处等机构。

众所周知，国际汽车巨头投资中国的方式大都是"以技术换市场"，关键是在让出了市场之后，像广州本田和广州丰田这样的大型跨国企业并没有多少技术溢出，而且广州的企业对技术的消化吸收能力也非常有限。专家们认为，这种模式和路径也难以长久持续，必须做出改变。

正是在这种背景下，内源型经济、外源性经济等概念被提出来。实际上，广东省和珠三角区域内存在着两种不同的产业结构，广州、深圳就是这两种结构的典型代表。

广东前省委书记张德江还分析，这里的"源"指的是经济增长之源。对于发展中国家而言，外源型经济是从国外空降而来，其源头和重心仍在国外，外源型经济增长的源头来自外部。与此对应，内源型经济指的是增长源头在内部的经济结构。

城市开放度、外向度较高，外贸出口型的深圳，可称为"外源外用型"经济，而广州的广本、丰田等外资企业，其市场主要在国内，可称为"外源内用型"经济。

为了从统计口径上对"内源型"与"外源型"经济进行概念廓清，广东省社科院还作了明确的划分，外商直接投资和港澳台投资属于外源型经济，国有经济和民营经济属于内源型经济。

笔者曾采访中山大学的博士生导师、港澳研究中心主任陈广汉教授，他分析说，深圳有独特优势。其一，作为"创新之都"，深圳的创新意识较强，创新机制健全，经济的知识含量较高。统计数据表明，深圳实现高新技术产品产值增长率高于全国水平，其中拥有自主知识产权的高新技术产品产值，在全国大中城市中排名第一。高新技术产业已成为深圳抵御世界性经济危机的重要力量。其二，深圳人才众多，创新能力强，深圳的集聚效应吸引了一大批高校、科研机构和高新技术公司来此落脚。其三，深港一体化的优势。深圳靠近香港是其他城市不可比拟的优越条件，也是企业走向国际的重要桥梁。

而作为华南地区的政治经济中心，广州由于具有较强的经济实力和腹地优势，集聚与辐射能力较强，商贸文化底蕴丰富；同时广州聚集了大量的国有企业。改革开放以后，与珠三角其他地区的外资和港澳台企业唱主角不同，广州地区的民营经济发展相对较好。

虽然在"十一五"纲要中广州的定位是"外源内用型"经济，但是这只是一个权宜之计，最终的目的还是要增强自主创新。与深圳的"内源型"经济不同，广州最终的定位在于"内用"。在"十一五"纲要中与此相对应的描述为"带动全省、辐射华南"。

实际上在广东省政府作出让广州"主内"决定的，是广州长期以来作为整个华南地区政治经济中心的历史地位，以及跨国企业看重的作为进军内地市场尤其是泛珠三角的桥头堡作用。

参与了"十一五"规划编制的一位专家认为：泛珠三角合作是广州未来的机会，广州主内，以泛珠三角作为腹地；深圳主外，以香港作为跳板参与国际市场竞争；双城最后发展成为以自主创新为主导的"内源型"经济，并成为整个泛珠三角地区的双火车头。

2009年初，国务院正式批复出台的《珠江三角洲地区改革发展规划纲要（2008—2020）》对广州、深圳进行了明确的定位：

广州要建成珠三角地区一小时城市圈的核心，面向世界、服务全国的国际大都市。要强化广州佛山同城效应，携领珠三角地区打造布局合理、功能完善、联系紧密的城市群；强化国家中心城市、综合性门户城市和区域文化教育中心的地位，提高辐射带动能力。

深圳则要继续发挥经济特区的窗口、试验田和示范区作用，增强科技研发、高端服务功能，强化全国经济中心城市和国家创新城市的地位，建设中国特色社会主义示范市和国际化城市。

这种定位更加清晰也更加合理，由此两城之争落下了阶段性的帷幕。

从暗中较劲到频繁走动

在2008年广东省"两会"期间，新任广东省委书记汪洋说，广州、深圳要敢于向世界先进城市叫板。

如何叫板？近些年来，原来"老死不相往来"的两座城市的决策者开始频频走动，互相取经。

2007年，广东省委常委、广州市委书记朱小丹率团到深圳取经，考察学习自主创新和高新技术产业发展的经验，这件事曾经引起轰动。因为在此之前，两城基本互不来往，老大哥广州开始放下身段主动向深圳学习，这一消息受到两市市民的普遍关注。

朱小丹认为，与国际先进城市比综合竞争力，核心就在于自主创新。深圳高新技术产品产值占规模以上工业总产值的比重过半，广州只有27%。在这些高新技术产品中拥有自主知识产权的，深圳的比重是50%，广州只有25%，是深圳的一半。广州需要找到差距。

面对广州的高姿态，时任深圳市市长也说，广州是老牌城市，底蕴深厚，辐射能力强，第三产业发达，而深圳特区优势在于现代金融业发展方面，深圳依托毗邻香港这一国际金融中心的优势，现代金融业发展较好。现在广州也在加快打造区域金融中心，"双中心"的定位、侧重点不同，有良性竞争，但更多的是合作。

在此后几年广东省的"两会"期间，汪洋又多次强调，广州要有"大哥意识、大哥风范、大哥气派"。

广深的"兄弟"话题，也成为两市市民们热议的话题。在网络上，有网友发表了《广州深圳，谁是谁的大哥》的文章，提出广州和深圳一个是省城，一个是经济中心，就像华盛顿与纽约，谁也不是谁的小弟。

时任广州市委书记朱小丹借着汪洋的"兄弟"话题强调：广州要更加大度谦让，这个"大哥意识"刚好是与"老大"思想相反的，就是不要什么都往自己身上揽，不要什么都要最好最强。这就要有气度、胸怀和风范，要谦让，不怕吃亏。深圳很多方面也是广州的大哥。

不管怎样，从"老死不相往来"到良性互动，是一件值得庆幸的事。相信以广州、深圳为中心双城领头携手港澳的珠三角，最终会形成一个称雄亚太的大珠三角城市群。

❧ 评点 ❧

深圳未来的发展方向应该是深港一体化，与香港融为一体，这是令深圳人非常期待的。随着《深圳市综合配套改革总体方案》出台，深圳和香港走得越来越近，深港合作全面升级，频出大手笔，合作越来越紧密。

如果这样，广州将很难是深圳的对手。虽然广州已经与佛山联手，正在为打造广佛经济圈而努力，但也无力抗衡深港一体化。

广深的强弱，可能要发展到那个阶段才能有定论。

中部金融之都：武汉逐鹿郑州

- 自从国家提出"中部崛起"战略后，河南省会郑州和湖北省会武汉就开始了中部龙头之争，中部金融中心之争。
- 郑州、武汉仍是两大绝对主力城市，而长沙、合肥和南昌不再作壁上观，相继加入战团。
- 郑州要做中部金融中心，提出了要成为"东方芝加哥"。不过这一提法让喜欢充"拐子"（老大）的武汉人感到很有些不爽。因为众所周知，武汉早就被誉为"东方芝加哥"。
- 尽管以商战闻名的河南人不愿服输，但种种迹象表明，郑州在与武汉的"夺金大战"中始终处于不利地位。

中部金融中心争夺战打响

中国金融业全面放开前后这短短几年时间里，全国各区域内的"金融中心"争夺战可谓此起彼伏，硝烟弥漫。

区域金融中心之争并非纯粹的"头脑发热"和"集体发烧"，是具有其深刻的历史原因与现实背景的。金融是现代经济的核心，建设金融中心能够促进金融资本及其他生产要素在中心城市的集聚和有效配置，最大限度地满足经济发展对金融服务的需求。

而中国的中部地区目前还没有一个城市可以承担起跨省范围的区域性金融中心的职能。可以说，在如此广大的地区内金融中心的缺失，某种程度上会制约"中部崛起"战略的实现。于是继重庆、成都、西安3个西部城市剑指西部金融中心后，郑州、武汉、长沙、南昌、合肥5个中部省会城市，又上演了一场如火如荼的中部金融中心大争夺战，这标志着中部崛起之争从单纯的争产品、争项目发展到金融资源的争夺，中部城市竞争进一步升级。

2004年，合肥市政府在一份关于加快地方金融发展的政策意见中明确提出，到2010年将合肥建成区域性金融中心。2006年，合肥市第九次党代会再次强调，合肥要优先发展生产性服务业，尤其是金融、物流产业，建设区域性金融中心和物流中心。同年的政府工作报告又明确要求将建设区域性金融中心列入政府工作的重要议事日程。

2005年9月，长沙市政协委员建议"构建长沙区域性金融中心，以此来推动长沙乃至整个湖南的发展"。2006年6月19日，在长沙市金融暨信用建设工作会议上，时任长沙市市委书记的梅克保指出，要以建设区域性金融中心为重点，在优化金融业经营环境、编制金融业发展规划、启动芙蓉中路金融一条街建设上取得突破。而后，长沙开始打造硬件设施，长沙市芙蓉中路金融街开始进行建设规划。另外，长沙市计划以每家奖励500万元等政策，吸引外资银行进驻。

2007年6月2日下午，时任南昌市市委书记的余欣荣在接受媒体采访时表示，金融是推动经济发展的杠杆，南昌提出打造区域性金融中心，就是要下更大的决心加快金融业的发展，进一步健全金融体系、完善金融服务、创优金融环境，为在新的起点上实现南昌经济又好又快发展提供强劲的血液支撑。未来5年，南昌市将大力培养金融需求，优化金融环境，促进更多的金融机构落户南昌，从而建立比较完善的现代金融产业。

2007年11月21日，时任武汉市副市长的孙亚在市政府第12次新闻发布会上对媒体透露，5年内要把武汉建设成中部区域金融中心，在"武汉城市圈"的规划中明确提出加强金融中心硬件建设，并着手在汉口建设长2.8公里的金融集聚区。另外，武汉的东湖高新区，也在争取成为"三板"市场试点园区。

2007年1月27日，在河南省"两会"上，民进河南省委员会以《建设郑州区域性金融中心的政策选择》为题进行发言，并向大会递交提案。2007年11月29日上午，经过反复修改的《郑州区域性金融中心建设规划纲要》获河南省政府批准，标志着郑州区域性金融中心的建设正式启动。

自从国家提出"中部崛起"战略后，河南省会郑州和湖北省会武汉就开始了中部龙头之争和中部金融中心之争，郑州、武汉是两大绝对主力城市，而长沙、合肥和南昌不再作壁上观，相继加入战团，充分表明了中部金融中心的含金量。

中部5个城市相继锁定同一个目标，并都出台了相关政策和措施，开始了针对性的建设，真所谓八仙过海，各显其能，使中部的"夺金大战"热闹非凡，引人注目。

郑州要做"东方芝加哥"

20世纪90年代初，有理论家曾为郑州提出打造"东方芝加哥"的发展定位，当时的着眼点主要在商贸城。其实，芝加哥是美国第三大城市，也是仅次于纽约的美国第二大金融中心，与纽约在股票和能源期货领域独占鳌头相比，芝加哥在期货和期权交易领域，则是当之无愧的全球最大的金融衍生产品交易中心。

2007年11月，《郑州区域性金融中心建设规划纲要》的出笼，标志着郑州打造区域性金融中心正式起航。《纲要》确立了金融中心的近期和远期发展目标，近期目标是，"十一五"期间，初步建立郑州区域性金融中心的框架。未来5年，郑州金融业增加值占生产总值的比重达8%，直接融资占融资总额的比例达30%以上。远期目标是，到2020年，郑州市金融业增加值占生产总值的比重达15%左右，郑州金融业成为有较强竞争力的支柱产业，郑州成为辐射中西部的区域性金融中心。

《纲要》提出5个方面的主要任务，如：发展壮大银行业、推进证券业发展、加快期货业发展、培育和发展保险业、大力发展其他金融机构和金融业务。

郑州还希望充分利用郑州商品交易所这一稀缺资源，发挥这一独特优势，进一步扩大郑州商品交易所的聚集度和辐射力，多上品种，通过完善基础设施和制度建设，扩大交易规模。力争到2020年，把郑州商品交易所建成集能源、原材料和金融产品为一体的现代化期货市场，成为在国内外具有重要影响的期货定价中心之一。

为了加强中心金融区的硬件建设，郑州规划在郑东新区CBD（中心商务区）高起点地建设郑州金融商务区，使这里成为河南省金融机构的集聚区。加快郑东新区金融商务区的建设，是打造区域性金融中心的一个很重要的措施。随后一些金融机构陆续入驻，并吸引了内外资银行、证券公司、基金公司、国际财团及其区域性总部、跨国公司的功能性中心等入驻。按照规划，通过政策引导和扶持，5～10 年后，郑东新区 CBD 将成为郑州区域性金融中心的标志性功能区。这样，郑东新区 CBD 有望实现中部"陆家嘴"的梦想。

从 2008 年起，郑州市政府每年拿出 1 亿元人民币，鼓励外资金融机构到郑州落户，对在郑州新设立的外资金融机构总部、地区总部、分支机构或代表处，根据注册资本多少，政府将一次性给予 400 万元到 1 000 万元的资金补助。

虽然郑州在建设区域金融中心方面下了很大工夫，但不可否认，尚存在诸多差距。河南金融保险业增加值占生产总值的比例由 2000 年的 2.82% 下降到 2006 年的 1.6%，金融保险业增加值占第三产业增加值的比例一直徘徊在 5% 左右，明显低于全国水平，和周边省会相比，也有一定的差距。

另外，河南省金融的整体功能不够完善，地方金融机构不发达，金融组织体系不健全，金融生态环境有待改善，直接融资比重低等问题比较突出，制约着经济的持续快速健康协调发展。但正因为如此，加快郑州区域性金融中心建设，对于增强郑州的竞争力和辐射力、迎接区域竞争与挑战具有十分重要的意义。

新规划重现"大武汉"金融格局

郑州刚出蓝图，武汉也有动作。

郑州要做中部金融中心，提出要成为"东方芝加哥"。这一提法让武汉人感到很有些不爽。因为众所周知，武汉早就被誉为"东方芝加哥"。

1918 年，美国《竖琴》杂志刊载了一篇署名为魏尔·瓦尔特的文章《中国的芝加哥》。该文写道："汉口在全国商品市场上所处的地位，可与芝加哥在美国的地位媲美。"

看来概念也成为争夺金融中心城的重要元素。

湖北省社会科学院院长赵凌云多次说过，建设区域金融中心是武汉市十几年来始终追求的目标。这话可谓一语中的。

为了建设中部金融中心，"武汉城市圈"的规划中也明确提出加强金融中心硬件建设。武汉着手在三镇最繁华的汉口建设大道建设长 2.8 公里的金融集聚区，并在武昌金融总部集聚的中南路一带，完善金融集聚区的建设。

不仅如此，武汉在财税支持方面也频出大动作，如：对新设或迁入本市的金融机构按注册资本的1%给予一次性资金奖励，最高奖励金额为1 000万元人民币；对新设或迁入本市的金融机构，自开业年度起3年内，由市级财政部门参照其实际缴纳营业税市级留成部分的50%给予补贴；自盈利年度起3年内，由市级财政部门参照其实际缴纳所得税市级留成部分的100%给予补贴；在武汉任职的金融机构高级管理人员，由市级财政部门按其上一年度实际缴纳的"工资、薪金所得项目"个人所得税市级留成部分的50%予以补贴，补贴期为3年，等等。2011年6月24日，被人们认为是"江城金融史上的里程碑"，因为就在这天，武汉市对外宣布，出台全国史上最优惠的奖励政策，吸引金融或类金融机构聚集。

同时，武汉还提出要把金融作为促进武汉两型社会建设、两型产业发展的中枢神经和血脉，以服务中部经济发展为目的，以增强金融资源聚集和辐射能力为主线，把武汉建设成为中部地区的金融中心。

湖北省也一直把金融业视为"一业兴则百业兴"的核心产业，将其发展纳入全省经济社会发展目标体系。尽管武汉的金融市场容量与上海、北京和深圳相比处于劣势，短期内难以成为全国金融中心。但与周边省会城市相比，其主要金融指标处于前列，具有一定的区域优势。因此，比较现实的定位是：立足湖北，辐射周边省份，先做中西部的金融中心。

郑州与武汉的优势比较

2009年6月，中国脑库"中国金融中心指数"（CDI CFCI）对各个城市的综合金融竞争力进行了排名，郑州排在第12位，武汉排在第13位。

根据排名，在国内"金融中心"这个领域，郑州和武汉也仅仅是属于"第三世界"。但这不影响这两个城市为争夺中部区域金融中心展开争夺。

截至2010年末，武汉市拥有各类金融机构139家，在中部地区位居第一，存贷款规模、外资银行数量均居中部六省之首。从规模而言，武汉已经是中部的金融中心，但在集聚力和辐射力上还有所欠缺。

从2006年底开始，武汉市政府工作报告正式把区域性金融中心建设列为该市的战略目标，并着手编制相关规划。2008 年，武汉公布了《促进金融业加快发展》、《促进企业利用境内外资本市场上市融资》两个文件。

后来，天风证券的总部从成都悄然迁至武汉，令武汉拥有了 4 家开展全国业务的金融机构。另外 3 家分别是长江证券、合众人寿和交银国投。

天风证券总部迁入、武汉市商业银行变身"汉口银行"走出武汉，这一出一进之间，标志着武汉打造华中区域金融中心之旅正开始加速航行。

再看河南，截至 2010 年末，郑州共有银行金融机构 23 家，非银行机构 8 家，期货交易所 1 家，证券营业部 61 家，省级保险公司 48 家。

不能否认，在硬件建设方面，郑东新区遍地开花的银行成了一道亮丽的风景线，被誉为河南金融的"硅谷"。中国农业银行、香港汇丰银行、新华人寿保险、太平人寿、平安保险、中银保险等 30 多家金融保险业单位都已经正式进驻郑东新区 CBD 金融中心。2011 年 3 月，"建设郑州区域性金融中心，助推中原经济区建设"高层论坛举行，郑州建设区域性金融中心成为共识，并写进中原经济区规划。

中部银行之战，谁占鳌头？

早在 2005 年全国"两会"上，河南省人大代表就在《关于制定"促进中部崛起"优惠政策的建议》的提案中提出，建议国家设立中部发展银行，为中部崛起提供强有力的资金保证。同是在 2005 年，郑州市也提出把郑州建成区域性金融中心的思路。随后，这一概念被明确列入河南省的"十一五"规划中。

2006 年 8 月，河南省委政研室在《关于做大做强我省金融业的调研报告和若干问题的建议》中指出，河南实现由金融大省向金融强省转变是实现由经济大省向经济强省转变的重要支撑。2006 年年底，河南省政府发展研究中心也就此做了一份专题研究报告。这份报告建议，郑州应该积极向国家争取作为地方金融机构改革的试点，批准和支持成立总部设在郑州的全国性股份制商业银行——中原发展银行。

面对郑州咄咄逼人的竞争态势，武汉也在紧锣密鼓地部署。在 2007 年湖北省"两会"上，民革湖北省委递交了一份集体提案，建议中部六省合纵连横，整合资源，以渤海银行为样本，在武汉成立区域性的中部发展银行，促进中部地区的产业升级和城市化进程。

湖北省一位参与撰写该议案的人士提出了新的见解，他认为，相对于成立中部发展银行，还不如对湖北省现有的城市商业银行进行整合更为现实。可以把武汉市商业银行和宜昌、荆州、襄樊、十堰、孝感、黄冈、荆门等城市的商业银行合并。如果中央批准设立中部发展银行，不能只站在湖北的立场上考虑，因为中部发展银行不只是湖北省的银行，为了协调中部地区各省的经济合作关系，有必要从区域内各省遴选股东。同时，为了适应金融全球化的形势，也有必要从海外遴选战略投资者。

另外还有人提出，成立分别由郑州和武汉牵头的发展银行不失为一种选择。成立中部银行的关键不在于选择哪个城市，而在于可行性问题。现在要让国家出面组建全国性商业银行很难。20世纪80年代组建的深圳发展银行、招商银行、广东发展银行、福建兴业银行等，20世纪90年代建立的上海浦东发展银行，乃至2006年成立的渤海银行，都是区域发展战略催生的结果。

其实，中部银行究竟有没有存在的必要，尚需打一个大大的问号。武汉和郑州争的是金融中心地位，而现在的竞争态势好像是说：中部银行落地哪里，哪里就是中部的金融中心了。

正在如火如荼的"中部夺金"大战打得难分伯仲之际，一条消息再一次拨动了郑州人的神经。

2007年底，全国发展和改革工作会议传出消息：经国务院批准，武汉城市圈和长株潭城市群成为"全国资源节约型和环境友好型社会"（即"两型社会"），建设"综合配套改革试验区"（即"新特区"）。纷纷扰扰的中部新特区之争终于有了结果，3个竞争对手，武汉和长沙同时榜上有名，唯一落榜的就是郑州。

这意味着郑州在与武汉的"夺金大战"中处于不利地位，但这绝不表明以商战闻名的河南人在这场竞争中已经服输。很快，"中原经济区"的概念于2010年浮出水面。郑州建设区域性金融中心成为河南的共识，并被写进了中原经济区规划。

竞争在继续，竞争也还在升级。

▪ 评点 ▪

武汉和郑州中部"老大"之争也是持续了多年。如果用"不是你死，就是我活"的思维定式来主导两市竞争，不良竞争的结果就在所难免。

竞争中有合作，合作中有竞争。两市都是中部的特大城市，要实现中部崛起，使之成为我国又一个经济增长极，就必须强化中部区域的整合力度。

几届中博会的成功召开，凸显了中部经济在全国发展中的地位正逐渐上升，表明中部已成为我国参与国际竞争的新生力量，同时也展示了武汉和郑州实施"中部崛起"战略的强烈意愿和实力。

不过，庆幸的是，近些年来两个中部大市正在不断抛弃过去，互相支持，共同努力，逐步从过去的各自为战走向双赢格局。这正是中部诸省会城市都希望看到的。

中国品牌之都：青岛对垒大连

· 现任上海市市委书记俞正声曾在青岛任市长，现任重庆市市委书记的薄熙来曾在大连任市长，青岛和大连的渊源，远不止如此。

· 青岛的超越，使得多年来习惯于接待青岛来访者的大连人感到吃惊。

· 选择什么样的发展道路，选择什么样的发展模式，决定了城市未来的兴衰。

青岛，梦幻之都。大连，北方明珠。

两个城市都是中国北方环境宜人适宜居住的海滨之城，两个城市走的两条发展道路都取得了成功。大连的城市建设可称得上是一种城市品牌，与大连不同的是，青岛有工业名牌而城市品牌略为逊色，或者说青岛企业的名声远远高过青岛城市本身。青岛企业的品牌在全国是有名的，形成了以名牌企业集团为支柱的工业体系。两个城市的成功都可以被其他的城市结合自己实际予以部分借鉴。

昔日两个成功的市长早已经各履新职，挑起更重的担子：俞正声任上海市委书记，薄熙来任重庆市委书记。如果说长江是一条巨龙的话，那么，现在这两位主政官员在长江经济带的格局中正呈现"首尾呼应"的态势。

大连，塑造城市品牌

2007 年，在中国大连举行的"中国夏季达沃斯"会议期间，世界经济论坛创始人兼执行主席克劳斯·施瓦布对大连市的经济增长模式赞赏有加。他说大连市是一个融合了东西方建筑精髓的包容性很强的城市，是一个有创意的城市，是一个休闲的城市，是一个充满活力的商务城市……总之，大连市是一个和谐的人居城市。他认为大连的经济发展模式代表了世界经济发展的潮流。

大连作为辽宁省的一个海滨城市，城市历史不足百年，算不上历史文化名城。同时，作为东北老工业基地，大连往往给人一种沉重、落后的感觉。在提出建设城市品牌之前，大连是个普通的二线城市。

但作为北方的重要港口城市，大连素有"北方明珠"之称。东临黄海，西濒渤海，南与山东半岛隔海相望，加之海洋性气候，使大连具备了良好的自然环境和宜人的气候，因此环保和旅游成为大连的优势和特色。

早在 20 世纪 90 年代，大连在国内率先提出"不求最大，但求最好"的城市建设理念和"经营城市"的发展观点，引起了全国的普遍关注，并以惊人的发展速度，跃居中国优秀城市的行列。"大连经验"一时间传遍大江南北。

1998 年，大连提出自己的城市品牌——浪漫之都，并提出要把大连建设成为高品位、国际化、大客流、高创汇的中国旅游名城和国际风景旅游城市。

湘潭大学国际经贸管理学院何恒远博士曾发表过一篇《大连与青岛：城市现代化的两种不同经济模式》的研究论文，他认为：大连的城市建设这一品牌的创立与经营者是以薄熙来为代表的市政领导，其"城市革命"理论用经营的眼光看待整个城市资源，将城市作为一个产品来规划、设计、建设和经营，营造出良好的投资环境和自然环境，以此带动整个城市的经济和社会发展。

总结大连打造城市品牌的成功经验，主要有如下几点。

第一，"环境革命"成为大连城市品牌建设的突破口。20 世纪 90 年代，大连正是以"环境革命"为突破口，开始了大规模的城市改造和建设，确定了自身的发展战略，制定城市可持续发展的远景规划。经过十几年的建设，这个仅有百年历史的年轻城市，绿化覆盖率达41%，接近中等发达国家城市的绿化水平，基本实现了"绿起来，亮起来，洋起来"的经营目标，已被绿化、美化、净化成一座让世人为之赞叹的花园城市，并被授予国家级园林城市、国家环保模范城市等称号，还被联合国授予人居奖，被评为亚太地区环境整治的模范城市。大连市充分发挥自身优势，千方百计发掘"半个中国近代史天然博物馆"的人文历史旅游资源和风景奇秀的自然旅游资源。1998年荣获中国首批优秀旅游城市称号。南部沿海风景区、旅顺口风景区、金石滩风景区和冰峪沟风景区是大连四大名胜风景区。大连市在旅游资源开发上加大投入，进一步完善了以市区南部海滨为中心、金石滩和旅顺为两翼的旅游发展格局。

城市环境名牌战略的实施，迅速提升了大连在国内外的知名度和美誉度。大连环境品牌吸引海内外商家来城市投资，吸引国内外游客来观光游玩和购物，也使大连从东北传统工业基地的重负下快速走出来，带动了大连城市经济的发展和竞争力的提升。

第二，独具特色的广场建设为大连城市品牌加分不少。到大连，不仅看海、看绿，更重要的是看广场。大连的广场不仅多，而且各具特色。广场如画龙点睛之笔，勾画出这座北方海滨城市的风姿神韵。广场在为市民提供休闲、娱乐、交流空间的同时，也在散发着城市的气韵，展示着开放的姿态和襟怀。海之韵、胜利广场：体现多种城市功能；星海广场：走进现代城市理念；华乐、万众广场：让广场居住在民间……大连市每个广场都有自己的特色，都有不同的吸引力。广场文化已成为大连人生活中不可缺少的部分。

第三，会议与公关活动助推大连城市品牌塑造。与国内其他二线城市相比，大连并不是节庆活动十分丰富的城市，但却是善于经营、利用活动与会议的城市。除了标志性的"大连服装节"，"大连进出口交易会"、"亚欧部长会议"等会议都成为宣传大连、推进大连城市品牌发展的助推器。争取达沃斯论坛落户大连也是塑造城市品牌的一个成功例子。

第四，媒体传播提升大连城市品牌。在城市品牌鲜为人知的1998年，大连就响亮地提出自己的城市品牌——浪漫之都。2001年，大连率先走进央视，通过电视广告，展示城市环境与旅游环境。除此之外，大连还将城市品牌广告推向全国 14 个地方电视台，使其"浪漫之都"的旅游品牌信息，更为精确地投放到其目标城市。另外，大连在北京火车站、北京西客站的 12 个电子大屏幕上投放的旅游宣传片也备受关注。令人注目的是，就在其他城市纷纷借鉴之时，大连又把城市品牌传播的触角延伸到国外，成为第一个在日本东京银座区、东京 11 个地铁站和韩国首尔等多个国家及城市进行广告宣传的中国城市。

2011 年，大连又开始大手笔地扩张城市版图，着手打造"西北中心城"，加快大连西部的建设，着力推进全域城市化，一个多中心的现代化国际化大都市初见雏形。

青岛，品牌城市的魅力

海尔、海信、青啤、双星……从这些家喻户晓的品牌中青岛迈出了第一步。也因此，这座美丽的城市一直被人们称为"品牌城市"。

相比大连，青岛市已有 6 000 年的历史，是国家历史文化名城和风景旅游胜地，是中国 14 个沿海开放城市和 8 个国际会议城市之一，位于山东半岛南端，黄海之滨。青岛依山傍海，风光秀丽，气候宜人，是一座独具特色的海滨城市。虽然是一座历史名城，但发展到今天，青岛工业名牌的知名度已经远远超过了青岛的城市品牌，青岛企业的知名度远远盖过了青岛城市本身。

2006 年 12 月，青岛荣膺"2006 年中国制造业十大最具竞争力城市"称号，正是因为其拥有竞争力强大的品牌经济。近年来，青岛市加快推进名牌战略，"青岛强、半岛强，半岛强、山东强"的战略部署，建立起强大和完善的城市品牌体系，以打造形象鲜明的品牌城市来推动青岛这座现代化国际性海滨城市的发展，品牌成为最耀眼的城市形象。

青岛市品牌经济发展专家委员会主任郭先登认为，21 世纪世界进入了品牌经济主导市场发展趋向的时代，进入了品牌形象主导城市竞争胜负的时代。建设创新型城市的重要内容之一是加快推进品牌经济发展；而强大的品牌经济正是建设创新型城市的物质基础。只有在建设创新型城市中推进品牌经济发展，才能真正建设成创新型城市。

从 20 世纪 80 年代中期开始，青岛市就积极实施名牌战略，相继培育了一批名牌产品、名牌企业和名牌企业家，这一特有的"青岛现象"在全国引起关注。

新中国成立 60 多年来，从发展品牌经济到创建品牌城市，青岛一直没有停止过从品牌产品、品牌企业向品牌经济、品牌城市跨越的历史脚步。

2011 年 7 月 1 日《郑州日报》刊载的《品牌之城，创新之美》一文，总结了青岛名牌发展之路经历的四个阶段：一是名牌战略阶段，二是集团战略阶段，三是园区战略阶段，四是集群战略阶段。

青岛在打造品牌之都的过程中，形成了自己的特色：一是青岛在推进品牌经济发展中形成了有特色的发展轨迹。青岛早在 1984 年就率先提出"名牌战略"的思想，确定了 57 种需重点发展的产品，其中就包括青岛啤酒、海尔冰箱、海信电视、双星运动鞋等。催生了一批著名品牌，也提高了企业的品牌意识。二是青岛利用品牌产业群打造城市强大的品牌经济。从品牌产品到品牌企业，再到品牌产业，经过 20 多年的不懈努力，青岛走出一条以品牌为载体推进产业升级、结构优化的发展之路。三是通过技术创新发展品牌。在技术引进方面，品牌企业走出了一条"引进吸收—自我创新"之路，全力打造具有自主知识产权的创新品牌。目前，青岛市有国家级技术中心 10 多个，这些中心不仅每年为企业开发高新技术产品，而且承担国家级重点技术攻关课题。四是坚持把发展品牌文化作为建设品牌城市的重要基础。半个多世纪的殖民历史给了青岛多样的城市文化，外向、兼容，善于学习与合作。青岛的名牌企业在发展中不断兼并、联合，名牌企业数量和企业规模不断增大。青啤集团总裁金志国在描述企业文化时有这样一句名言："最美味的鱼生长在咸水与淡水汇合的地方。"不同文化与思想的融合从某种程度上来讲，为青岛名牌企业的成长提供了一个优越的文化环境。

近几年，青岛在实施新一轮名牌战略中，又培育了红星、黄海、颐中等第二梯队企业，并形成各自的品牌产业。青岛正进一步加速培育品牌，开始多层面、全方位地构筑城市品牌集群，实现品牌经济向品牌城市的跨越。

这些辉煌的成就和成功的经验奠定了青岛城市继续发展的基础，今天的青岛，又站在一个新的起点上。

难分伯仲的两种模式

何恒远博士在其研究论文《大连与青岛：城市现代化的两种不同经济模式》中还分析：大连与青岛作为我国两座极具特色的城市，在现代化的进程中实践了两种不同的经营模式，呈现出了不同的城市品位和城市特色。青岛虽然在打造城市品牌方面稍微逊色，但青岛自建成之始就是一座秀美的城市。大连提升城市品位之初也曾有"向青岛学习"的口号，而后青岛市又"学大连、赶大连"，一直学到新世纪。两座城市相互影响，相互学习。1994 年时任青岛市市委书记的俞正声提出"向大连学习"，去大连考察学习的青岛市大小官员不计其数。青岛市还"克隆"了大连的发展战略。当时大连的城市定位是金融中心、贸易中心、旅游中心、信息中心和航运中心，青岛市照搬了这 5 个中心的提法。

似乎是新世纪开了一个玩笑，2000 年青岛与大连的实力对比发生了转变。青岛的 GDP 达到了 1 151.2 亿元，超过大连的 1 110.8 亿元，并且创造了年平均12.2% 的增长，在全国名列前茅。更令大连失望的是，在 2008 年申奥活动中，青岛击败大连，成为北京唯一的合作伙伴，2008 年在青岛举办的海上奥运项目比赛吸引了不少世界的目光。

青岛的这种历史性超越，使得多年来习惯于接待青岛来访者的大连人不得不面对现实，又开始向青岛学习。

不过，2010 年 4 月 26 日，中国社科院《2010 年中国城市竞争力蓝皮书》出炉，大连进入"最具竞争力城市"前 10 名，排在第 9 位，而上年度排在第 7 位的青岛，则排在了大连之后，列第 10 位。2011 年 5 月 6 日，同样由中国社科院发布的《2011 年中国城市竞争力蓝皮书》显示：大连市列第 8 位，而青岛已被挤出前 10 名之外，排在第 11 位。这一权威而又备受关注的排名，让大连人看到了赶超青岛的希望，而青岛则绝不会等闲视之。

2011 年 8 月 10 日，中国品牌节公布了 2011 年度"中国十大品牌城市"，青岛市摘得桂冠，大连也榜上有名，排在第 4 位。

全球化打破了中国城市传统的发展模式，引发了全面的新城市运动。在跨越式发展思维的主导下，许多城市开始注重自身的实力培养和价值提升，注重塑造品牌优势。

关于品牌城市与城市品牌的比较以及两种经济模式的对比，何恒远博士还提出思考：城市的蓬勃发展必然带来城市竞争的加剧，在这种竞争中，城市不约而同地把目光聚焦在城市战略上。面对机遇和挑战，选择什么样的战略，就意味着选择什么样的发展道路；选择什么样的发展模式，决定着城市未来的兴衰。

大连与青岛作为中国城市发展中最为耀眼的两颗明星，一直为国内外广泛关注。它们不仅为中国城市发展留下了宝贵的财富，也为更多城市提供了值得借鉴的经验和模式。

■ 评点 ■

大连和青岛作为我国城市品牌建设的楷模，在城市品牌建设方面积累了诸多成功经验，然而这两个城市的成功有其时代背景和一定的先天优势，如果完全复制和刻意模仿"大连模式"和"青岛模式"，势必不会成功。

再好的模式、再成功的经验，如果只是盲目模仿，简单拿来，就一定会产生"不适症"，严重的甚至会造成自身机体的"病变"。

第 七 章

合纵结盟——"联合舰队"能否穿越迷雾？

（城市集聚）到了尽头的预言只不过是一种夸大的说辞。

——（英国）城市规划大师　彼得·霍尔

"分久必合，合久必分"——城市竞争也没有脱离这一定律。近些年来，人们发现，原来争斗正酣的各区域城市，竞争势头已经悄然发生变化，转而开始互相支持，从过去的各自为战走向双赢、多赢格局，城市间的融合成为新的趋势。

事实上，很长时间内，内地各城市之间的竞争大都是两眼斗得发红。针对这种情况，专家们评论说，城市之间缺乏级差效应，带来的直接后果就是发展中竞争大于合作。由于初期城市之间的竞争还处于原始积累阶段，产业分工差别不大，带来了争资金、抢项目、产业趋同、不能有效合作等负面效应。

当原有的城市竞争的各种弊端凸显出来后，几乎每个参与竞争的城市都感觉到，城市竞争已经站在了需要抉择方向的十字路口，城市之间的竞争需要放到整个区域的大背景下来理性分析，如何良性竞争成为城市发展的新课题。

痛定思痛，各区域的城市很快达成共识：分兵突围不如抱成一团，混战不如合纵。

由此，一场由区域城市主导的新一轮城市战略结盟拉开了的大幕。

"2+7+2"，大珠三角称雄亚太

· 与长三角相竞争，珠三角现在越来越显得力不从心。2011年，广东省委书记汪洋也不得不坦承："广东在中国的改革开放走得最早，但起点不够高。"

· 整个珠三角九大城市的"百舸争流"，却被人诟病为"各自为政、缺乏协调"。

· 以广州、深圳为中心，双城领头携手港澳，最终会形成一个称雄亚太的"世界超级城市体"。

珠江三角洲是组成珠江的西江、北江和东江入海时冲击沉淀而成的一个三角洲，面积 1 万多平方公里。一般来说它的最西点被定义在三水。

在"泛珠三角"概念提出之前，人们常说的珠江三角洲包括：惠州市、深圳市、东莞市、广州市、中山市、珠海市、佛山市、江门市和肇庆市这 9 个市（以上属广东省），加上香港特别行政区和澳门特别行政区，总面积达 5.59 万平方公里。这里是中国人口密度最大的地区之一，也是中国南部的经济和金融中心。三角洲的东部地区如深圳、东莞、广州发展较早。

"2 + 7 + 2"是笔者根据现状提出的一个概念，前一个"2"是指广州市和深圳市，"7"是指东莞市、惠州市、珠海市、中山市、佛山市、江门市、肇庆市，后一个"2"是指香港特别行政区和澳门特别行政区。

2003 年被很多专家称为"区域经济融合元年"，影响广泛而又深远的"泛珠三角"概念就是这一年提出的，珠三角的竞争对手——长三角经济区也在这一年开始了大刀阔斧的融合进程。

"泛珠三角"提上议事日程，老的珠三角向何处去？珠三角城市群如何全面提升竞争力，才能发展成为亚太地区的主要城市群？

2003 年 6 月，广东省政府原则上通过的《珠三角率先基本实现现代化专题规划》绘出了珠三角发展的新蓝图。历经一年多的论证和编制，此规划正式进入实施阶段。规划实施后，珠三角城市群将统一步伐，协调发展，并立志要称雄亚太。

毋庸置疑，改革开放 30 多年来，珠三角创造了举世瞩目的经济奇迹。然而，时至 2003 年，广东省的专家们经过调研，根据制约珠江三角洲进一步发展的一系列问题，一共诊断出九大"疑难杂症"：第一，发展腹地受限成为"拦路虎"；第二，中心城市产业带动能力不强；第三，中小城市与小城镇数量悬殊，比例失衡；第四，小城镇发展无序，规划散乱，管理落后；第五，制造偏多，创造罕有；第六，城不城，乡不乡，城镇扩张"摊大饼"，城乡建设面貌粗糙，特色模糊；第七，区域性基础设施不协调；第八，公共服务设施建设滞后；第九，存在某些制度性缺陷，行政区划缺乏整合等。

正因为如此，珠三角亟须强有力的政府行为来整合"各路诸侯"。那么，应该如何重塑珠三角呢？这是人们关心的话题。

2009年1月，国务院正式批复出台的《珠江三角洲地区改革发展规划纲要(2008—2020)》是国家继长三角、环渤海湾地区发展改革纲要之后，又一个极其重要的发展纲要。该《纲要》首次确立了珠江三角洲地区在全国经济布局中的五大战略定位，要求珠三角继续在改革开放上先行先试，率先实现科学发展。《纲要》对"珠三角向何处去"进行了科学定位：

定位一，探索科学发展模式试验区；定位二，深化改革先行区；定位三，扩大开放的重要国际门户；定位四，世界先进制造业和现代服务业基地；定位五，全国重要的经济中心。

就在此纲要发布后不久的2009年3月20日下午，广佛两市正式签署同城化合作协议，标志着两市同城化探索进入新的历史起点，这也是广东省贯彻落实《珠江三角洲地区改革发展规划纲要》的一大突破。协议明确将"优势互补"作为广佛同城化的一条重要原则，要求广州市、佛山市统筹协调两市各类规划，实现错位发展、功能配套，提升广佛整体竞争力。广州和佛山，这两座市中心直线距离不过50公里的珠三角城市，正在发力冲破城市间原有的区域藩篱。

不得不承认，与长三角相竞争，珠三角现在越来越显得有些力不从心。广东省委书记汪洋在2011年3月的全国"两会"上，也不得不坦承："广东在中国的改革开放走得最早，但起点不够高。"

随后，深圳、东莞、惠州经济一体化，珠海、中山、江门经济一体化，深港经济一体化决策和措施也紧锣密鼓地向着更深的层次推进。

按照《珠江三角洲地区改革发展规划纲要》确定的发展思路，随着高速路网、轨道交通的建成，今后珠三角城市群可以被看成是一个特大的工业城市，前面有港澳作为前庭，后面有粤北和东西两翼作为后花园，内对泛珠三角和全国、外对东南亚乃至世界的辐射力将大大增强。

在2011年广东省"两会"期间，广东省委书记汪洋表示，不谋全局者不足谋一域，要统筹国际国内两个大局，树立世界眼光，加强战略思维，作为改革开放前沿的广东更应该树立世界眼光。

将时间推回到2008年1月，《南方日报》推出《南方会客厅》栏目，广东省人大代表、深圳大学社会科学部教授关志钢接受该栏目采访时说，如果从整个广州、深圳为中心的珠三角城市群来讲，过去5年，用世界眼光来看，这里取得的可能最值得圈点的进步就是整个珠三角的产业结构的大调整，产业布局的升级，符合民生、环保需要的产业得到了大力的扶持。相反的，污染环境的产业逐渐在远离珠三角。这种产业升级的调整，和领导者的思想解放、世界眼光是分不开的。广东，尤其是广州、深圳这样的中心城市，就是要立志长远，追赶一流，就是要敢为人先。广东30多年改革开放，有制度优势，是改革开放最早的地区，是排头兵，所以在实践科学发展观方面，广东责无旁贷。即使叫板国际一流城市，广州、深圳也有条件承担这样的历史责任，这是广东的区位优势。

与此同时，也有专家预测，以广州、深圳为中心，双城领头携手港澳，最终会形成一个称雄亚太的"世界超级城市体"。

2008年11月，香港民间智库"香港智经研究中心"经过调研，发布了一份《打造世界级珠三角都会区》的调研报告。该报告主要观点也被吸纳在《纲要》之中。报告预测：如果整合顺利进行，到2020年，保守估计，珠三角都会区GDP将逾2.6万亿美元，经济规模超过纽约、东京、伦敦三大国际都会区，达到伦敦都会区的两倍。

随着《珠江三角洲地区改革发展规划纲要》的实施，珠三角交通体系的成熟和一体化的推进，这种在市场竞合状态下的主动错位发展态势日渐显山露水，穗佛莞深"功能分区"已初露端倪。一个依靠地缘优势、产业布局以及城市区域功能主动错位及回避产业同构发展的"世界超级城市体"已渐成雏形。广东省情研究中心《2009年广东省情调查报告》提供的资料表明，1998—2007年珠三角城市间的产业同构程度总体上是下降的，1998年珠三角的平均产业同构系数为0.73，2007年为0.65；2009年"深圳、惠州和东莞"的同构系数最高，平均值达到了0.88，"珠海、中山和江门"的平均值为0.72。同构系数近年来逐步下降，这也反映了珠三角地区城市间的分工程度在上升。该报告还得出结论，广州与深圳之间的产业同构度最低，即两地的产业相似程度最低，而分工程度高。

同时，智库经济研究中心的报告也认为，落实《珠江三角洲地区改革发展规划纲要》的突破口在于珠三角城市一体化，《推进珠江口东岸地区紧密合作框架协议》和《广佛同城化建设合作框架协议》签署等接连不断的举措奠定了珠三角一体化的重要基础。

而更深一层的意义是，它通过形成城市化的连续带，造就了以穗佛莞深四城为主的珠三角城市边界的消融。在穗深、广佛、莞深等公路沿线，城市之间的空白已逐渐被填满，城镇紧挨城镇的现象早就开始出现。穗佛莞深城市间的繁华带出现了某种程度的连续性，这可能意味着一个庞大超级城市体的诞生。随着超级城市体的逐步成型，"新经济增长极"将在这一超级城市体的中心地带出现。

2009 年，国家发改委一名官员对外宣称：包括珠江三角洲 9 个城市和香港、澳门在内的大珠三角地区，已经成为仅次于纽约都市圈和东京都市圈的世界第三大都市圈。粤港澳三地的生产总值如按单一经济体计算，在亚洲仅次于日本、韩国和印度。

■ 评点 ■

珠三角一体化进程仍然面临着包括资源配置不均、信息不畅通、行政割裂、发展不平衡等诸多问题。区域性合作的强化是城市间融合的发展之道，珠三角城市除了要加强对区域资源的开发利用，必须进一步消除城市边界壁垒，实现生产要素的有效整合与扩散、产业功能的互补以及人文环境的协调，才能真正发挥城市一体化对整体经济发展的宏观调控作用。

"1 + 8" 升级，"中原经济区" 崛起

· 开放水平不够、经济外向度低，已成为郑州的"短板"。

· 河南城市之间缺乏"级差"效应，带来的直接后果就是，发展中竞争大于合作。

· 一群缺乏有效合作的城市，不是城市群，而是"城市咕堆"。

· "1 + 8 > 9"的"中原钻石城市群"，一段时间内被河南人叫得很响。

· 尽管中原经济区被上升到国家战略层面，但该规划并不能完全代表中原经济区规划的方向，其未来发展也存在不确定性。

得中原者得天下。泱泱大国的 5 000 年华夏文明，中原可谓独得其厚。尽管"人文河南"闻名全球，但"经济河南"、"市场河南"和"环境河南"，如果放在全国背景下去审视，目前似乎还缺少足够的分量。

2004 年，河南省委、省政府提出"中原城市群"的战略构想，构筑以郑州为中心的中原城市群经济隆起带，为实现"中原崛起"提供重要支撑。

"中原城市群"是以郑州为中心，以洛阳、开封、新乡、焦作、许昌、平顶山、漯河、济源等 8 个省辖市为节点组成的紧密联系圈。把它们串在一起，就像为中原大地戴上了一串璀璨的钻石项链。

这个"钻石城市群"拥有 5.87 万平方公里土地，3 900 多万人口，全省60% 的城市分布于此。对比中部省份正在发展的其他城市群，"中原城市群"在经济总量、人口、城市之间的实力等方面，都处于优势地位。

河南的决策者再清楚不过了，当经济全球化和区域经济一体化已经成为不可阻挡的趋势时，一座城市再也不可能孤立前行。

郑州的优势与"短板"

众所周知，郑州是中国商业的发源地之一。

在 2006 年河南省"两会"期间，时任省委书记的徐光春多次郑重地提出："中原崛起看郑州。"看郑州，要看郑州的"六个力"：发展力、辐射力、带动力、创造力、影响力、凝聚力。

由此，郑州拉开了新一轮大发展的帷幕。

在宏伟的中国地图的正中央，两条粗重的黑线纵横交织成郑州这一坐标，京广线和古丝绸之路的陇海线相交，郑州扼守在中国的"十字路口"。特殊的时空交错，造就了特殊的郑州机遇。

数字最有发言权。在全国 287 个地级以上城市中，郑州经济总量的排名已由1999 年的 31 位上升到 2006 年的 24 位，直至 2009 年还是保持在第 24 位。

实力决定魅力，支撑郑州实力与魅力的根基，离不开河南的区位优势、市场潜力、资源禀赋等因素。

首先，从空间区位分析，郑州已经具备了成为特大城市的条件。中国特大城市之间的平均距离为350公里，大城市之间的距离为200公里。而目前以郑州为中心，方圆350公里以内尚没有一个200万人口以上的特大城市。作为全国的交通枢纽，郑州在这一区域内区位优势突出。

第二，从市场潜力分析，郑州具有无可比拟的市场腹地优势。河南是中国人口第一大省，随着经济发展和居民收入的增加，巨大的市场潜力将逐步转化为现实的市场容量，巨大的消费需求将对经济增长产生持续增强的拉动力。

第三，从资源禀赋来分析，河南丰富的煤炭、铝土、农产品等资源，为郑州发展提供了现实支撑。

区位、资源、产业、环境、人才，这些因素构成了郑州的潜力，营造着郑州的独特魅力。

2005年，郑州至西安高速铁路客运专线动工，随后，郑州至武汉、北京至郑州、郑州至徐州客运专线也提上日程。这4条高速客运专线完成建设后，郑州到西安、北京、武汉等城市只需两个小时。加之原有的京广、陇海线，郑州将成为全国独一无二的"双十字"铁路中心。还有公路，至2007年，以郑州为中心覆盖全省、辐射全国的高速公路网络已基本形成，全省高速公路通车里程达4 000公里以上。

这就意味着郑州的"地缘"优势正在加速形成。

为了克服可能出现的"空心化、雷同化、虚高度化"三个问题，郑州市2002年以来提出了"拉长工业短腿，发挥商贸优势"的发展思路。实践证明，这一思路已见到实效。汽车、煤电铝、食品三大产业板块已成为郑州工业的重要支撑，以软件、生物制药为主的一批高新技术产业崭露头角，以批发市场为龙头的商贸物流业也得到了快速发展，一些海内外知名物流企业在郑州落地生根。

建设全国重要的物流中心是郑州发展的又一重要规划。一个大型企业，每天大量原料进厂，大批产品出厂，需要运输、仓储、配送为其生产服务，这是现代物流业发展的重要基础。只有做大做强以制造业为主体的工业经济，才能有效、持久地带动物流等现代服务业的发展，促进各种生产要素的聚集，从而带旺人气、带活市场、刺激消费，为第三产业的发展提供广阔空间。郑州的规划是：以铁路、公路网络为支撑，以郑州粮食批发市场、郑州商品交易所和华中棉花交易中心等为支点，服务中部，辐射全国。

尽管拥有诸多优势，郑州的"短板"也十分明显。与周围省会城市相比，郑州在全省经济中的首位度还比较低。在区域经济的博弈中，如果河南省的中心城市不够强，集聚带动作用不足，那么周边其他城市就将吸纳走河南的资源和资金。

与此同时，与东部沿海和其他先进地区相比，开放水平不够、经济外向度低，已成为郑州亟须解决的问题，这也是河南省及中部各省的共同症结所在。

从"1 + 8 > 9"到"中原经济区"

2011年国庆长假刚过，国务院出台了关于支持河南省加快建设中原经济区的指导意见，指导意见指出：中原经济区在全国改革发展大局中具有重要的战略地位。这又一次引发了河南省经济发展的最新热门话题。其实早在2010年3月全国"两会"期间，中原经济区就被确定上升为国家战略。

此前很长一段时间，中部由于未能形成具有强大主导作用的经济中心，缺乏带动和凝聚全区域资源的平台。

河南省发改委前主任张大卫评价说："河南城市之间缺乏'级差'效应，带来的直接后果就是，发展中竞争大于合作。由于各个城市'原始积累'尚未完成，彼此产业分工差别不大，势必带来争资金、抢项目、产业趋同、不能有效合作等问题。"这从河南省不少产业项目到处开花的布局上就可看出端倪。河南省商业经济研究所专家冯宛平用一个幽默的比喻点中要害：一群缺乏有效合作的城市，不是城市群，而是"城市咕堆"。

其实，早在2004年，河南省制订的《中原城市群发展战略构想》就已经出炉，被河南人看好的一幅所谓"最新最美"的蓝图让人充满憧憬和希望。中原城市群以郑州为中心，包括洛阳、开封、新乡、焦作、许昌、平顶山、漯河、济源共9个省辖（管）市、14个县级市、33个县、340个建制镇。

中原城市群的城市体系基本架构为：构建以郑州为中心，洛阳为副中心，其他省辖市为支撑，大中小城市相协调，功能明晰、组合有序的城市体系。

这个城市群曾被誉为"1＋8＞9"的"中原钻石城市群"，一段时间内被河南人叫得很响。

经过几年的努力，中原城市群的竞争力大大提升。2008年中原城市群9个市的生产总值占全省的比重，已由2002年的53.9%上升到57%，经济总量达10 412亿元。在中部六省打造的经济圈中，中原城市群经济总量最大。

不过，河南人很快就发现，这一被誉为"1＋8＞9"的"钻石城市群"已经成为过时的概念。后来中原城市群在与武汉城市群和长株潭城市群竞争"新特区"中功亏一篑。此时再转身一看，中国区域经济的最新版图已经重新划分，新一轮区域发展的亮点一个接一个。仅2009年，就有关中—天水经济区、辽宁沿海经济带、黄河三角洲高效生态经济区等12个区域规划上升为国家战略。很多板块已相继被激活，焕发出勃勃生机，呈千帆竞发、蒸蒸日上的态势。

面对国家区域经济战略布局细分的大势，河南人不得不重新审视自己：原有的规划已经落伍了，如果没有新的大谋划，河南可能会失去更大的机遇。

于是，2010年，一个明晰的新概念应运而生，这就是"中原经济区"。新提出的中原经济区规划是时任河南省委书记卢展工领衔起草的。"中原经济区"在原来"中原城市群"的基础上扩容了，包含了山西、安徽、山东省部分地区的城市。具体包括河南省的18个省辖市，安徽的淮北、宿州、阜阳、亳州，山东的菏泽、聊城，河北的邯郸、邢台，以及山西的晋城、长治、运城，共29个省辖市，区域内近1.58亿人口，占全国人口总量的11.83%。《中原经济区发展报告（2011）》将中原经济的发展定位于"一极、两带、两翼"。"一极"指以郑州为中心，洛阳为副，开封等7个省辖市为支撑，构建大中小城市相协调的城镇体系；"两带"指陇海经济带和京广经济带，前者定位于培育形成郑汴洛工业走廊，壮大能源原材料、现代制造业、汽车等支柱产业，实现老工业基地振兴；后者则是大力发展原材料工业、装备制造业、高技术产业和食品工业，形成我国重要的制造业基地；"两翼"指京广线以西地区和以东地区，前者的定位是建成全国重要的能源原材料基地，以及重要的现代装备制造业及高技术产业基地；后者则是加强国家粮食生产基地建设，建设现代农业产业体系，积极承接产业转移。

随着"中原经济区"及其宏伟蓝图的横空出世，一时间，"中原经济区"成为河南人最新的兴奋点和用得最多的词汇。

"中原经济区"被上升到国家战略层面，当地媒体也跟着摇旗呐喊，"中国中原经济航母"正式从中部河南省起航。

◤ 评点 ◢：

虽然"中原经济区"规划看起来很美，也非常宏伟，但很多专家却认为，这一规划并不能完全代表中原经济区规划的方向。

相对而言，中原地区以及河南地区经济基础仍较薄弱，同时区域中各地区仍旧存在产业布局的矛盾和资源竞争的关系。因此，公众仍对中原经济区抱着谨慎的态度，其未来发展的不确定性也受到一些专家的质疑。

"3＋5"，长株潭能否超越梦想？

· 建立"毛泽东城"是最早的长株潭一体化设想，后来因历史原因夭折。

· 让湖南人得意的是，长株潭构想的提出，比开发上海浦东的提议整整早了8年。

· 2009年，不管是经济总量还是增长幅度，长沙已经超过了济南。

视野决定出路，战略引领发展。在世界城市化的浪潮中，敢为人先的湖南人显然比其他省份更具有战略气魄和更为超前的思维。

然而，湖南人谈起长株潭城市群经济的一体化，开场白往往是这样的："20多年以来……"

早在1950年，湖南便提出了把长沙、株洲和湘潭三市合一，建立"毛泽东城"，这个设想，因历史原因而中途夭折。

1982年12月，作为省政协委员、湖南省社科院经济所所长的张萍在湖南省政协四届六次会议上旧话重提，再次提出建立长株潭经济区。

26 年后，2007 年年底，长株潭城市群成为"全国资源节约型和环境友好型社会（简称两型社会）建设综合配套改革试验区"——也就是人们所说的"新特区"。

面对所走过的曲折道路，张萍感慨地对很多人说，20 多年来一体化的推进，不是太快，应该说，步伐慢了！

"起个大早，赶个晚集"

湖南有非常稀缺、国内罕见的城市资源，这就是长株潭城市群。

20 世纪 80 年代，深圳、珠海等经济特区建立，中国改革开放势头强劲，经济发展迅猛。此时湖南的一些学者开始思考：如何推进湖南的改革开放和加快地区经济的发展？

1982 年 12 月，张萍在湖南省政协四届六次会议上提出：把长株潭三市经济整合起来，逐步形成湖南的综合经济中心。

长株潭可谓天然绝配，三市呈"品"字形分布，均位于湖南东北部，并且彼此相距不到 50 公里，湘江贯穿而过。除了地理上的紧密联系，三市在社会、经济上也存在诸多联系。

张萍认为，湖南缺乏一个重量级的经济中心城市，省会长沙的综合经济实力当时在全国排位 30 名之后。如果三市整合，工农业总产值则可在全国中心城市中排第 9 位，城区工业总产值排第 11 位。在此基础上，加强三市之间的经济分工协作和优势互补，可提高城市群的整体竞争力，带动全省经济的发展。

令张萍也没有料到的是，此论一出，反响竟然空前热烈，得到了许多与会代表的赞同。经过多次调研与论证后，长株潭经济区进入实践阶段。

让湖南人有几分得意的是，长株潭经济区构想的提出，比开发上海浦东的提议整整早了 8 年。然而，局限于当时人们的认识和观念，张萍提出的方案在实施不到两年后便中途夭折了。

后来，长株潭的构想还受到一些非议和诟病。在 1985 年的湖南省第五次党代会和 1986 年的省人代会上，一些代表针对"长株潭"提出了意见，认为长株潭是湖南最发达的区域，作为战略发展重点对其他地方太不公平。

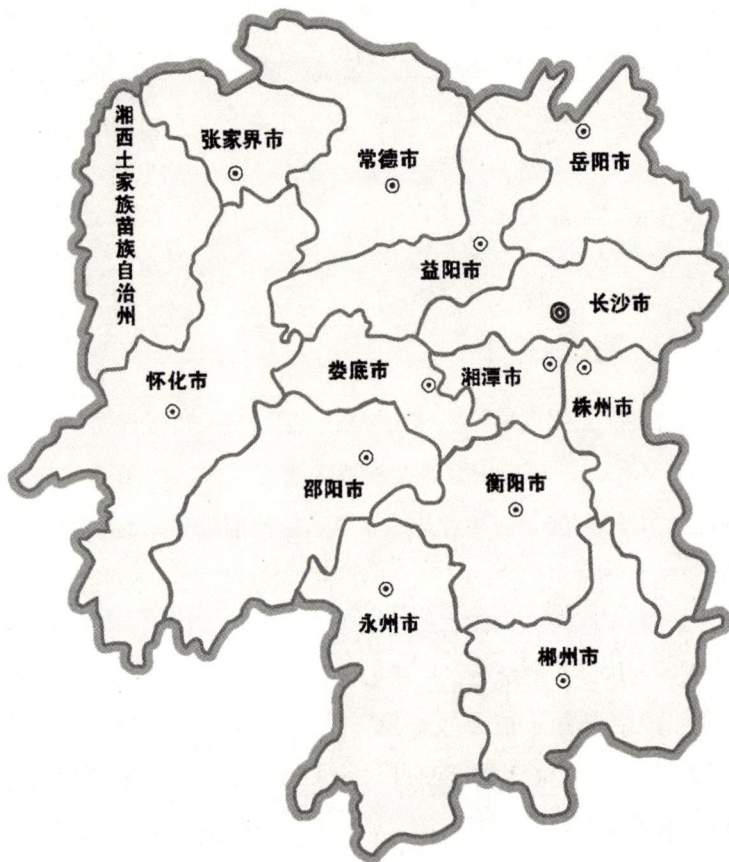

湖南省示意图

由于认识和观念上的局限，再加上受平均主义和均衡发展等因素影响，从1986年底开始，湖南省高层对长株潭经济一体化不再过问。

在此后长达十几年时间里，长株潭经济一体化大多停留在坐而论道的层面上，尽管有计划、国土等部门做过相关规划方案，却被束之高阁，实际行动寥寥。

随着时间的推移，湖南与沿海先进地区的差距逐步拉大，不服输的湖南人终于坐不住了。

1996年，中共湖南省第七次党代会上，发展长株潭一体化的呼声又一次高涨起来，在当时三市负责人的推动下，长株潭一体化专题会议于1997年召开，省市主要领导悉数参加。在这次湖南省最高规格的会议上，终于在"把长株潭城市群建成湖南经济发展的增长极"这一重大战略抉择上达成了共识。

1998 年，湖南省委、省政府确定了长株潭一体化的总体思路："总体规划引领、产业发展主导、基础设施支撑。"按照交通同环、电力同网、金融同城、信息同享、环境同治的"五同"要求，长株潭一体化进入实质性的启动与实施阶段。

2000 年，世界银行确定长株潭城市群为中国首批开展 CDS 项目的两个城市（群）之一。这是国际专家第一次对该区域定位进行研究，是一次国际经验和模式的大规模投入。2004 年，CDS 项目发布研究成果，围绕改进城市规划和基础设施投融资两大主题和改善弱势群体生活水平等方面，为长株潭城市群提出了许多建设性意见。

2006 年 3 月，中央在"十一五"规划中对城市群发展提出了更高的要求。外界认为中央传递出来的信号是：中央确定了城市群的空间战略方向，21 世纪将迎来中国城市群大发展时期。此时的长株潭三市经济也开始显现出强劲的发展势头。

"起了个大早，赶了个晚集。"长株潭经济区构想从提出到实施，历经 26 个春秋。时过境迁之后，部分长株潭一体化的倡导者还有些"耿耿于怀"。

从 "3 + 2" 到 "3 + 5"，"泛长株潭" 升级新概念

光有增长潜力显然是不够的，如果要避免长株潭被边缘化和被人们忽略，长株潭就必须谋变，必须发展大城市群。而城市群经济一体化，则意味着区域城市圈间分工、交流、合作、竞争等关系会日益强化。

放眼中部区域，打造城市群的声音此起彼伏：湖北的"武汉 1 + 8 都市圈"、河南的"中原城市群"、安徽的"沿江产业带"和"马芜铜城市群"、江西的"昌九工业走廊"和"环鄱阳湖经济区"，各地的经济一体化战略风起云涌。

正是在这种大背景下，长株潭开始以大气魄谋变。长株潭区域发展规划的核心功能定位是：通过长株潭地区产业的集群化，推动本区域经济一体化，支持湖南省发挥后发优势，实施反梯度战略，统筹区域发展，提高湖南省在国内省份中

的核心竞争力和区域整体实力。长沙向南拓展、株洲向西推进、湘潭向东延伸。"走路"的方向虽然迥异，但是战略目标只有一个——加速实现三市一体化。

在推进长株潭经济一体化进程中，长沙市借鉴国际经验，提出以长沙为核心，以株洲、湘潭、岳阳、常德、益阳为区域市场的"一小时经济圈"构想，希望形成长株潭城市群的特色。这一格局在"总体规划引导、基础设施跟进"的方针指导下，正逐渐凸显出来。与此同时，株洲市重点扶持了一批处于长株潭中间地带的小城镇，湘潭市提出"城市中心区逐步移到河东"，这些都是长株潭一体化加速的具体表现。

某些研究人士认为，在长株潭城市群建设提速的背后，显露出长株潭想把自己作为珠三角、长三角、武汉城市群三大经济圈中间的一个新生经济联合体的意图。

在推进长株潭一体化的过程中，益阳、岳阳两市也被纳入整合的视野，由此湖南提出了"3+2"战略，"3"是指长沙、株洲、湘潭，"2"是指益阳、岳阳。

随着长株潭的快速发展，"3+2"似乎不足以将优势最大化，湖南的决策者开始考虑得更深远，他们认为，长株潭应该做更大的文章。于是，"3+5"的概念又浮出水面。

2006年5月，履新不久的湖南省委书记张春贤给省发改委布置了一项新的研究课题：启动以长株潭为中心的"3+5"城市群建设研究，即以长株潭为中心，1个半小时通勤为半径，包括岳阳、常德、益阳、娄底、衡阳在内的城市群建设。有专家认为，"3+5"城市群的兴建，能提高湖南省竞争力，带动湖南省发展，并与长三角、珠三角、京津冀形成呼应开发的态势。

事实上，"5"的城市各自有定位：常德定位是湘西北工业城市、物流中心，主动承接长沙辐射；岳阳是中南地区最大的石化工业基地和新闻纸生产基地，是正在快速成长的电力能源基地和正在形成完整体系的先进制造业基地；娄底作为重化工业基地和能源原材料基地，资源优势明显，产业地位独特，定位为"3+5"城市群的发动机；衡阳有雄厚的工业基础，制造业比较发达，定位为"3+5"城市群的加工基地；益阳的生态、人文和旅游资源丰富，定位是长株潭后花园。

笔者曾采访湖南省岳阳市原市长罗碧升，他也提出了自己的见解，"3+2"

是"3+5"城市群建设的必经阶段，加快"3+5"城市群建设，擦亮了湖南经济版图。

潜力冠三省，晋升"新特区"

2010年到来之际，有一件事情对山东省会济南市的领导班子产生了很大震动——2009年，长沙的GDP达到3 370亿元，增长14.7%，而济南的GDP为3 351亿元，增长12.2%。不管是从总量还是增长幅度，作为多年全国经济三强省份之一的山东省，其省会济南却被长沙一举赶超。最先报道这一消息的是新华社《瞭望》杂志，由于《瞭望》是国内影响力很大的一份新闻周刊，这一报道引起了众多的关注。

在此之前，在很多人看来，湖南及长株潭的整体经济实力在整个中部地区似乎并不显眼。但早在几年前，国家发改委就认定长株潭是湘鄂赣三省最具发展爆发力的城市群。

"十一五"期间，长株潭GDP年均增长高于全省3个百分点，到2010年，经济总量占全省的42%，第二产业增加值占GDP的50%，人均GDP达4万元；城镇化率达57%以上，城市核心区人口达到500万人以上，真正发挥了核心增长极的作用。

数字是最好的证明，长株潭城市一体化效应开始充分显现。

此时的长株潭面临重大历史机遇。湖南有关官员指出，长株潭三市要抓这个重大历史机遇，超前谋划、超前部署，进一步提升长株潭经济一体化发展的战略，推进长株潭城市群实现新一轮经济转型。

2007年12月，长株潭城市群和武汉城市圈经国务院批准，成为"全国资源节约型和环境友好型社会建设综合配套改革试验区"。这是继上海浦东新区、天津滨海新区和成都、重庆成为全国综合配套改革试验区后，国务院批准的又一全国综合配套改革试验区。

在此以前，当申请成为国家综合配套改革试验区的声音不断从各地传出之际，已在城市群、区域一体化、重点经济区发展等方面进行了多年探索和实践的长株潭此时却波澜不惊：既无政府的主要领导出来表态，媒体的相关报道也非常少。

然而风平浪静的背后却是：湖南省在低调行事，暗暗发力，以期最后出奇制胜。

2006年6月，湖南省向国家发改委递交了申请设立长株潭新区的申请报告。当时，国家发改委非常重视，随即派人到湖南进行了深入的考察，考察人员经研究分析，给予了此次提交的新的"长株潭新区开发建设"方案很高的评价。

据湖南有关方面透露，申请"新特区"的事，由时任省委书记张春贤、省长周强亲自操作，利用赴京参加"两会"的机会，他们亲力亲为，带队拜会中央各部委高层，并请国家发改委指导湖南抓紧完成试点方案和行动计划。

天道酬勤，26年一体化实践，果然，长株潭一鸣惊人。

2009年1月，《长株潭城市群区域规划2008—2020》正式获准实施，这意味着在长株潭三市展开的改革试验，进入实施阶段。

根据总体方案设计，长株潭城市群要建设成全国"两型"社会建设的示范区，中部崛起的重要增长极，全省新型工业化、新型城市化和新农村建设的引领区，具有国际品质的现代化生态型城市群。

2011年，随着湖南"十二五"规划的出台，长株潭的"两型"试验区也进入第二阶段，人们又注意到一个新的提法——"环长株潭城市群"。众所周知，之前长株潭"3＋5"城市群被称为"泛长株潭城市群"。

将"泛"改为"环"，这一字之差令人不禁想问，难道针对"十二五"时期的长株潭一体化，湖南人又想出了什么更新的招数？

▰ 评点 ▰

从"3＋2"到"3＋5"，再到"泛长株潭"，最后又演变为"环长株潭"，长株潭的概念一直在变化。

在笔者看来，名头是否响亮并不重要，只有一如既往地按照规划制定的战略，稳健务实地向前推进，规划的目标才能实现，中央批准长株潭"两型社会"的示范目的才能达到。

另外，还有一个最重要也是最令人头疼的问题不能不提——湘江的污染。湘江被誉为湖南人的母亲河，湘江流域是湖南最重要的经济带之一，两岸分布着有色金属、冶金、化工、食品等多个行业。这些企业数量多、分布散,虽为沿线地区经济发展作出了贡献,但这些企业污染物排放也很严重。

这个问题如果得不到解决,长株潭的优势将会被湘江的污染抵消。

"1+6","关中—天水"融合之难

· 东北振兴后,下一个开发重点在哪里?新的增长极什么时候启动?要解决什么问题?从哪里着手?西安有哪些优势?

· "雷声大、雨点小",来自政策层面的动静并不是很大。关中城市群的构建为何这样缓慢?

· 大关中城市群的结构酷似太空的恒星、行星及其卫星,彼此互相吸引,各有各的功能,共同组成一个星系。

· 由于行政区划隶属于不同的省份,甘肃和陕西始终是"各吹各的调、各打各的锣",如何突破行政障碍至今仍是合作的最大难题。

在区域竞争如火如荼展开之时,位于西部的陕西省、西安市并没有置若罔闻、隔岸观火,而是积极谋篇布局,开始着手写一篇关于"大关中"区域城市融合的大文章。

在国家西部大开发战略实施后不久,陕西省政府就在"大关中"布局了"一线两带"。专家认为,对于地处内陆的陕西来说,这一布局的战略意义,相当于沿海开放时的经济特区、沿江开放时的浦东新区。

2007年,"大关中城市群"概念被提出,开始引起舆论和媒体的关注。

2009年1月,国家发改委在北京召开了由浙江大学中国西部发展研究院承担的国家重大战略需求项目——《关中—天水经济区发展规划》的专家论证会。关中经济带又一次吸引了人们的眼球。

形势逼人，"关中城市群"格局形成

"大关中城市群"的区域经济概念并非一时头脑发热的产物。

早在2005年5月，《财富》全球论坛在北京召开，时任陕西省省长的陈德铭在此次论坛上高调提出，陕西要打造"关中城市群"。此后，"关中城市群"这一概念开始频繁出现在媒体与公众的视野。

然而之后的实质进展似乎有些雷声大、雨点小，时隔一年，来自政策层面的动静并不是很大，实质性的操作没有被提上议事日程，"关中城市群"的构建行动略显缓慢。

陕西省社会科学院在《2007年陕西省经济社会蓝皮书》中又正式提出了"大关中城市群"的概念，提出要构建以大西安为中心的大关中城市群，率先发展以大西安为中心的大关中经济区。此蓝皮书还提出，以西安为中心的大关中城市群本体由10个城市组成，其体系框架分四个层次：第一层次为核心层，即大西安中心城区，在古城北部建设大西安现代城市新中心；第二层次为基本层，即大西安四大副中心临潼、长安、咸阳、三原；第三层次为紧密层，即大西安都市圈三大外围中心城市杨凌、铜川、渭南；第四层次为开放层，即大关中城市群六大周边中心城市宝鸡、彬县、黄陵、韩城、华阴、商洛。

"要使大西北在西部大开发中实现跨越式发展，必须大手笔构建大西安为中心的大关中城市群，让大西安为中心的大关中经济区率先发展起来。"在陕西省社科院发布的蓝皮书中，类似表述被多次重复。

这一重复并不是没有道理的，一个不争的事实是，在当时中国区域经济的九大城市群格局中，关中城市群的整体竞争力排名最后。

陕西省著名经济学家张宝通在2007年第12期《新西部》杂志上发表了《构建大西安为中心的大关中城市群》一文，他分析道：从地域概念上讲，陕西无疑是西部大开发的第一阶梯，以西安为中心的关中地区，则更是西部大开发的桥头堡。因此，它理应成为继广州为中心、深圳为窗口的珠江三角洲，上海为龙头的长江三角洲之后的又一经济热点，成为实施西部大开发战略的突破口。

但是，要实现这个目标却是困难重重。关键的原因是没有密集的城市群做支

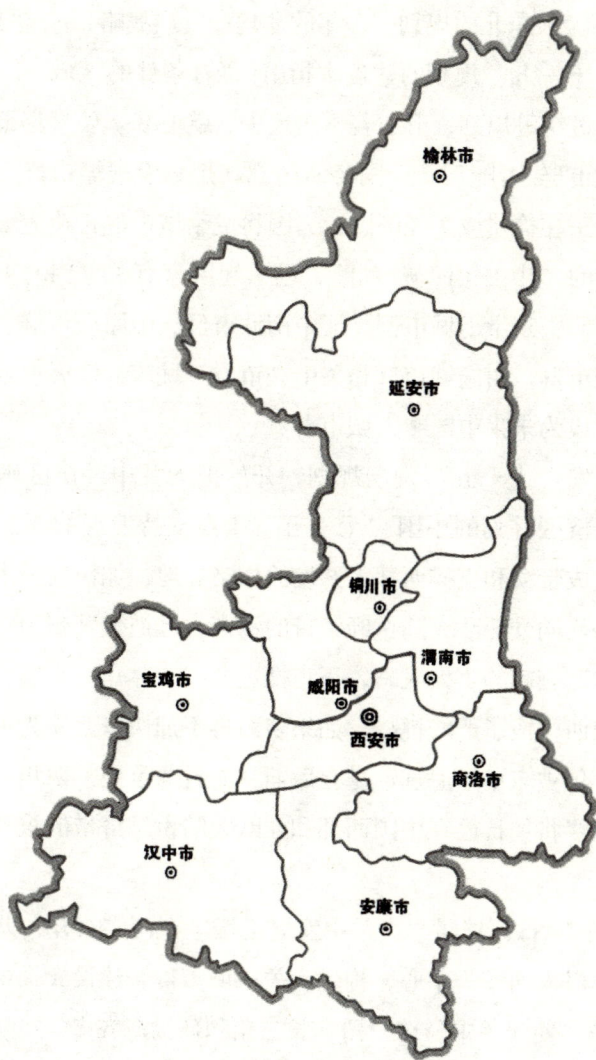

陕西省示意图

撑，更没有像广州为中心的珠三角城市群、上海为龙头的长三角城市群那样，形成以西安为中心的大关中城市群。

改革开放30多年，中国内地将非均衡发展战略推向了极致，20世纪80年代初期集中全国的资源重点发展珠江三角洲，80年代末期倾力打造长江三角洲，90年代中期重点建设京津唐及渤海三角地带，90年代末期实施西部大开发，

2003 年又提出了振兴东北的规划。多年的非均衡发展战略，成绩斐然。

中央早在"十一五"规划的建议中指出："有条件的区域，以特大城市和大城市为龙头，通过统筹规划，形成若干用地少、就业多、要素集聚能力强、人口分布合理的新城市群。"随后，全国各省区都在规划发展城市群。与陕西同处西部的重庆、四川正在构建成渝经济区，力图将成渝城市群打造成继珠三角、长三角、环渤海之后的"中国第四城市群"，已引起国家有关部门的重视。新的城市群也在不断涌现，山东半岛城市群、辽中南城市群、中原城市群、长江中游城市群、海峡西岸城市群、川渝城市群和关中城市群等城市群发展规划一个接一个出炉，这些都有望成为未来中国十大城市群。

国家西部开发"十一五"发展规划，开始把大关中经济区确定为与成渝经济区、北部湾经济区并列的中国"十一五"重点支持发展的西部地区三大经济区之一，将其建成带动和支撑西部大开发的战略高地，加快大关中经济区发展已势在必行。与陕西同处亚欧大陆桥经济带的河南，已把大郑州为中心的中原城市群建设作为在中部崛起的重大战略，正在推进郑汴一体化。重庆、四川与河南的上述行动，对陕西构成了严峻挑战。如果陕西再不加快以西安为中心的大关中城市群建设，将不仅被东南沿海远远抛在后面，而且与重庆、四川、河南的差距也会逐渐拉大，最终将使自己在中国西部和亚欧大陆桥经济带的重要地位和作用丧失殆尽。

2007 年 7 月 21 日，首届"大关中发展论坛"在西安召开，大关中区域的 16 个城市联合提出以大西安为中心，构建大关中城市群、建设大关中经济区的宏伟构想，其目标是"使大关中与珠三角、长三角和环渤海齐名"。

在此次论坛上，结盟城市代表一致通过了关于"大关中论坛"的倡议书，共同倡议：积极构建大关中城市群。加快西咸一体化步伐，建设大西安，将关中经济区向东西南北扩展，把关中周边城市纳入大关中城市群，使大西安为中心的大关中城市群真正成为大西北的龙头，并进一步成为亚欧大陆桥经济带的心脏。同时，尽快搭建大关中合作平台。建议陕西省政府商同国家发改委和国务院西部办，在西安成立大关中合作组织，定期召开政府间联席会议，规划大关中交通网络和基础设施建设，推动大关中产业整合和企业合作，使大关中经济区在西部率先发展。

　　14 位专家学者就发展壮大大关中经济进行了精彩发言，并提出，构建大关中城市群就必须发展大西安的卫星城市，构筑大西安都市圈。大关中经济区各城市在经济发展和城市建设当中，必须跳出一城一域的概念，从大关中发展的层面来谋划整个区域的发展方向和发展模式。时任西安市副市长的杨广信建议，国家应该将大关中经济区确定为重点开发区，给予相应的政策倾斜，为大关中经济区的长远发展营造宽松的环境。

　　这个倡议充分显示了大关中城市群奋起直追、迎头赶上的一种姿态。

　　大关中崛起在望，西安责无旁贷。历史赋予了西安这座古城崭新的机遇与使命。

大西安长袖领舞

　　西安是周、秦、汉、唐的建都地，唐皇城是中国七大古都中唯一保存完整的一座皇城，西安是中国古都的代表。但是，西安的综合实力不够强，要作为大西北的龙头和亚欧大陆桥经济带的心脏，还显得有些力不从心。所以，构筑大关中城市群体系，首先要做大做强的就是"新西安"。

　　西安在西部的战略地位十分重要，地处西部两条最重要的交通干线亚欧大陆桥（陇海兰新线）和西部大开发第一阶梯（包北线）的交会点上。

　　张宝通曾论述西安的优劣势，他认为西安眼下城市规模不够大，经济实力不够强，因而影响了作用的发挥。和西部的重庆、成都比，西安实际上是个小兄弟，因为重庆是合并了原万县市、涪陵市和黔江地区的直辖市，成都是合并了原温江地区的"大成都"。一个"大"字，使重庆、成都树立起了一个强势形象，形成了一种良性循环，使西安作为西部大开发桥头堡的中心城市地位受到极大挑战。

　　和亚欧大陆桥上的郑州比，西安城市的首位度还不够高，其作为亚欧大陆桥经济带心脏的地位还不够强。由于西安的城市规模和经济实力远低于重庆和成都，甚至不如郑州，影响了外国领事馆、外资银行和跨国公司西部总部向西安集中，不利于关中区位优势的发挥和经济的率先发展。

　　2003 年党中央提出了振兴东北，构建中国经济第四增长极的发展战略，以中央政府的决心和东北地区良好的发展条件，东北腾飞指日可待。这时，大家都在思考，东北振兴后，下一个开发重点在哪里？新的增长极什么时候启动？要解决什么问题？从哪里着手？西安有哪些优势？

这些问题引起了以西安为首的大关中城市群决策者的共同思考——实现持续与协调发展，必须要有龙头领舞。这个龙头应该是哪个城市？

西安有1 100多年的建都史和3 100多年的建城史，是中国历史上建都朝代最多、历时最久的城市，是与雅典、罗马、开罗齐名的世界著名历史古都，曾经是中国政治、经济文化中心和最早对外开放的城市。这里文化遗产丰富，文物古迹众多，旅游资源得天独厚，堪称中国古代社会的天然历史博物馆，是世界历史文化名城和国际著名的旅游热点城市。

西安作为闻名遐迩的丝绸之路起点城市，地处中国东西结合部，承东启西，居于新亚欧大陆桥的中点，是黄河中上游乃至中国西部的科教中心、制造中心、旅游中心、商贸中心、物流中心及金融中心，是新丝路沿线中国段最大的中心城市，在中国统筹东西部发展战略和向中亚、西亚及欧洲的开放中，具有特殊的重要地位。随着国内外产业转移的不断拓展，西安在承接东部制造业转移、国际服务业外包及中亚能源产业东进方面的优势十分明显。西安不仅是中西亚国家进入中国东部发达市场的东大门，而且是中国东部向西开放，开拓西部乃至中亚市场的西大门。

西安是中国中西部地区的商贸中心和资源要素集散地。西安"一日交通圈"可以辐射周边10余个省会城市，人口达6亿。

西安是中国科学研究、高等教育、国防科技和高新技术产业基地，综合科技实力居全国第三。西安背靠陕北国家级能源续接基地，煤、气、石油供应充足。全市有各类高校近百所，每年仅硕士、博士毕业生就多达1万多人，高于北京、上海，为全国第一，人才资源十分丰富。

西安拥有门类齐全的产业链，已形成了以机械设备、交通运输、电子信息、航空航天、生物医药、食品饮料、石油化工为主的门类齐全的工业体系。目前在西安落户的跨国公司500强已达到近百家。

联合国工业发展组织曾将西安高新区推荐为中国最具活力的6个城市和城市区之一，温家宝总理也曾提出，希望西安高新区成为世界一流的科技园。

经过优势的分析,陕西的决策者认为:当今世界,区域间的竞争在很大程度上演变为中心城市实力的竞争,中心城市不仅成为汇集、吸纳生产要素的核心区域,而且其辐射力远远超出国界,所以大关中要打造以大西安为中心的"中国经济增长第五极"。

概念刷新与升级:从"大关中"到"关中—天水"

要发挥大西安的中心城市作用,还必须发展大西安的卫星城市,构筑以大西安为中心的都市圈。

为了真正构建大西安都市圈,使大西安与各个卫星城市之间协调发展,张宝通曾建议:陕西应当注意发展三条经济轴,向东发展西安—临潼—渭南经济轴,向西发展西安—咸阳—杨凌经济轴,向北发展西安—三原—铜川经济轴。

按照设想,以大西安为中心的大关中城市群应该呈现这样一幅图景:这个城市群分布着以装备制造、电子信息、医药生物、食品加工、航空航天、新材料等为特色的重要工业经济板块;这个城市群将是一个近千万人口的特大组团状城市,城市之间交通网络密布,生产要素自由流动,产业各具特色,区域综合竞争力明显提升。

陕西省政府一位负责人曾向媒体阐释,大关中城市群的结构酷似太空的恒星、行星及其卫星,彼此互相吸引,各有各的功能,共同组成一个星系。

之后,"大关中"城市群的希望与梦想一次次地被刷新和升级。

2008年2月25日,国务院西部开发办公室综合规划组透露出消息,继成渝经济区、北部湾经济区之后,西部地区正在谋划第三个经济区:关中—天水经济开发区。关中—天水经济区包括陕西省的西安、咸阳、渭南、铜川、宝鸡、杨凌五市一区和甘肃省天水市。这就意味着"大关中城市群"被放大而升格成为关中—天水经济区。

关中—天水经济区是我国西部智力资源最密集、工业基础较好的地区之一。时下,仅关中就有4个国家级开发区,集中了16个省级以上星火技术密集区,因此,国家适时提出的关中—天水经济区将有利于区域经济协调发展战略的实现。而一旦天水与关中地区跻身国家级经济区,理所当然会得到国家政策资金方面的支持。

据《关中—天水经济区规划大纲》描绘，关中与天水，一个号称"八百里秦川"，一个号称"陇上小江南"，一边属于陕西，一个在甘肃，但它们都同处于古代丝绸之路上。因为一个新的宏伟构想，两个区域六城一区将缔结纽带，携手发展，中国西部又一个重要的增长极呼之欲出。

关中—天水经济区所涉及市区的领导和专家，他们都对关中—天水经济区的设立抱有很高的期望，都在积极谋划，试图抓住这一新的历史机遇，实现更大的发展。

2009 年 1 月 15 日，国家发改委在北京召开了由浙江大学中国西部发展研究院承担的国家重大战略需求项目——《关中—天水经济区发展规划》的专家论证会。会议论证并通过了《关中—天水经济区发展规划》。天水经济区是《国家西部大开发"十一五"规划》中提出的三个重点发展经济区之一，另外两个是成渝经济区和北部湾经济区。该规划一旦获得国务院通过，该地区将有望成为西北地区的"经济发动机"。

不少专家认为，大关中城市群和关中—天水经济区的发展，有望在中国西部地区打破城乡二元经济结构，实现区域经济一体化，达到社会公平和经济社会协调发展的目标。甘肃天水和陕西关中地区正以前所未有的紧密度结合在一起。

2009 年 6 月，国务院批准了由国家发展改革委制定的《关中—天水经济区发展规划》，时任陕西省省长的袁纯清对外界宣称：这是促进区域协调发展、打造西部大开发战略高地的重大举措，对于发挥该地区的优势和引领作用，推动西北地区经济振兴，深入持续推进西部大开发，具有重大现实作用和深远的历史意义。

2010 年，陕西省政府决定将西安和咸阳两市的接合部设立为西咸新区，并将其作为关中—天水经济区的重点区域优先发展。

2011 年 7 月，正是《关中—天水经济区发展规划》颁布实施两年之际，人们发现，该经济区已焕发出前所未有的生机和活力，提前两年完成规划提出的目标。

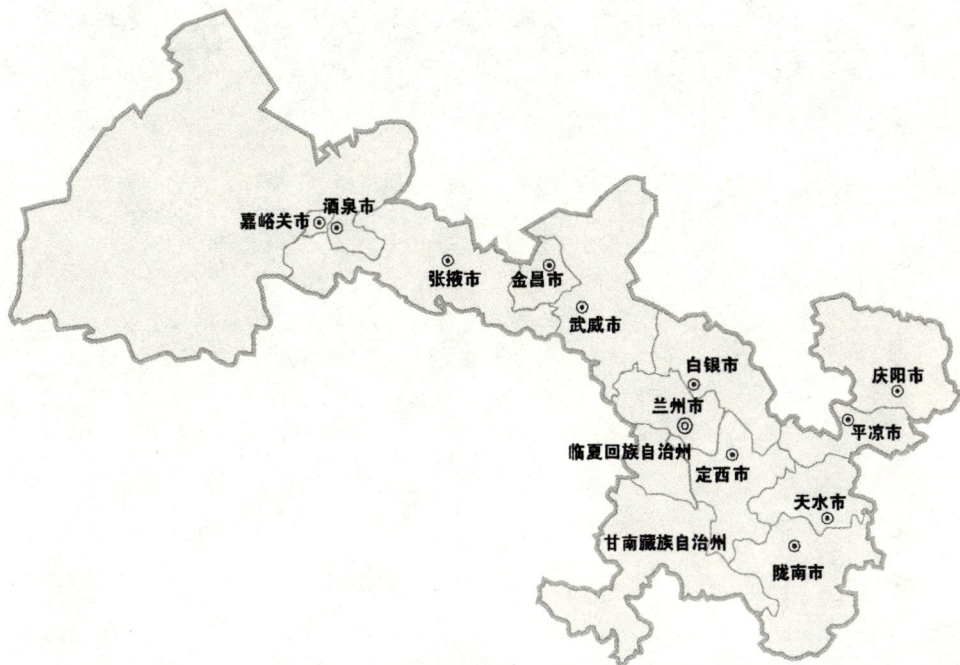

甘肃省示意图

◾ 评点 ◾

时至 2011 年，作为最先出现的跨省域合作的一个经济区，关中—天水经济区获国务院批准已经两年过去了。由于行政区划隶属于不同的省份，陕西和甘肃始终是"各吹各的调、各打各的锣"，陕西在着力将西安打造为国际大都市，而甘肃则主打"天水牌"，分工大于合作。如何互动、如何协作、如何共赢，还没有找到最佳契合点，怎样突破行政障碍成为合作的最大难题。

第八章

连横之策——谁是中国"第四极"？

天下难事，必作于易；天下大事，必作于细。

——老子

2011 年 3 月，国家"十二五"规划纲要出台，确立了今后重点发展的 8 个大城市群：哈长（黑龙江哈大齐和吉林的长吉）、闽东南、江淮、中原、长江中游（长株潭、武汉城市圈、昌九）、关中平原、成渝和北部湾。此外，明确了环渤海（京津冀、辽中南和胶东半岛）、长三角、珠三角 3 个特大城市群为我国经济增长的三极。

由此不难看出，在"十二五"期间，中央非常希望培育一个新的城市群成为经济增长的"第四极"。

回眸历史，20 世纪 90 年代以后，中国经济版图及区域城市竞争格局发生巨大变化，出现了三个超大规模的城市群，这就是以广州、深圳为中心的珠江三角洲，以上海为龙头的长江三角洲，以京津为核心的环渤海经济带。三大都市圈当时创造了整个国民生产总值的 40%，它吸纳了全国绝大部分新增劳动力。

东南沿海城市群的崛起是有其必然性的。发达国家经济发展的历史表明，在经济起飞阶段，伴随着工业化的是城市化。

毋庸置疑，长三角、珠三角和京津唐地区这三大城市群落以建立超级城市群的方式大大提升了区域竞争力。

2009 年，新中国成立 60 周年，改革开放已经超过 30 年。新华社在总结过去时分析，中国铸就了长三角、珠三角、京津冀这三大经济发展引擎，三大经济圈领跑全国经济。来自国家发展和改革委员会的数据显示，经过 60 年的发展，三大经济圈的 GDP 占了全国总量的约 40%，实际利用外资额占全国的 85% 以上，进出口额占全国的 75% 以上。

不过，时至 2011 年 2 月，有位名为陈永胜的学者在网上发表了《未来中国发展战略思考》一文，提出：应取消"长三角"、"珠三角"两大经济区域的概念，这两大经济区域已经完成了中国市场经济从无到有的发展使命，在新的形势下不利于中国经济由大向强发展。这位学者对未来中国发展战略提出思考："将中国重新划分为三大经济区域，东部经济区域、中部经济区域和西部经济区域，三大经济体发展形成梯度。"

当然，这仅仅只是一家之言。

大融合，长三角艰难跋涉

· 由于区域内生产要素不能自由流动而形成"国门早已打开，城门反而紧闭"的状况，也"保护"了很多落后甚至假冒伪劣的产品，导致效率低下。

· 离开各自的利益选择而空谈区域合作，无异于纸上谈兵。

· 是以整个大局为重，还是以行政范围阻隔的"小圈圈"利益为重，是个很现实的问题。

随着21世纪的到来，中国也进入区域经济大融合的时代。尽管长三角大融合之路历经曲折，然而人们有理由相信，长三角一定能与世界各大城市群一起各领风骚。

2003年8月，由南京市主办的"长江三角洲城市经济协调会市长峰会"在南京召开，沪、宁、杭、甬等15个城市的市长以及长江三角洲地区100名知名民营企业负责人同时汇聚金陵，探讨连手打造世界第六大都市圈。

这是一次长三角协调发展的重要会议。

本次峰会围绕如何抓住世博会的机遇，对长江三角洲产业结构趋同、经济发展不平衡、工业污染治理和生态环境恶化等问题进行了讨论。

上海市作为中国沿海和沿江两条经济带的交会点，拥有坚实的区域基础。进一步谋求产业结构、城市功能和区域布局的三位一体，上海市有可能、有必要、有条件发展成为经济中心城市。

2008年1月，上海《解放日报》刊载的《大融合让长三角如虎添翼》一文分析，长三角长期不能真正融为一体，表象是行政区划的分割，本质则是城市之间利益机制的不协调、不和谐，或者说虽有协调尚未到位。行政区域的割裂、协调机制不到位最大的副作用就是导致长三角出现了严重的产业重构现象。长三角15 个城市，就有 11 个城市选择汽配业作为支柱产业，12 个选择石化业，只有 8 个选择现代通信业。产业结构均质化、趋同化导致竞争加剧。基础设施方面，由于港口等重大项目的重复建设导致"能力放空"的现象时有发生。由于区域内生产要素不能自由流动而形成"国门早已打开，城门反而紧闭"的状况，也"保护"了很多落后甚至假冒伪劣的产品，导致效率低下。另外，迅速发展的长三角，由于资源和环境的约束，以制造业为支撑的经济结构危机凸显。

在这种情况下，离开各自的利益选择而空谈区域合作，无异于纸上谈兵，不仅无助于推动融合，而且有害于区域经济的健康发展。为此，一方面要破除地方保护主义，不允许某个城市囿于局部的、眼前的利益而延误长三角擢升为国际级经济中心的时间表；另一方面，又要通过统计、金融、财税等具体制度的改革与突破，积极推动区域统筹管理，兼顾各方利益，谋求种种棘手的区域问题的协商解决，为最终实现大融合铺平道路。

因此，长三角各个城市如何建立统一规划、协同动作、建立大流通和统一市场的大融合机制，已成为发展区域经济、面向国际市场的第一要务。

事实上，中央政府一直在强调关于跨区域的经济整合。20 世纪 90 年代初，中央决定开发开放浦东。1992 年，党的十四大报告正式提出：以上海浦东开发开放为龙头，进一步开放长江沿岸城市，尽快把上海建成国际经济、金融、贸易中心之一，带动长江三角洲和整个长江流域地区的新飞跃。

得益于浦东开放开发的磁场效应和辐射效应，长三角地区迅速被推向对外开放的前沿，外资、外企以及由此带来的先进技术、管理滚滚而来，苏州、无锡、常州、嘉兴等一批城市快速崛起，经济以每年百分之二三十的增幅快速成长。

1997 年，党的十五大对"促进地区经济合理布局和协调发展"提出了新的目标，要求东部地区要充分利用有利条件，在推进改革开放中实现更高水平的发展，有条件的地方要率先基本实现现代化。长三角乘势而上，到十六大前夕，长三角以占全国 1% 的土地，创造出占全国 17.1% 的 GDP。

2002 年，党的十六大首次提出"促进区域经济协调发展"，要求东部地区加快产业结构升级，发展现代农业，发展高新技术产业和高附加值的加工制造业，要求加强东、中、西部经济交流和合作，实现优势互补和共同发展，形成若干各具特色的经济区和经济带。

此后的 5 年中，以胡锦涛同志为总书记的新一届中央领导集体，进一步把促进区域协调发展上升为坚持科学发展观和构建社会主义和谐社会的重要内容，对长三角、珠三角、京津唐等地区的优化开发和加快发展寄予厚望。

随着长三角区域发展规划的实施，推动长三角发展并带动长江流域和中西部地区发展，上升为国家区域发展战略中的重要一环。

2006 年是"十一五"开局之年，苏浙沪三地不约而同地把"自主创新"作为未来发展的新引擎。苏浙两省启动了"创新型省份"建设，上海市颁布 36 条配套政策，动员全社会力量推动自主创新和科技进步。

2007 年，对于长三角发展史而言，可谓是具有标志性意义的一年。正是在这一年，长三角风云际会，以整合为主题的喜事、大事纷至沓来。

5 月中旬，长三角经济社会发展专题座谈会在上海举行，温家宝总理主持，苏浙沪党政主要领导人、国务院有关部门负责人济济一堂。这是近年来就长三角区域协作和发展的最高规格的座谈会。随后不久，由国家发改委、商务部、交通部等 10 多个部委组成的调研组先后奔赴长三角各城市，就落实座谈会精神、协调区域发展的大政策开展密集调研。

7 月份，俞正声率领上海党政代表团对苏浙两省进行访问、考察与交流，两省一市高层领导在区域发展问题上达成一系列新的共识。9 月下旬，赵洪祝带领浙江省党政代表团赶赴上海、江苏学习考察。

与此同时，长三角 16 个城市各种协调会、研讨会不断召开，长三角区域协作和一体化政策频出，硕果累累——首先是《长三角区域大通关建设协作备忘录》签署，长三角区域"大通关"建设协作机制建立；其次是"十六枢纽、六廊、五圈"区域交通发展框架拟定，长三角地区各城市交通规划加快对接；随之港口、旅游、信息、科技、市场、现代物流、城市交通等都开展了旨在推进长三角一体化的全面合作。

12 月 1 日，长三角发展研讨会在上海召开，刚刚上任不久的沪江浙三地主要领导会聚一堂，长期整而未合的长三角露出新的曙光，此次会议在确立上海为区域核心的前提下，构建了一个三层次的长效协调机制。这是长三角一体化首次被一市两省政府提升到各地发展战略的高度。

"深化、放大、提升、搭台"是新任上海市委书记俞正声对上海的定位；"形成以上海为龙头、长江为轴线、江浙为依托的 T 字体开发空间布局"是江苏省委书记梁保华对长三角的设想；"加强与兄弟省市之间的学习、交流、合作"是浙江省委书记赵洪祝代表浙江的表态。

坚冰被打破，长三角开启了区域一体化发展的新里程，这一切标志着长三角的融合在向纵深发展。

2008 年 9 月，国务院出台的《关于进一步推进长三角洲地区改革开放和经济社会发展的指导意见》，首次从国家层面明确了长三角的发展定位：建设成为亚太地区重要的国际门户，全球重要的先进制造业基地，具有较强国际竞争力的世界级城市群。这为长三角的跨越式发展注入了强大动力。按照国家最新规划，长三角扩大到江苏、浙江全省和上海两省一市，长三角占中国经济总量的比例也由 1/5 提升到接近 1/4。

2010 年 6 月，国务院正式批准实施的《长江三角洲地区区域规划》明确了长江三角地区发展的战略定位：亚太地区重要的国际门户、全球重要的现代服务业和先进制造业中心、具有较强国际竞争力的世界级城市群；到 2015 年，长三角地区率先实现全面建设小康社会的目标；到 2020 年，力争率先基本实现现代化。

2010 年 8 月，上海世博会成功举办。随着长三角一体化进程的加快，上海世博会的举办也成为长三角共同的大事。对上海来说，不仅极大地扩展了世博会的展示舞台，而且长三角地区的整体实力也丰富了世博会的内涵；对长三角地区其他城市来说，不仅借助世博会展示了各自的独特风采，而且世博会也成为当地重要的发展契机。长三角各地纷纷将"接轨世博会"作为推动发展、促进转型的新引擎。

2011 年 6 月，国家《全国主体功能区规划》出炉。这是新中国成立以来第一个全国性国土空间开发规划，根据规划，长江三角洲地区被列为国家层面的优化开发区域。国家优化开发区域是指具备以下条件的城市化地区：综合实力较强，能够体现国家竞争力；经济规模较大，能支撑并带动全国经济发展；城镇体系比较健全，有条件形成具有全球影响力的特大城市群；内在经济联系紧密，区域一体化基础较好；科学技术创新实力较强，能引领并带动全国自主创新和结构升级。

有专家预测，在未来，长三角有望成为世界最大的城市群。

■ **评点**

应该说，长三角的整合在整个国家的区域经济战略中起到示范作用，如果长三角的整合不到位，其他地区的整合也一定是举步维艰。

尽管上海世博会后，长三角"一市加两省"加快了整合的速度，并走在了全国的前列，但是应该看到，区域整合的很多矛盾并没有完全解决。在长三角大城市圈的背后，上海、浙江和江苏都有自己的"小圈圈"——"省际城市圈"。在搞"小圈圈"时，"小圈圈"与"大圈圈"的利益相符还好说，如果利益分配在"大"与"小"之间产生冲突和矛盾，是以整个大局利益为重，还是以行政范围阻隔的"小圈圈"利益为重，是个很现实的问题。如何制定解决机制，巧妙地处理好利益冲突的现实矛盾是至关重要的。

被抛弃的"泛珠三角"

· 盛名之下，其实难副。事实上，被描绘得如此美好的"泛珠三角"，从一诞生就面临尴尬的局面。

· "泛珠三角"究竟向何处去？"9+2"各省区在合作中各自扮演什么角色，发挥怎样的作用，至今谁又能说得清楚呢？

· "泛珠三角"备受冷落，陷入骑虎难下的尴尬局面，似乎已经被人们遗忘了。

2011年8月17日，第7届泛珠三角省会城市市长论坛在四川省会成都举行。这个论坛创办于2004年，每年一届，据说现已成为中国城市间合作规模最大、覆盖范围最广、交流领域最宽的协作机制之一。虽然有这"三最"的名头，但参会人员与媒体记者都心照不宣，此次论坛的主题，与泛珠三角深层次合作已经渐行渐远了。

俗话说"七年之痒"，在国家战略一个接一个出台的今天，较早提出并曾受到广泛呼应的"泛珠三角"协作区已经陷入尴尬的境地。不仅至今迟迟无法纳入国家战略，恐怕今后也难有实质性的推动。

"泛珠三角"区域经济合作，曾经被看做是推动中国区域经济一体化发展的"试验田"。

2003 年，《中国商界》杂志中《三都市经济圈博弈中国》这一深度报道对珠三角模式提出疑问：与日益崛起的长三角相比，珠三角是不是真的要不可避免地走衰了？

国内其他一些媒体也纷纷唱衰珠三角模式。面对舆论压力和长三角逼人的竞争态势，广东也感到，自己的排头兵地位正面临最严峻的挑战。

珠三角历来有两个概念，一个是"小珠三角"，由广州、深圳、佛山、珠海、东莞、中山、惠州 7 个城市组成，也就是通常所说的珠三角。另一个是"大珠三角"，增加了地理上同属一个三角洲的香港特别行政区和澳门特别行政区。至于"泛珠三角"则是后来提出的概念。

2004 年 2 月 16 日《广州日报》在《造就珠三角经济增长"新引擎"》的深度报道中反思：谈"泛珠三角"，离不开香港因素。当时，香港经济发展遭遇瓶颈，被部分国际舆论唱衰，不得不重新审视自身定位。香港认为金融商贸等服务业是香港的主要优势，"融入珠三角"成为当时香港最强烈的呼声。与此同时，经济大省广东也热切呼唤利用香港服务业的优势来提升整个广东制造业的水平，实现两地内涵式发展。此时，不仅与香港只有一河之隔的深圳开始紧锣密鼓地部署深港一体化，连处于珠三角地理中心的广州市，也敏锐地捕捉到了这一信息，首先在总体发展战略中，提出了重心南拓。这一拓不要紧，不仅拓出了深水海港，拓出了滨海型城市，也拓出了与香港之间更近的人流、物流距离。广州近年来崛起的汽车工业、石化工业、电子信息产业、钢铁工业不仅彻底改变了广州传统商业城市的形象，也成为港澳经济的重要支撑。

至此，"大珠三角"的概念正式面世。2003 年 6 月 29 日，《内地与香港关于建立更紧密经贸关系的安排》在香港正式签订。随后的 8 月 6 日，在香港召开的第六次粤港联席会议提出，粤港共同推进"大珠三角"经济合作，双方提出，争取通过 10 年至 20 年时间，把"大珠三角"建设成为世界上最繁荣、最具活力的经济中心之一，以广州为中心的广东要发展成为世界上最重要的制造业基地之一，香港要发展成为世界上最重要的以现代物流业和金融业为主的服务业中心之一，形成新型的"前店后厂"关系。为迎接"大珠三角"战略启动后三地形成的巨大人流、物流、资金流，香港、澳门决定海陆空并举，建设"大珠三角"现代化交通网络。

随后，在"大珠三角"的基础上，时任广东省委书记张德江提出了建构"泛珠三角"经济圈。2003 年 11 月，在当时召开的广东经济发展国际咨询会上，广东省领导和"洋顾问"们碰撞出智慧的火花：尽快共建"泛珠三角"经济区，以有力提升广东和周边兄弟省份的国际竞争力。"泛珠三角"概念正式浮出水面。

由此可见，"泛珠三角"的概念缘起于珠三角，发端于"大珠三角"。

"泛珠三角"范围包括整个珠江流域，福建、江西、广西、海南、湖南、四川、云南、贵州和广东 9 个省、自治区，位于中国广大的华南、西南地区，直接间接、或多或少都跟珠江有关。这一区域地域辽阔，相互联系密切，再加上香港、澳门特别行政区，习惯上称为"9 + 2"。如果从经济地理的角度讲，越南、泰国、新加坡、马来西亚等东南亚国家都在这个区域中。

2003 年 8 月 8 日，福建、江西、广西、海南、湖南、四川、云南、贵州和广东 9 个省、自治区的计委主任聚首广州，初步达成了共识：争取中央有关部门的支持，推进与港澳的交流与合作，探讨建立政府联席会议制度，促进区域内资源有效利用和合理共享，营造互补互利、互相促进、共同发展的区域经济发展"多赢"格局。

"泛珠三角"的框架初步形成后，为搭乘 CEPA 和中国—东盟自由贸易区的"头班车"，广东谋划加强区域次区域之间的相互合作，共同发展"泛珠三角"经济，在这个新的棋局里，广州居于要冲。

令人回味的是，虽然"泛珠三角"经济圈揭开了"9 + 2"更密切合作的帷幕，但让"9 + 2"成员感到这是一个更开放的圈，既合纵又连横，起到桥梁作用，是他们参与合作时立足于自身定位，同时参加"泛珠三角"合作，以求全方位出击的现实考虑。

曾有学者分析，在"泛珠三角"构建区域协调的大市场，关键在于两个方面：其一是树立共赢意识，打破地域界限，协同发展，避免重复建设，资源浪费等问题。其二是要扫清体制障碍，建立规范、统一、透明的市场制度。

当然，"泛珠三角"的基石是"珠三角"。在新的时期，"珠三角"吹响了新一轮改革开放的号角。2009 年 1 月，国家发展和改革委员会公布《珠江三角洲地区改革发展规划纲要》。这个纲要明确提出：珠三角是探索科学发展模式的试验区和深化改革的先行区。到 2012 年，珠三角要率先建成全面小康社会。到 2020 年，珠三角要率先基本实现现代化，形成粤港澳三地分工合作、优势互补、全球最具核心竞争力的大都市圈之一。借此，"泛珠三角"中的其他地区将会受到"珠三角"更为强有力的辐射。

因此，诺贝尔经济奖获得者弗农·史密斯认为，"泛珠三角"经济圈将成为中国乃至全世界最繁荣、最具活力的地区。当时很多媒体也纷纷为"泛珠三角"唱起了赞歌，认为"泛珠三角"将掀开中国发展的崭新一页。

事实果真像媒体和专家们预测的一样乐观吗？第一，被描绘得如此美好的"泛珠三角"，从一诞生就面临尴尬。首先是协作区域范围过大，规划缺位，难以协调。"泛珠三角（9＋2）"的范围涵盖 9 个省、自治区和港澳 2 个特别行政区。如此大的范围，如果没有超常的整合力度，肯定不会有好的效果。有法律专家认为，由于我国至今一直没有制定《区域规划法》，所以长期以来我国的区域规划工作一直缺乏应有的指导、规范和制约，结果导致区域规划工作体制不顺。尤其是像"泛珠三角"这种超大规模的区域战略，更需要对整个区域经济的发展和合作进行总体规划和统筹协调。谁来统筹协调？谁来主导进行科学、合理和可操作性强的战略规划？泛珠三角究竟向何处去？"9＋2"各成员在合作中各自扮演什么角色？发挥怎样的作用？至今谁也说不清楚。再说即便有了合理的规划，这么庞大的一个区域，实施的难度可想而知。

面对一道道"剪不断，理还乱"的难题，"泛珠三角"各地除了选择"退避三舍"还能有什么作为？

第二是国家战略交织叠加，各地难以真正达成共识。在"泛珠三角"范围中，除了广东早就崛起因而积极推动"泛珠三角"发展之外，福建有自己的

"海西区"战略、江西有环鄱阳湖生态经济区，广西有"北部湾"战略，湖南有"长株潭"战略并且是"中部崛起"战略的一部分，海南有"国际旅游岛"战略，贵州、四川、云南除了属于"西部大开发"国家战略外，四川成都还是"新特区"。这些大都是属于国家级的战略。孰轻孰重，各地早就已经很清楚了，谁还有精力顾及"泛珠三角"？

第三是政府层面难有作为，地方法规的限制始终难以突破。"泛珠三角"一提出就有专家担心：泛珠三角区域合作与发展提出了应遵循自愿参与、市场主导、优势互补、开放合作、互利多赢等五大原则，但市场的主导力量来自于企业，如果区域协调限于行政层面，以政府为主导来对区域合作的事项进行过于具体的安排，本身就有可能妨碍区域合作，不利于交换和分工网络的形成。政府要想在其中很好地发挥作用，关键是要创造合适的制度框架，让企业更自由地寻找自己觉得最为必需、也最为合适的资源。事实上，创造什么样的制度框架，一直是"泛珠三角"的短板。各地方政府制定了大量法规和政策来保护本地人员、企业，限制外地的人员、产品和服务流入，也限制本地的资本流出。

"泛珠三角"难有作为的缘由实际上远远不止这些，但这三条恐怕是最重要的原因。

在各地的"十二五"战略规划中，当初炙手可热的"泛珠三角"却鲜有被提及。可见，"泛珠三角"已经基本被无情地抛弃了。

◤ 评点 ◢

多年过去了，"泛珠三角"的融合始终处于不温不火的状态，各省区之间的合作局面始终不能真正形成，"诸侯经济"思维仍然主宰着各方政要。"9＋2"各方对"泛珠"的定位也是"泛泛而谈"，"泛珠三角"区域合作的所有城市，在国际、国内竞争与分工协作中的角色定位也是含混不清的。分工合作机制无法形成，政策层面的东西也无法制订，已签署的合作条款很多都不能落到实处。最重要的是，"9＋2"各方处于不同的制度之下，尤其是港澳地区与其他成员之间体制存在差异，因此区域内的合作存在一些摩擦，尤其是内地与澳门、香港特别行政区属于不同的法律体系，处理起来比较棘手。如果缺乏国家和合作各方认可的区域合作相关的法律基础，"9＋2"的蓝图无疑是个"空想"。

"泛珠三角"究竟向何处去？尽管"9+2"这一概念出世很早，但在2008年以后，国内各大区域规划如雨后春笋般推出并得到国务院批准，而"泛珠三角"则备受冷落，陷入骑虎难下的尴尬局面。

谁是中国"第四极"？

· 东北是最早提出要成为中国经济增长"第四极"的，但是，随着时间的推移，东北在争夺"第四极"中的优势已经不是不可动摇的了。

· "东不承，西不就"、"不南不北"的武汉，当然十分希望和乐意举起"中部崛起"的旗帜。

· 成渝经济区是重庆及大西南城市群志做"中国第四极"的希望与梦想所在，他们断然不会轻易放弃。

如前所述，从20世纪90年代开始，在中国的经济版图上，就已经形成了珠三角、长三角和环渤海三个经济增长极。

近年来，关于中国经济增长"第四极"的归属一直存在争议，谁都不愿放弃对这一名号的争夺，为争取政策、资金支持的明争暗斗早已悄然展开。

争夺发生在以下几个地区之间：一个是以沈阳为核心的大东北，一个是以武汉为核心的大中南，一个是以重庆为核心的大西南，还有一个北部湾。后来国家批准实施《关中—天水经济区发展规划》后，"大关中"也提出要做第四极；随着海峡西岸经济区从区域战略上升到国家战略，关于海西经济区成为第四增长极的说法也屡见于报端。

那么，究竟谁会成为中国经济的第四个增长极呢？

大东北，精心规划整合

2011年是中国实施"振兴东北老工业基地"战略的第9年。这9年，大东北是怎么走过来的？

早在 2002 年党的十六大上，"振兴东北"被首次提出并从此成为治国方略。为了这一国策的出台，国务院总理温家宝曾经三次赴东北考察、论证，并把它和"西部大开发"相提并论。

梦想照进现实，蓝图已经定稿，东北发展的前景让东北人无比憧憬：东北将成为继珠江三角洲、长江三角洲和京津唐地区之后的中国经济第四增长极！

2005 年 11 月 6 日，由财政部、国资委和劳动保障部联合上报的《东北地区厂办大集体改革试点工作指导意见》得到国务院批复，并批准成立由财政部、国资委、劳动保障部、振兴东北办负责人组成的领导小组，负责试点的组织协调工作。在此前的 5 月 17 日，温家宝总理在国务院振兴东北地区老工业基地领导小组第二次会议上作重要讲话时，再一次强调：要解放思想，以创新的观念、创新的思路、创新的精神推进振兴东北地区等老工业基地的各项工作，着力转换体制机制，扩大对外开放，优化经济结构，转变经济增长方式，提高经济整体素质和竞争力，促进经济社会全面协调可持续发展，努力走出振兴老工业基地的新路子。

当然，历史不会忘记，新中国成立以来直至改革开放之前，素有"共和国长子"之称的东北地区是中国最重要的工业基地，也是国内最发达的地区。然而，改革开放之后，尽管东北经济发展也取得了不小成就，为国家作出了巨大贡献，但相比经济发展更快的地区，东北地区的发展速度还是慢了很多。GDP 和工业增加值由改革开放初期的近 15% 和 20% 下降到后来的不到 10%。

东北振兴，任重道远，为了完成这一战略举措，东北人需要创新思维和稳健务实的行动。首先要做的就是以提升区域竞争力引领振兴东北战略。巩固和提升全国最重要的商品粮生产基地、重要林业基地、能源原材料基地、机械工业和医药工业基地的地位与功能，是振兴东北地区的关键基础。随着中国经济向市场化和全球化发展，这些基地和产业均面临着来自国内其他地区及跨国公司日益强烈的竞争。要生存和发展，就必须能够在全球化竞争中建立起竞争优势。

2005 年，随着东北老工业基地振兴战略的深入实施，东北三省纷纷拿出诚意和政策招揽八方来客，拉动区域经济的快速振兴。

2007 年，沈阳城市群、哈大齐工业走廊、哈大经济带、东北市长"4＋3"

峰会……东北城市经济在谋求新的整合,昔日"各人自扫门前雪"的东北城市发展开始谋求走向协商与合作。

先看沈阳城市群:沈阳、鞍山、本溪、抚顺、营口、辽阳、铁岭这7个城市结盟共建"大沈阳",已成为辽宁省振兴老工业基地的一个热门话题。2009年7月,国务院总理温家宝主持召开国务院常务会议,讨论并原则通过《辽宁沿海经济带发展规划》。会议指出,包括大连、丹东、锦州、营口、盘锦、葫芦岛等沿海城市在内的辽宁沿海经济带,地处环渤海地区重要位置和东北亚经济圈关键地带,资源禀赋优良,工业实力较强,交通体系发达。加快辽宁沿海经济带发展,对于振兴东北老工业基地,完善我国沿海经济布局,促进区域协调发展和扩大对外开放,具有重要的战略意义。

随着东北三省之间的区域经济联系日益紧密,黑龙江省提出了要建立"哈大齐工业走廊"。哈尔滨、大庆、齐齐哈尔三座城市在中国工业发展过程中具有重要的地位,以高新技术产业为引领,以黑龙江省传统优势产业为主体,以资源型城市接续产业和替代产业为补充,建设新型工业经济园区——这是"哈大齐工业走廊"的核心内容。

"哈大经济带"则是以哈大高速公路和电气化铁路为主轴线,纵贯了大连、沈阳、长春和哈尔滨四大城市并联结了一批沿线城市。它以汽车、机械装备、石油化工和冶金工业为主体,是全国最大的重化工产业带,也是东北老工业基地的缩影。"哈大经济带"国内生产总值占东北三省国内生产总值70%以上,这里的重要工业品产量在全国占有极其重要的地位。"哈大经济带"是中国现代化建设的一个重要支撑点,其未来发展不仅对东北经济区有着重大影响,对全国的影响也不能低估。

东北市长峰会是近年来颇受关注的市长论坛。东北市长"4+3"峰会的名称变更,标志着该论坛已经扩容,成为东北人团结务实、着力构建"大东北"的一个重要内容。2006年东北市长峰会只有4个城市,即沈阳、哈尔滨、长春、大连。而2007年则采取了"4+3"的模式,即将合作伙伴由东北4个中心城市扩展到周边的重点城市鞍山、吉林、齐齐哈尔。此举标志着东北城市合作走向了务实阶段。

有人乐观地估计,东北城市都进一步认同了打造区域经济共同体的必要性,希望打破行政干预，按照市场经济的发展规律来塑造经济区域。如果东北所有的城市都有这样的共识，东北就有可能出现像"大纽约"那样的城市群落，最后真正成为推动中国经济增长的第四极。

早在1992年，在联合国开发计划署的倡导下，中、俄、朝、韩、蒙共同启动了图们江区域合作开发项目。当时，我国参与图们江区域开发的地区是延边朝鲜族自治州珲春市；1999年，参与开发的地区扩大到延边朝鲜族自治州全境。从整体开发进展来看，虽然取得了明显成效，但是仍然与预期的目标差距较远。

2009年11月，国务院正式批复《中国图们江区域合作开发规划纲要——以长吉图为开发开放先导区》，标志着长吉图开发开放先导区建设已上升为国家战略，成为迄今唯一一个国家批准实施的沿边开发开放区域。《规划纲要》赋予长吉图"东北亚区域重要门户"和"经济技术重要合作平台"的战略定位，是其他规划所没有的。这表明国家对长吉图地区在面向东北亚对外通道和经济技术合作上，给予了更高期待。

这一举措成为东北振兴的又一个重要战略棋子。

2011年5月，东北振兴"十二五"规划出炉。至此，已连续举办6届的东北亚博览会累计为东北老工业基地引进域外资金6200多亿元人民币，成为推进东北老工业基地对外开放和全面振兴以及加快区域经济一体化的重要平台。

振兴东北的举措一个接一个出台，而东北也是最早提出要成为中国经济增长第四极的，但是，随着时间的推移，东北在争夺第四极中的优势已经不是不可动摇的了。

大中南，武汉的底气在哪里？

在武汉人看来，第四极非大武汉莫属。

这一说法持之有故，并非毫无根据的盲目充大。武汉是中国近代工业发祥地之一，清末湖广总督张之洞在武汉创建了湖北枪炮厂、湖北炼铁厂、丝麻四局等一大批民族工业企业，成了武汉地区近代工业化进程的一次重大突破；同时，他积极引进西学，兴革教育，发展民族经济，编练新军，加强市政建设，使武汉一跃成为"驾乎津门，直追沪上"的中国第二大近代工商业中心。

孙中山先生在《建国方略——实业计划》中，也给予武汉很高的期望："武汉者，指武昌、汉阳、汉口三市而言，此点实吾人沟通大洋计划之顶水点，中国本部铁路之中心，而中国最重要之商业中心也……至于铁路既经开发之日，则武汉将更形重要，确为世界最大都市中之一矣。"

现代的武汉也是航运中心、贸易中心、金融中心和文化科教中心，而且工业基础雄厚。

自身优势加上中部融合趋势，还真让武汉人有些心潮澎湃。看好武汉的并不仅是当地人，还有一些权威学者。

被誉为"中国新经济地理学旗手"的北京大学杨开忠教授，一直力挺武汉城市圈，并为武汉城市圈建设成为国家战略进行呼吁：武汉城市圈完全有可能成为具有国际影响力的中国第四大都市区。

中国科学院叶大年院士认为，武汉有条件也有必要建设成仅次于上海和北京的超大城市。

湖北省社科院秦尊文研究员也指出，到2020年中部将是一个迥异于现在的图景和地位，很有可能是以武汉城市圈为核心增长极，以郑州、长沙、合肥、南昌等为经济增长极，共同形成中部经济大板块。

尽管这些说法对武汉都抱着积极而乐观的态度，但也不能忽视客观现实。武汉这个曾经雄踞长江、傲视南北的大都市，改革开放前经济总量排在全国城市第4位，仅次于京津沪；而到了2004年，武汉在中国城市竞争力排行榜上，排到了第24位，在全国百强城市的排名榜上，也早已排在了前10名之后。

这与武汉应有的地位是不相称的，这种不相称带给武汉人的不仅仅是失落，还有一种寻求突破的急迫感。"天上九头鸟，地下湖北佬。"聪明的湖北人总是在睁大眼睛寻找新的战略契机。

中科院院士叶大年说，武汉不仅是湖北的武汉，更是中国的武汉。他把武汉比喻成中国的"腰部"，中华民族的振兴，就犹如一个人要挺直腰杆，没有大武汉的重新崛起，中国的腰杆就挺不直。

早在本世纪初，在武汉及周边城市经济协作联合座谈会上，"武汉城市圈"的概念就被提出。在随后的湖北省党代会上，湖北省委、省政府正式提出，把建设"1+8"武汉城市经济圈作为湖北省的一项重大战略部署。于是，一个以武汉为核心，其周边100公里为半径，聚集了周边黄石、鄂州、孝感等8个城市的"武汉城市圈"横空出世。

武汉城市圈的规划提出了"三步走"的目标。在近期规划中，将重点建设以武汉为核心的"1+8"武汉经济圈；在中期阶段，武汉经济圈将逐步突破省界，向邻省的中等城市推进，如江西的九江市、湖南的岳阳市和河南的信阳市，建设以武汉为核心的中部城市经济圈；在远期阶段，武汉经济圈将向中部其他大中城市拓展，建设长江中游和中部地区最大、最强、最富活力的城市经济圈。

对武汉成为第四极的路径选择，专家们认为，武汉首先要搞好自己的建设，规划好长江产业带，像湖南的长沙，过去与武汉联系比较多，现在却都向广东靠拢了。如果国家加强沿江产业带的规划，加上与湖北的地缘关系，湖南肯定会回来的。

此时，武汉的战略决策眼光已经发生很大变化，武汉人对"大"的企盼已经超越了一般地理意义上的范畴，超越了单纯的"湖北省经济、政治、文化中心"的传统思维。在长三角、珠三角、京津唐三大城市圈崛起之后，武汉一直希望能成为中国的第四极，成为与三大经济圈遥相呼应的中心。

更让武汉人心动的，是一个有力的论证。一位来自太平洋彼岸、名叫麦金利·康韦的未来学家曾在美国《未来学家》杂志发表了题为《未来的超级城市》的文章，预言中国的上海、武汉，在未来20至30年间，将进入全球10大超级城市之列。他判断的依据是：武汉的淡水资源丰富、腹地市场广阔、科教实力雄厚。

他的预见似乎很有道理，中国政府也对武汉寄予了厚望。2007年，武汉城市圈和长株潭终于一起以"建设资源节约型、环境友好型社会"的方案，跻身第4批新特区。这为武汉作为领头羊的城市经济圈成为中国经济增长"第四极"加分不少。

2009年9月23日，国务院正式批准《促进中部地区崛起规划》。此前，国家已经公布了北部湾、关中—天水经济区、江苏沿海经济带经济区、辽宁沿海经济带、西部和东北5个区域规划，中部地区规划是第6个。

机遇影响命运。中部之崛起，承东启西，连南贯北，武汉具有的战略性意义不言而喻。一直以来，中部处于群龙无首的局面，武汉市形似中心，但很长一段时间尚缺乏实质性的向心力。在此种情形下，连自己都长期认为"东不承，西不就"、"不南不北"的武汉，当然十分希望和乐意举起"中部崛起"的旗帜。

而时下，武广高铁早已开通，武汉到广州只需3个小时；京广高铁与沪汉蓉高铁，两条纵横中国的高速铁路，中心正是武汉。武汉在中国率先进入高铁时代。被寄予厚望的武汉这一次承载了太多期待的目光，能否成为中国经济的"第三角"，与长三角、珠三角组成中国经济的"金三角"，从而成长为中国的"第四极"，人们拭目以待。

2011年，正值辛亥革命百年之际，作为辛亥革命的策源地，武汉希望利用这一机遇强化城市营销。作为中部地区的特大中心城市，武汉市正面临难得的发展机遇。这一轮机遇，武汉人真的再也不想错过。

大西南，重庆的自信

2011年3月1日，成渝经济区区域规划获国务院通过。成都人喜不自胜，重庆人也形容规划的获批过程好事多磨。

有媒体评价说，从未来发展来看，成渝经济区将与长三角、珠三角、京津冀三大增长极呈东西犄角鼎立之势——大西南就是"中国第四极"。

其实，早在2007年上半年，以重庆为中心的大西南要成为"中国第四极"的论调就已经出现。

据2007年5月12日《重庆晨报》报道：建设部在成都正式启动第5个城镇群规划——成渝城镇群规划编制，建设部部长汪光焘任组长。成渝城镇群包括四川14个地级市的85个县（市、区），和重庆市23个区、县，并考虑拟将万州纳入其中。成渝地区是西部大开发的核心地带，经济总量约占西部经济总量的1/4和全国的5%，而且是少有的双核心城镇群。

与上述报道相呼应的，是此前不久4月2日由《中国新闻周刊》策划出版的《第四极、第四区》特刊，文章写道："这些年来，在奔腾不息的长江上游是否正'破茧'着中国经济版图的第四极？"

这一话题热度的升温，无疑缘于这一年的全国"两会"期间，中共中央总书记胡锦涛关于重庆直辖十载讲的一句话："努力把重庆加快建设成为西部地区的重要增长极、长江上游的经济中心、城乡统筹发展的直辖市，在西部地区率先实现全面建设小康社会的目标。"

于是，川渝两地人欢呼雀跃，大西南定将贴上"中国经济增长第四极"的标签，从政府到民间，也都在热议川渝两地合作，憧憬着中国"第四极"的辉煌未来。

外界质疑，川渝地区究竟能不能成为新的增长极？有专家认为，这里是西部唯一够格的地区。

川渝地区的优势在于它处于大陆版图中心地带，东部经济发达区和西部资源富集区的结合部，具有承东启西、南北传递、通江达海的区位优势。成为中国第4个直辖市的10年里，重庆主城区以每年25平方公里的速度迅速扩张，人口以每年40~60万的速度向城市化过渡。人均GDP由750美元升为1 500美元，翻了一番；工业销售值从1 000亿元增长到4 200亿元，翻了两番；工业利润由亏损转为赢利155亿元；进出口总额增加了2.4倍！

2007年4月2日，重庆市时任市长王鸿举和四川省时任代省长蒋巨峰代表两省市签署《推进川渝合作共建成渝经济区合作协议》。按照协议，川渝双方将在基础设施建设、市场化体系建设、经济区产业分工合作、城市群和城市连绵带、长江上游生态屏障建设等方面加强合作，力争成为继长三角、珠三角、环渤海湾经济区之后中国经济第四增长极。这也是继2004年双方实施"1+6合作协议"以来，川渝两省市政府进一步加强合作、联手发展的重要举措。

按照协议，双方将以重庆、成都两个特大城市为龙头，以成都、绵阳等14个沿高速公路、快速铁路、黄金水道的市和重庆"1小时经济圈"的23个区县为载体，加强区域分工合作，互动互惠、协同发展，共同将成渝经济区建成国家新的经济增长极。

为此，双方确定了五个方面的合作重点：一是共同加快经济区基础设施建设，二是共同构建区域一体化市场体系，三是共同引导经济区产业分工协作，四是共同构建城市群和城市连绵带，五是共同建设长江上游生态屏障。

2007年6月7日，国家发展和改革委员会下发《国家发展改革委关于批准重庆市和成都市设立全国统筹城乡综合配套改革试验区的通知》，重庆市和四川省成都市为"国家统筹城乡综合配套改革试验区"。

中国第 3 个综合配套改革试验区金字招牌花落重庆和成都，似乎也增加了川渝人做"中国第四极"领头羊的自信。

在 2009 年的全国"两会"上，重庆又发起倡议：川、陕、渝的重庆城市圈、成都城市圈和关中城市圈要抱团。重庆市时任常务副市长黄奇帆更是提出打造"西三角经济圈"的概念，其核心内容是，重庆经济圈、成都经济圈、以西安为中心的关中城市群联合，大西南与大西北联手，共同打造中国第四个增长极。

重庆市委书记薄熙来在此前的一个会议上也专门介绍：2007 年，这三大城市圈 47 个城市的 GDP 占整个西部的 33%，占全国的 6.3%。而同年，长三角、珠三角、京津冀的 GDP 约占全国的 42%。

2010 年 2 月 21 日至 27 日，以国家发改委副主任杜鹰为组长的由 27 个部委组成的国家部委成渝经济区联合调研组对川渝地区 46 个区县进行了实地调研。这次调研被认为是《成渝经济区规划》出台的前奏。

在 2010 年全国"两会"上，时任重庆市政协主席邢元敏说：虽然目前西部已经开始培育成渝经济区、环北部湾、关中—天水三个重点经济区，但和东部地区的长三角、珠三角、环渤海经济区相比只能算是经济增长点。显然，"增长点"的说法与国家发改委提出的要将成渝经济区打造成新"增长极"的说法形成了鲜明的落差。

2011 年 3 月的全国"两会"期间，重庆市长黄奇帆满怀信心地对外宣称："重庆将加快国家中心城市建设。"

不管如何，成渝经济区是重庆及大西南城市群志做"中国第四极"的希望梦想所在，他们断然不会轻易放弃。

▄ 评点 ▄

研究"增长极"的学者认为：一个国家要实现平衡发展只是一种理想，在现实中是不可能的，经济增长通常是从一个或数个"增长中心"逐渐向其他地区传导。因此，应选择特定的地理空间作为增长极，以带动经济发展。

不难理解，"极差效应"会形成一种巨大的向心力和凝聚力，能吸引众多资本和资源，带来区域投资呈几何级数的大幅增长。

除了国家政策的倾斜外，区域间的"极差效应"是由人实实在在创造出来的，究竟是"第几极"也是靠聚集力的大小来衡量的，而不是靠"口水战"争来的。

再说，"第四极"、"第五极"的名头并不重要，如果区域合作得好，原属于"第五极"的区域也可能爆发出超级能量，从而超越"第四极"，角色也会随之发生转化。

北部湾，风云再起

· 改革开放后，尽管北部湾也处于沿海地区，但与广东珠三角比较发展明显滞后。

· 现在的北部湾已经完全是一副新的面貌了。北部湾经济区强势崛起，弥补了我国沿海经济发展链条的最后一环，沿海经济最终形成"两角两湾两岸"格局。

· 真正能够成为独当一面的"第四极"，北部湾还有很长的路要走。

虽然广西北部湾在与重庆和成都、武汉、长株潭城市圈竞争"新特区"中惋惜败北，然而一个月过后的 2008 年新年伊始，广西人一扫脸上的阴霾，因为北部湾迎来了更加令人振奋的新的历史机遇：广西北部湾经济区开放开发上升为国家战略。此时，很多媒体和专家纷纷发表评论认为：北部湾才是中国经济增长的"第四极"。

2001 年，在文莱举行的第 5 次中国—东盟领导人会议上，"10 年内建立中国—东盟自由贸易区"被提出。随后一系列实质性的行动展开。

2006 年根据广西经济社会发展全局的要求，政府做出了加快广西北部湾经济区开放开发的重大决策。2006 年 3 月，北部湾经济区规划建设管理委员会正式挂牌，标志着广西北部湾经济区正式启动，广西沿海开放进入一个新的历史阶段。

2010 年 1 月 1 日，广西建成中国—东盟自由贸易区，是我国与其他国家建立的第一个自贸区，这个自贸区的建成不仅加强了自贸区内的经贸交流，同时推动了东亚各国与东盟之间的经贸对接。

2011年8月，北部湾又提出，要"先行先试，建设区域性金融中心"，并宣称，未来五年，北部湾经济区将规划总投资近2.6万亿元，打造一批千亿元产业园，培育一批千亿元产业。

看好中国，先到广西

"看好中国，先到广西"，精明的东盟客商一语中的，互利共赢成为各方的共同诉求。

自贸区的提出和建成，让北部湾成为媒体关注的焦点。《人民日报》也曾以系列报道的形式报道北部湾开放开发的大举措。

2004年，首届中国—东盟博览会在南宁成功举办，从此，广西有了一个稳定的对外开放、对外交流的重要平台。同年，中国与越南就合作建设"两廊一圈"进行谋划，广西积极行动，就"两廊一圈"建设与越南方面达成一系列共识。2005年，广西作为成员参与大湄公河次区域合作，获得继中国—东盟博览会后的又一次发展机遇。而2006年、2007年的中国—东盟博览会，中国—东盟商务与投资峰会，则被广西运作成为全方位发挥"井喷效应"的名牌展会。

随后，首届环北部湾经济合作论坛在南宁举行，来自我国及文莱、印度尼西亚、马来西亚、菲律宾、新加坡、越南、日本、韩国的160多名政府官员、专家学者和海内外著名企业代表共聚一堂，围绕"共建中国—东盟新增长极"的主题，对环北部湾经济合作进行深入探讨。在论坛上，广西提出了构建中国—东盟"一轴两翼"区域经济合作新格局的构想。这个新格局就是，由泛北部湾经济合作、大湄公河次区域两个板块和南宁—新加坡经济走廊一个中轴组成，形成形似字母M的"一轴两翼"大格局。

随着基础设施的进一步完善，广西口岸已成为中国内地与东盟最便捷的国际贸易大通道。中国—东盟博览会和中国—东盟商务与投资峰会成为中国与东盟高层晤谈、招商引资和信息交流的重要平台。

东盟国家在博览会上多次举办推介会，向中国及其他国家的客商抛出橄榄枝。越南、柬埔寨、新加坡、马来西亚、老挝、缅甸等国已成为中国企业投资的重点区域。据中国商务部的统计数据显示，中国—东盟自贸区货物贸易协议实施以来，中国已从东盟第六大贸易伙伴上升为第三大贸易伙伴，贸易额年均增长24%。

北部湾成为毫无争议的投资热土。

上升为国家战略，是否能成为"第四极"？

胡锦涛总书记对广西发展曾寄予重望，"广西发展应成为新的一极"。

2007年11月，广西壮族自治区政府提交《广西北部湾经济区发展规划（2006—2020）》；2007年12月27日，国家发改委审议通过该规划；2008年1月，广西北部湾经济区发展规划获国家批准实施，这是广西北部湾经济区开放开发上升为国家战略的重要标志。

媒体称，中央批复如此庞大的地区整体发展规划，在一定程度上赋予了广西相当大的自由裁量权。

从地理区域来讲，北部湾地区包括中国华南经济圈内的广西沿海、广东雷州半岛、海南省的西部和越南北部。广西北部湾经济区是由北海、钦州、防城港及南宁为主组成的经济区。

对于广西北部湾经济区功能定位，北部湾规划称，经过10年到15年的努力，北部湾经济区"要建设成为中国沿海重要经济增长区域，形成中国—东盟具有国际竞争力的区域性现代产业基地、国家新能源发展和能源安全保障基地、南中国海海洋生态安全重要屏障区"。

2007年7月23日，全国政协召开了"加快广西北部湾经济区开发与建设、推动北部湾区域经济合作与发展"专题协商会，使北部湾经济区的地位得到进一步提升。国家对北部湾经济区的支持越来越具体、有力，国家各部委分别从不同角度参与和支持广西沿海和北部湾经济区的开发与建设。加上北部湾各城市群利用自己的优势进行明确的定位，北部湾经济增长明显加速，进入历史上发展最快的时期。

2008年5月29日，中国政府批准设立广西钦州保税港区，为东盟货物提供

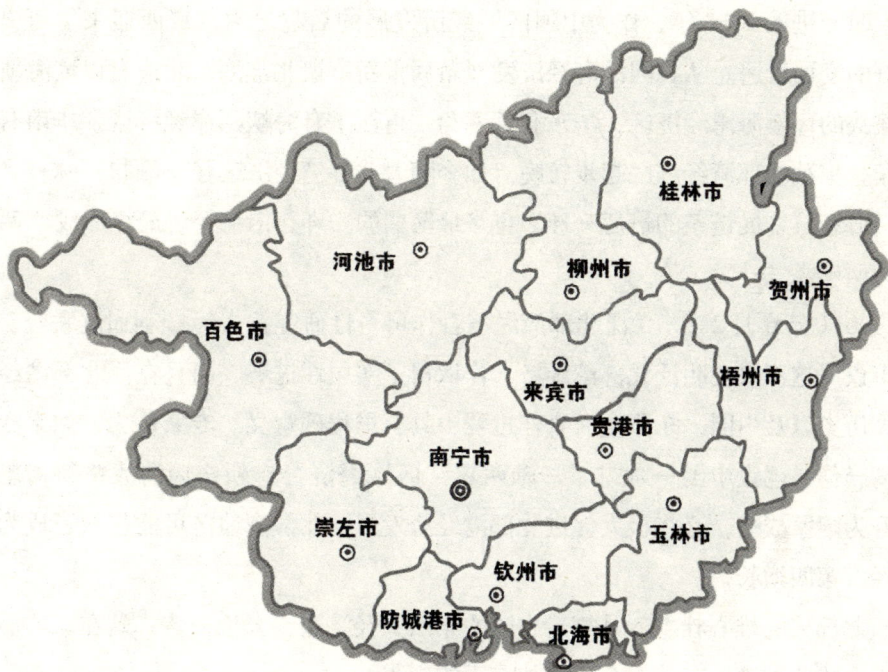

广西壮族自治区示意图

了便捷的国际中转服务，为东盟产品进入中国提供了免税的加工基地，成为推进泛北部湾合作的重要平台。

与此同时，北部湾将成为中国经济第四极的声音开始频繁出现。《中国经济时报》2008年3月28日的一篇报道的标题更是直接断言"北部湾开发上升为国家战略，将成中国经济第四极"。2008年11月《新经济导刊》刊载的《奔向第四极》一文也指出：北部湾核心城市群只有打破原来相对封闭的格局，才会呈现一种新的区域价值力量，才能充分发挥广西作为中国—东盟自由贸易区前沿地带和桥头堡的作用；同时要使沿海沿边的南宁、北海、钦州、防城港形成互补互利、相互促进、各具特色的港口群、产业群和城市群，必须依托大港口、大工业、大旅游战略。

媒体的广泛报道，改变了人们对北部湾的印象。长期以来，在人们印象里，广西一直偏居南国一隅，鲜有作为。而现在的北部湾，已经完全是一副新的面貌了。

时光进入 2011 年，作为中国区域经济发展的后起之秀，广西迎来了历史上最好的发展机遇。从我国沿海经济发展布局重新审视北部湾，北边有以滨海新区为龙头的环渤海湾经济区，华东有长三角，再往下有海峡两岸经济区，华南有珠三角，唯独北部湾经济区起步较晚。如今随着北部湾经济区强势崛起，弥补了我国沿海经济发展链条的最后一环，也是最薄弱的一环，沿海经济最终形成"两角两湾两岸"格局。

2011 年 6 月 2 日，《泛北部湾经济合作可行性研究报告》顺利通过联合专家组审议。这不仅说明泛北部湾经济合作取得了实质性进展，而且在泛北部湾经济合作历史以及中国—东盟全面合作进程中具有里程碑意义。专家认为，如果泛北部湾合作，建设中国—东盟"一轴两翼"区域经济合作新格局的战略新构想能上升为国家战略，必将极大促进北部湾经济发展，北部湾地区可能将真正成为中国经济第四增长极。

北部湾的雄心壮志就是打造中国的第四大经济圈。人们期待，站在新的历史起点上的北部湾，有一个令人更加惊喜的未来。

◣ 评点 ◥

笔者认为，要真正成为独当一面的"第四极"，北部湾还有很长的路要走。

改革开放后，尽管北部湾也处于沿海地区，但与广东珠三角比较发展明显滞后。北部湾经济区战略被国务院批准后，这里的"雁群效应"正在形成，国家战略优势也开始凸显。

还有，《泛北部湾经济合作可行性研究报告》虽然顺利通过了联合专家组审议，但要具体实施也不是一件容易的事，要防止重蹈"泛珠三角"的覆辙。

机遇来了一定要抓住，北部湾的未来值得期待。

海西，蓄势而发

· 改革开放的30年，广东省打的是"港澳"牌，而紧邻台湾的福建省却无法将"台湾海峡"牌打得很好，相对滞后20年。

· 地缘人文优势可以引来资本却留不住资本，福建人总是担忧被边缘化了。

· 一向被称为"站在我国市场经济最前沿"的温州商人，早已"嗅"到了海西经济区发展的机遇，成为对接海西的活跃分子。

· 海西区是台湾面积的9倍，台湾如果把海西区作为战略腹地，战略纵深度将大大增强，在全球的地位有很大的提升空间。

2011年3月中旬，国务院正式批复了《海峡西岸经济区发展规划》。

其实早在2009年5月，国务院就原则通过了《关于支持福建省加快建设海峡西岸经济区的若干意见》，海峡西岸经济区已经正式从区域战略上升到国家战略。

有专家认为，海峡西岸经济区将发展成为继长江三角洲、珠江三角洲、环渤海区域之后我国区域经济又一增长极。根据海西经济区的长远发展目标，其GDP总量有望比肩珠三角和长三角地区。

鉴于此，关于海西经济区成为第四增长极的说法也随之产生。

福建，激荡时代破浪前行

海峡西岸经济区的设想由来已久，2004年初提出的海峡西岸经济区发展战略就曾提出过闽东南、闽南三角洲的概念，此后又产生过海峡西岸繁荣带的设想——以福建为主体，涵盖浙江温州、广东潮汕、江西赣州等地区。

后来根据形势的发展，上述设想逐渐扩展成海西经济区的发展战略，这是历届福建省委、省政府长期探索发展之路积累的成果。现在的海峡西岸经济区战略

福建省示意图

是在福建省原有发展战略，尤其是在海峡西岸繁荣带战略基础上提出的，它既是原有战略的继续，又是原有战略的升华。"海峡西岸经济区"这个概念是在2004年1月初举行的福建省十届人大二次会议上首次被完整、公开地提出的。2006年"两会"期间，"支持海峡西岸经济发展"的字样出现在《政府工作报告》和"十一五"规划纲要中，计划通过10到15年的努力，海峡西岸将形成规模产业群、港口群、城市群，成为中国经济发展的发达区域，成为服务祖国统一大业的前沿平台。2007 年,党的十七大报告也提出,支持海峡西岸和其他台商投资相对集中地区的经济发展。这是海峡西岸经济区建设首次被写入中共党代会报告。

2011 年国务院批准的福建海峡西岸经济区,是指台湾海峡西岸,以福建为主体,包括周边地区,南北与珠三角、长三角两个经济区衔接,东与台湾岛、西与江西的广大内陆腹地贯通,具有对台工作、统一祖国,并进一步带动全国经济走向世界的特点和独特优势的地域经济综合体。它是一个涵盖经济、政治、文化、社会等各个领域的综合性概念,总的目标任务是"对外开放、协调发展、全面繁荣",基本要求是经济一体化、投资贸易自由化、宏观政策统一化、产业高级化、区域城镇化、社会文明化。经济区以福建为主体涵盖浙江、广东、江西 3 省的部分地区,包括福建的 9 个市;浙江温州、丽水、衢州;江西上饶、鹰潭、抚州、赣州;广东梅州、潮州、汕头。人口约为 6 000~8 000 万人,预计建成后的经济区年经济规模在 1.7 万亿元以上。

从 2004 年开始,海西从区域战略、地方决策上升到中央决策只用了短短 5 年。海西聚合效应迅速增大,定位日益明确,效应开始显现。过去的 5 年也是福建省经济发展最快的 5 年。

激荡的时代破浪前行。海峡西岸经济区战略的确立,对福建来说实为千载难逢的发展良机。

两岸合作,福建能扭转"颓势"吗?

改革开放的 30 多年,广东省打的是"港澳牌",而紧邻台湾的福建省却无法将台湾海峡这张牌打好,相对滞后 20 年。

事实上,一直强调闽台"五缘"相通的福建省,在改革开放的 30 多年中,特别是早期,相较珠三角和长三角地区而言,并未能从经济和产业结构上得到太多收获。

据 2009 年 7 月 9 日《新华社》刊载的《等待 20 年的海峡西岸升起》一文分析,当时福建的投资环境有两点不足:第一,两岸仍未直航,物流成本很高,福建与台湾形近实远;第二,福建的基础设施落后、产业配套能力差、市场规模小等问题导致综合竞争力不强。这样就造成了福建空有对台地缘人文优势而无力作为的尴尬局面。

2009 年 5 月，一系列支持海峡西岸经济区发展的政策集中出台，使得这块土地不仅承载了中华民族的核心利益和两岸和平发展的主题，还要在经济上与台湾岛全面对接、深度对接。

其实早在 2005 年 11 月，国民党副主席萧万长在接受《第一财经日报》记者采访时就提出：大陆这么大的市场与台湾结合，必须有一个交点；从长远看，两岸共同市场建设必将推进两岸经济一体化，而福建提出的建设海峡西岸经济区构想，可以作为试点内容加以考量，使两岸共同市场开始落到实处。萧万长的分析一语中的，海西战略不仅使得福建的对内连接通道打开了，而且还使它的市场腹地同样前所未有地扩大。除了一直强调的地缘和人文优势外，福建终于有了在政策、基础设施、产业配套、劳力技术和市场腹地等综合竞争力的大幅提升。近年来，福建省大力推进海峡西岸经济区建设，综合实力不断增强，为进一步加快发展奠定了坚实基础，两岸关系也随之出现重大的积极变化，为海峡西岸经济区加快发展和开展与台湾地区合作提供了重要机遇。这种机遇对突出两岸经济的互补性具有极大的促进作用。管理经验、资本运用、市场推广、技术转化方面，台湾都有自己独特的优势，因为发展比较早。大陆也有一些传统优势，比如市场方面、资源方面、人才方面、效率方面。如果双方优势互补，就可以实现"1 + 1 > 2"的双赢。

国家积极支持福建省加快海峡西岸经济区建设，不仅是完善沿海地区经济布局，推动海峡西岸其他地区和台商投资相对集中地区发展的重大举措；也是加强两岸交流合作，推进祖国和平统一大业的战略部署，具有重大的经济意义和政治意义。

区位优势凸显"集聚效应"

福建东南临台湾海峡，三面紧靠大陆腹地，自古以来就是我国对外贸易的重要通道。随着东南亚国家和地区经济的快速发展，福建作为东南沿海重要省份的优势进一步体现出来。

福建是两大经济区的承接点。福建地处长三角和珠三角之间，是南承北接的中心地段。其港口资源丰富，3 000 公里长的海岸线，有三沙湾、三都澳、罗源湾、湄洲湾、厦门湾、东山湾等六大天然良港，深水停泊位居全国第一。"三纵四横"的高速公路网建设，为两大经济区之间的经贸交流提供了交通保障。"泛珠三角区域合作与发展论坛"的影响日益扩大，区域经济一体化为福建加快"海西区"建设提供了庞大的市场和后盾。福建作为"泛珠"的前沿，以"厦门贸洽会"为平台，在与长三角以及全国其他各大城市之间的交流互动中，可以起到很好的桥梁作用。两大经济区之间巨大的人才、物资、资金和信息流动，可以加速经济板块间的资源整合、优势互补和联动发展，能进一步促进福建各方面建设的快速发展与壮大。

长期关注福建发展的北京拓维研究院院长王毅认为，海西经济区战略提出后，福建将借此跨越省份经济模式，加快融入全国区域竞争与合作的洪流中去。

近年来，福建省努力扫除妨碍区域经济发展的种种障碍，主动吸引粤、浙、赣等周边地区的投资，形成良好的互动。周边地区对接海西经济区的步伐也在加快。

在改革开放前 30 年中，身为第一批特区的汕头始终处于十分尴尬的地位，这一次精明的汕头人不想再次失去机遇，并立志要成为海西合作的桥头堡。随着海西区战略被纳入国家战略层面，汕头市迅速推出《推进海峡西岸地区建设工作方案》。汕头市力争大力建设海西区域南翼的重要交通枢纽，提出争取举办每年一届对台合作交流会，重点承接台湾光电和生物技术等新兴产业，引导台资企业参与投资能源、精细化工、造船等对区域经济发展有重大带动效益的产业，吸引更多的服务业企业进驻。汕头市已确定将台商投资区扩建为面积达 11 平方公里的汕头台湾产业园，未来将成为粤台经贸合作试验区的核心区和主要载体。

被称为"站在我国市场经济最前沿"的温州商人，也"嗅"到了海西区发展的机遇，成为对接海西的活跃分子。2009 年的温州市《政府工作报告》提出："加强区域经济合作交流，积极参与长三角一体化发展，主动对接海西经济区。以贸易、旅游、港口开发为重点，扩大对台经贸合作交流。"

上饶，这座赣浙闽皖四省交界的地理中心城市，处于"三区"（长三角经济区、海西经济区、鄱阳湖生态经济区）交会的优越地理位置。随着海西区的崛起，上饶也借这股劲吹的东南风，吹响融入海西的号角，并提出了"掉头向东，通江达海"的发展战略，确定了"打造一个枢纽、建设四个基地"的发展思路。上饶决心要展开双翼，与海西全面对接，承接产业转移，承接人才转移，承接资金转移，用大项目带动大流通、大发展。

2011 年 8 月，国务院在批复的《海峡西岸经济区发展规划》中提出："加大政策扶持力度，支持福建开展全国海洋经济发展试点工作，努力建设海峡蓝色经济试验区。"这是继山东、浙江、广东成为国家海洋经济发展试点省份，浙江舟山成为海洋经济新区之后，海洋大省福建也正式明确试点身份，驶入国家海洋战略的快车道。

尽管《海峡西岸经济区发展规划》对加快海峡西岸经济区发展具有重大意义，但如何整合和快速推进，无疑也考验着海西经济区内各个城市决策者们的施政水平。

◤ 评点 ◥

福建紧邻台湾，整个海西区是台湾面积的 9 倍，如果台湾把海西区作为战略腹地，市场将扩大一半，台湾发展的战略纵深会大大增强。

在这种情况下，连温州商人都已经"嗅"到了海西经济区发展的机遇，成为对接海西的活跃分子，难道酷爱唱"爱拼才会赢"的福建人会等闲视之吗？

第九章

前路漫漫——思路与出路

如果方向错了，就是奔跑也没用。

——（美国）沃伦·巴菲特

在未来的城市竞争中，究竟谁主沉浮？

目前，越来越多的人认识到，城市要在未来的竞争中赢得优势，就必须拥有自己的核心竞争力。城市核心竞争力就是在现有资源和条件的基础上，通过体制和观念的不断创新，形成有特色的发展模式和能够支持可持续性发展的能力，从而使得该城市能够超越其他竞争对手。

因此，每一个城市都应该把培育和增强自己的竞争力，放在做出特色、做出文化和做出品牌的重要地位，充分考虑自身独特的资源禀赋、地理环境、文化底蕴和在区域城市体系中的地位以及分工合作关系，科学地确立城市的定位，提升城市发展的核心竞争力。

思路引领出路，机遇影响命运，战略决定成败。

2011 年 5 月，《2011 城市竞争力蓝皮书》发布。报告对全国 294 个地级以上城市综合竞争力进行分析和比较发现：在综合增长竞争力方面，东北增速保持领先，东南实现较快恢复；在经济规模竞争力方面，城市总体水平上升，城市间差距增加。早在 3 年前，2008 年度的《中国城市竞争力报告》就对中国 30 个城市群的各项竞争力指数和排名进行了分析，长三角城市群、珠三角城市群（不包括港、澳）、京津唐城市群位列前三位，但差距很小。

三大城市群各有优势：

先天竞争力——长三角最强，珠三角次之，京津唐第三；

现实竞争力——珠三角最强，长三角次之，京津唐第三；

成长竞争力——长三角最强，京津唐次之，珠三角第三。

研究还表明，有三个潜在城市群——冀鲁豫、鄂豫和豫皖城市群最值得关注。这三大城市群具有较强的规划价值、培育发展价值，有望成为中部地区新的城市群。而且作为中国区域人口密集的黄淮区域，这三大城市群的崛起，将有利地推动中国城市化进程和发展。

2009年的《城市竞争力蓝皮书》则分析，在全球城市综合竞争力方面，中国城市总体处在全球的中下水平，城市之间的竞争力差异巨大，城市的经济增长全球第一。尽管在全球增长前50名的城市中中国有40个，但中国建设世界城市的目标还是任重道远。

在世界城市网络联结度方面，中国香港、北京、上海和台北这4个城市已跻身世界城市前列，成为世界城市网络的重要节点。其中，香港和北京跻身全球624个城市中的前10位，是世界城市网络中的次级节点，属于三级世界城市中的Beta级（第二类），成为亚太地区的中心城市；上海、台北分别居19和22位，是世界城市网络中的重要中转节点，属于Gamma级（第三类）。广州、成都、天津、南京等也在世界城市网络中扮演越来越重要的角色，但中国多数城市的整体联结度与欧美城市差距巨大。

蓝皮书还建议：研究中国城市的全球竞争战略，制订面向2030年的全国城市发展规划纲要，建立包括全球顶级城市在内的多层次、开放型的中国城市体系；实施重点突破、大国支撑、成本领先、产业驱动、开放带动、梯度推进、集约增长、以民为本、科技创新、永续发展等十大战略。

中心城市，国家竞争力的重要标志

· 全球金融危机爆发后，中国在世界上的地位迅速提升，中国的城市群尤其是中心城市面临着难得的发展机遇。

· 上海的核心竞争力，在中国内地是无可撼动的。

· 香港仍是中国最大的自由港，仍是中国面向世界的最大窗口之一，其竞争优势也仍是内地任何一个城市所难以比拟的。

· 经济中心城市的崛起已成为地区或国家竞争力形成的重要标志。而城市群经济圈成为国家竞争力的重要支撑。

2010 年 2 月，上海、北京、天津、重庆和广州，一起被确定为国家五大中心城市。除广州以外，均为国家直辖市。

2011 年 3 月公布的国家"十二五"规划纲要强调，在东部地区逐步打造更具国际竞争力的城市群，在中西部有条件的地区培育壮大若干城市群。科学规划城市群内各城市功能定位和产业布局，缓解特大城市中心城区压力。

毋庸置疑，随着全球金融危机的爆发，中国在世界上的地位迅速提升，中国的城市群尤其是中心城市面临着难得的发展机遇。同美国纽约、日本东京一样，随着上海等中心城市地位在国际上的凸现，也标志着整个中国在世界上的总体竞争力提升。

倪鹏飞主编的《中国城市竞争力报告》一书对"经济中心城市"的表述如下：

经济中心城市是指在特定的区域范围内，承担区域金融、贸易以及生产性服务等多种功能，作为区域经济的控制和决策中心，具有强大吸引能力、辐射能力和综合服务能力，能够渗透和带动周边区域经济发展的城市。经济中心城市的内涵包括：①具有雄厚的经济实力，是国际或区际的经济、贸易、金融中心，对国家和区域经济有相当的支撑力和影响力；②集中了较多的跨国公司和国内外金融机构以及国际或国家级经济与政治组织，是国家或区域资本集散中心，在某种程度上能够控制和影响国家或区域性经济活动；③具有很高的经济开放度，通行国际惯例和国际法规，生产性服务（特别是通讯、信息、科技、咨询、商业、市政公用业等）发达，具有方便快捷的高速市际和市内交通系统；④国际性、区域性商品、资本、技术、信息和劳动力集散中心，新思想、新技术、新体制的创新基地；⑤众多的人口、面积巨大，有一个大城市群作为依托；⑥除跨国公司总部外，还要有庞大的企业集团、中介组织和相当的资产存量、要素流量和内外贸易额；⑦有现代化的公用事业和较好的人居生态环境。

有专家认为，经济中心城市是工业化和城市化发展到高级阶段的产物。它以经济区和城市群为依托，是经济区生产布局和城市群功能分工的空间表现形式。根据经济中心城市经济活动辐射半径的大小，可以分为世界级经济中心，如纽约、伦敦、东京；洲级经济中心城市，如巴黎、芝加哥、洛杉矶、香港；国家级经济中心城市，如中国的上海、泰国的曼谷、澳大利亚的悉尼；以及地区级经济中心，如天津、青岛、武汉、重庆等。经济中心城市是带动区域发展的主导力量。

上海作为中国经济的门户，其优越的条件和优势地位无可比拟。面对充满机遇而又富有挑战的 21 世纪，上海确定了新的中长期发展目标：到 2020 年，把上海基本建成国际经济、金融、贸易、航运中心之一和社会主义现代化国际大都市。正在向现代化国际大都市目标迈进的上海，肩负着面向世界、服务全国、联动长三角的重任，在全国经济建设和社会发展中具有十分重要的地位和作用。在这个土地面积仅占全国 0.06%、人口占全国 1% 的城市里，完成的财政收入占全国的 1/8，港口货物吞吐量占全国的 1/10，口岸进出口商品总额占全国的 1/4。

上海的定位无疑是辐射全国经济。在此态势下，上海以世界城市作为城市发展的战略目标，不仅可以将上海与国内其他城市的发展目标明显区分开来，而且也有助于国内各大城市之间的分工与经济合作。

上海的核心竞争力，在中国内地是无可撼动的。国务院《关于推进上海加快发展现代服务业和先进制造业，建设国际金融中心和国际航运中心的意见》明确了上海建设国际金融中心和国际航运中心的总体目标。以金融为中枢，以经济为动力，以贸易为基础，以航运为保障，上海迈向国际经济中心城市的前景逐渐清晰。

再看香港，香港目前仍是中国最大的自由港，仍是中国面向世界的最大窗口之一，其竞争优势也仍是内地任何一个城市所难以比拟的。从长远来看，香港多年来形成的软环境也是内地其他城市包括上海难以追赶的。香港作为国际贸易、航运和金融中心的地位没有改变。背靠祖国内地和港深经济的深度融合，今后香港经济向上突破的动力强劲，而且潜力和后劲仍然充足。

北京作为中国政治和文化中心，有其他城市所不具备的优势。比如国家级大型金融机构的总部多在北京，北京综合经济中心功能的优势也是其他城市无可匹敌的。

再看广州，其优势也是很多城市不能望其项背的。在国务院颁布的《珠江三角洲地区改革发展规划纲要》中，将广州作为"国家中心城市"、"综合性门户城市"和"国际大都市"的发展定位上升到国家战略层面，这是广州第一次被国务院明确赋予"国家中心城市"、"综合性门户城市"和"国际大都市"的战略定位。《规划纲要》对广州提出的具体要求是：一、充分发挥省会城市的优势，增强高端要素集聚、科技创新、文化引领和综合服务功能，进一步优化功能分区和产业布局，建成珠江三角洲地区"一小时城市圈"的核心；二、优先发展高端服务业，加快建设先进制造业基地，大力提高自主创新能力，率先建立现代产业体系；三、强化广州佛山同城效应，携领珠江三角洲地区打造布局合理、功能完善、联系紧密的城市群。将广州建设成为广东宜居城乡的"首善之区"，建成面向世界、服务全国的国际大都市。广州在珠三角城市群中的"带头大哥"作用不是其他城市可以代替的。

在这样的大背景下，为什么众多的城市为了区域中心城市地位展开激烈的角逐，我们就不难理解了。

■ 评点 ■

在当下的中国，具有综合经济中心地位的城市已经崛起了一批。这些中心城市并不是孤立存在的，它往往是一个城市圈的领头羊，被一批城市"卫星"般拱卫着。

一个城市的自然地理位置和市场区位条件，是构成该城市核心竞争力的最重要因素。区域中心的大城市，它的吸纳能力和辐射能力都是该区域其他城市无可比拟的。对于一般的城市而言，号称自己是"国际化大都市"，是不能改变现实的。

"主题经济"，中小城市竞争力的战略选择

- 产业集群的出现不但提供给企业创造品牌的机会，也能打造出地区"名片"，吸引更多的经销商、供应商、投资者以及各类人才。
- 义乌为何被誉为"世界小商品市场风向标"？为何能近20年连续位居全国工业品批发市场榜首，成为名副其实的世界最大超市？
- 一个地区要发展经济、做大市场，就要打"团体赛"，而不能靠"单打"。

大城市的中心城市地位造就了其综合竞争力与核心竞争力，那么作为中小城市，在区域与城市竞争不断加剧且日趋激烈的形势下，如何提升自己的核心竞争力呢？

著名的经济学家钟朋荣曾经分析，未来经济区域与城市间的竞争甚至国际竞争，将会是产业集群的竞争。所以，提高区域与城市的经济竞争力必须从产业集群抓起。

为此，才有了追求产业集群效应的大争战：上海、长春、北京、广州、武汉、重庆的"中国底特律"汽车产业城之争，武汉、长春、深圳的"中国硅谷"之争，上海、北京、宁波、大连、广州、深圳的"中国服装之都"之争。

但是这些都是大城市之间的竞争。要加速产业集聚，打造集群化发展态势，小城市似乎更有优势。浙江和广东经济发展的经验就是产业集群化发展。一个城市靠一类产品形成一个产业集群，带动一个城市整体经济的发展。如广东发展了近300个专业镇，形成了比较完整的产业集群，已经表现出明显的竞争优势。

产业集群不仅是国家竞争力的重要组成部分和具体形式，也是地方区域经济活力的体现。在中国，要提高区域与城市的经济竞争力，应当从产业集群抓起。

笔者更愿意将这种以产业集群为核心的经济称为"主题经济"。

众所周知，一个产业集群形成的城市品牌除了表明区域的产业优势外，也能打造出一个地区闪亮的城市"名片"，能吸引更多的经销商、供应商和投资者，

成为资金、技术、信息、物流以及各类人才的集散地，增强城市和区域的吸纳力和辐射力。比如一提到家电，人们就想到顺德；一提到五金，人们就想到永康；一提到灯饰，人们就想到古镇；一提到打火机，人们就想到温州；一提到领带，人们就想到嵊州；一提到袜子，人们就想到诸暨；一提到纺织，人们就会想到浙江绍兴等。这些都是通过某种产业集群形成的"主题经济"。

关于产业集群的"主题经济"，国内诸多中小城市已经有过成功的实践和案例。

义乌被誉为"世界小商品市场风向标"，目前已成为名副其实的世界最大超市，近20年连续位居全国工业品批发市场榜首。目前，其外贸出口占总成交额的60%强，商品辐射215个国家和地区，国外长驻采购商达1万余人。与此同时，义乌小商品城也吸引了国内外大机构设立采购信息中心，如联合国难民署、中国外交部等。小商品城为中国商品走向世界和世界商品走向中国构筑了一座桥梁。在义乌的主题经济产业集群内，企业面对的是就近的、众多的原材料供应商、设备供应商，能以更低的成本、更高的要求、更快的速度购买各种投入品。

浙江永康以"五金"为主题，做出了产业集群招商的大文章。1992年，永康以自身雄厚的五金业为依托，筹建创办了"中国永康科技五金城"，占地500多亩，店面达3 000多家。五金城最初规划就是以形成产业集群为目的，招商引资招的不是一个企业而是一个产业，一旦产业集群的主题形成，产业链条上的各个企业就会上门来投资。现在中国永康科技五金城主要经营日用五金、工具五金、建筑五金及机电产品、金属材料、机械设备、装饰材料等上万种产品。五金商品不但畅销国内，而且源源不断销往东南亚、中亚、欧洲、美国、俄罗斯等30多个国家和地区。其独特的魅力和优势，衍化成为最优良的投资环境，比起那些缺乏产业规划的招商引资，成功的基础早就已经夯实。很多中小城市的招商由于主题不明确，今年招商可能不错，但是过个一两年，10个企业可能会有9个垮掉，因为招来的企业缺乏主题统领，只能单打独斗地发展，失败概率很高。而永康五金城的发展与繁荣，为永康五金产业的腾飞起到了助推器的作用，推动了地方经济的发展，实现了经济效益和社会效益双丰收。

中小城市打造产业集群的优势在于，一批企业形成这个集群的主题，同时也形成了这个城市的核心竞争力。浙江海宁——中国皮革城，被誉为"中国皮革时尚风向标"、"中国皮革第一桥头堡",是中国规模最大、最具影响力的皮革专业市场。从1994年建成到三期工程中国皮革品牌风尚中心,从45万平方米到220万平方米,海宁皮革城的面积逐步扩大,同时皮革城的功能增加了许多层次更高、立意更新的元素。与此同时,海宁皮革城的产品也在从量的扩张到质的提高发生着转变。皮革城的品牌从无到有,从跟风到引领时尚。雪豹、兽王、啄木鸟、老爷车、皮尔卡丹等国内外皮衣知名品牌纷纷进驻;第一夫人、皇家贵族、巴图里、玛龙宝、蓝威龙等知名裘皮品牌争相加盟。在北京燕莎、上海恒隆、杭州大厦等顶尖商场经营的品牌也能在皮革城内见到。现在,巴黎世家、COBO、宾度、JAGUAR、万里马、高尔夫、意大利袋鼠等知名箱包品牌都在这里开了专柜。海宁的产业集群竞争优势,正是由集群内很多企业的核心竞争力综合而成。

主题经济能让某个区域或城市处理好经济增长质和量的关系。深圳是中国黄金珠宝产业的高地,而深圳罗湖又是这一产业发展的核心地带。从最初仅拥有几家珠宝厂家的小工业区,到如今现代化的高端产业集群,罗湖黄金珠宝产业仅仅用了十几年时间,从无到有,从小到大,走出了一条快速发展的成功之路。目前,深圳的珠宝产业集聚基地已成为全国黄金珠宝首饰的生产和加工基地、珠宝首饰业国际信息中心和物料采购中心,以及全国黄金珠宝首饰的贸易中心。该地珠宝企业在电脑设计、快速成形、激光焊接、激光铸模、网络技术及计算机管理等方面的生产技术发展一日千里,企业规模数量也迅速扩展。这样,整个产业链的企业在此投资的成功概率都很高。像深圳罗湖珠宝城这样的产业集群有利于企业之间的深度分工,深度分工又有利于专而精,有利于提高效率,有利于技术创新。原料、销售渠道和技术等各种生产要素也就相应聚集。目前深圳的黄金珠宝业在国内的占有率达到70%,全行业黄金加工量约占上海黄金交易所全年成交量的70%,铂金加工量占上海铂金交易所成交量的70%,钻石用量占上海钻石交易所全年成交量的60%~70%。无疑,深圳罗湖珠宝城经济增长的质和量都值得称道。

被称为"行走经济学家"的钟朋荣四处奔走"布道",为中小城市的发展和中小企业的成长支招。他认为,一个地区要发展经济、做大市场,就要打"团体赛",而不能靠"单打"。沿海地区与中西部地区的发展模式有一个很重要的差别是,沿海地区经济采取"一县一品、一市一品",一个顺德就搞家电,一个绍兴就搞纺织。而中西部地区一个县、一个城市搞了 120 个产品，市长还觉得不够。东部以"主题经济"为核心打造产业集群，从而崛起了一批中小城市，这也是中西部地区无法形成产业优势与核心竞争力的重要原因。

因此，城市产业经济要发展，应形成自己的发展主题，依赖产业集群聚集资源、降低成本，企业就能将力量集中在一个拳头上，形成核心竞争力，打造强势品牌。

可见，依靠主题经济创造产业集群效应进而形成城市核心竞争力，是中小城市的一条可行之路。

▪ 评点 ▪

笔者在研究的过程中注意到，很多专家的看法趋同：产业发展是推动经济发展的强大动力，产业优势决定着一个国家、一个地区、一个城市的核心竞争力。那么，在区域竞争不断加剧、产业竞争日趋激烈的形势下，如何着力打造产业发展优势以提升一个城市的城市竞争力，成为很多城市尤其是中小城市思考和探讨的问题。笔者认为，根据自身条件，做好产业布局，中小城市是绝对可以"杀出一条血路"的！

文化与城市性格，竞争力之魂

· 一个地方的文化是一个地方的根，一个城市的文化应该是这个城市的魂。

· 当代城市品牌形象的建立不再仅仅依靠过去的自然和历史遗产，而是要在当代城市发展理念指导下，全面规划、设计、建构、经营，使城市成为一个巨大的文化产品。

· 西安古城在大手笔地塑造"东方神韵"城市主题文化的同时，也塑造了这个人文之都的核心和灵魂。

希腊古典哲学家，也是世界古代史上最伟大的哲学家和科学家亚里士多德，早在 2 000 多年前就说过："人们之所以愿意来到城市，是为了生活得更美好。"

1938 年，美国一位名为刘易斯·芒福德的人，因为撰写了《城市文化》一书而享誉世界，成为闻名全球的城市学家。这本书也被西方誉为城市区域规划的"圣经"。

1998 年，联合国教科文组织《文化政策促进发展行动计划》提出："发展最终应以文化概念来定义，文化的繁荣是发展的最高目标。"

中国人民大学文学院教授金元浦认为：在我们所处的这个世纪，成功的城市将是文化的城市，是吸引眼球最多的城市。文化，是人类生存的一种方式。历史上，城市从来都离不开文化。但只有在当今社会，文化才以城市发展轴心战略的姿态出现。当代城市发展的激烈竞争与角逐，不仅仅只是市场经济的博弈，也是文化品牌的决战。一个没有文化品牌的城市，谈不上拥有核心竞争力。

品牌实战专家张冰曾对城市文化品牌有如下阐述：城市文化品牌的构成是一个综合体，它既包括城市的建筑、环境、出产等物质文化层面的反映，包括城市的管理、道德法制的规范和建设、历史文化等制度文化层面对人的引导和保障，也包括人的艺术修养、精神风貌等人文文化层面所营造的氛围。

通俗地讲，城市文化和城市实体就是神与形的关系。如果说城市实体建设是基础，那么城市文化建设则居于主导地位。一个地方的文化是一个地方的根，一个城市的文化应该是这个城市的魂。纵观世界名城，其品牌营销都是把城市品牌建立在城市主题文化基础上的。从雅典文明开始，很多城市充分利用文化的发展规律和自身的特性，发展为今天的品牌城市。威尼斯以"水文化"名扬世界，鹿特丹用船承载起了欧洲，夏威夷以独特的波利尼西亚文化全球闻名，罗马以"建筑文化"迷倒了全世界，维也纳用"音乐文化"摄人魂魄，佛罗伦萨的"绘画与雕塑"让世界为之惊叹，达沃斯用论坛推动了世界经济。还有如，巴黎——"时装之都"，洛杉矶——"电影之都"，拉斯维加斯——"博彩之都"，爱丁堡——"文学之都"，慕尼黑——"啤酒之都"，等等。

环顾当今全球，将文化置于城市发展战略更为突出的位置，是一些著名国际大都市的战略选择。20 世纪 80 年代以来，文化的发展日益引起世界各国的普遍关注。从老牌国际大都市如伦敦、东京，到新兴的国际大都市如新加坡、香港等，都将文化作为城市转型、城市振兴和竞争力提升的重要一环。

据西安本地的媒体报道，西安在城市文化复兴战略中，制订了以"东方神韵"为主题的古城复兴计划。西安围绕"世界千年古都，华夏精神故乡"这一主题启动了西安古城"唐皇城复兴计划"，提出了打造西部第一文化品牌的战略构想。在规划中，如何将灿烂的历史文化挖掘出来，进行梳理和提炼，并打造成城市主题文化，西安进行了大胆的尝试和探索。投资的 30 个项目涵盖历史文化，现代文化、地区文化、国际文化、紧紧围绕"大唐圣境"这一主题意象展开，形成唐风新韵、承故开新的文化大格局，试图以独一无二的世界奇观吸引全球的目光。西安古城在大手笔地塑造"东方神韵"城市主题文化的同时，也塑造了这个人文之都的核心和灵魂。

上海也将建设文化大都市作为自己的新追求。"文化要素"和"人的创造力"日益成为推动经济增长的主导要素，这种主导要素的变化不仅逐渐改变了上海原有的经济增长模式，也使上海的城市发展与竞争模式产生了翻天覆地的变化。

作为改革开放的窗口，深圳市从"文化自强"到"文化自觉"，将"文化民生"作为文化强市建设中孜孜不倦的追求，也取得了显著效果，其文化产业也发展成为四大支柱产业之一。

可以说，一个城市参与国际竞争的能力和实力，很大程度是由具有较强魅力的城市文化形象决定的。一个城市如果能够整合各类社会资源，把创造城市文化品牌贯穿于城市综合发展总体工作，文化品牌就会形成合力与张力。

伦敦、纽约、巴黎、东京、上海，毋庸置疑是全球五大魅力之都。它们用各自的特质吸引着来自世界各地的游客、企业和学生。长久以来，伦敦一直是观光客、社会精英、著名企业总部和年轻人向往的城市。国际知名的英国 BOP 创意产业咨询公司曾联手伦敦政府经济研究部、伦敦政治经济学院和益百利商业信息服务公司共同研究并撰写了"伦敦城市文化综合竞争力"报告，对伦敦和各大城市独特的文化"磁力"进行了研究和比较。研究报告指出，和其他城市相比，伦敦拥有更多的博物馆、画廊、剧院、音乐厅、音乐演出场所、公共图书馆和电影放映厅。在伦敦，你可以四处参观世界遗产，随处可见的公园和公共绿地可供休憩，每年 200 场的大小主题节日和庆典以及城市多元化的文化氛围吸引着无数人前往并流连忘返。在 5 个城市的比较中，数据显示，伦敦吸引了最多数量的外国学生，大约有 8 万多名的国际学生聚集在此；5 万名艺术类院校学生将伦敦视为朝圣之地，其人数大约是排名第 2 的上海数量的 5 倍。伦敦也是最受欢迎的旅游目的地，每年有 1 600 万左右的外国游客纷至沓来。由此可见，当代城市品牌形象的建立不再仅仅依靠过去的自然和历史遗产，而是要在当代城市发展理念指导下，全面规划、设计、建构、经营，使城市成为一个巨大的文化产品。

事实证明，在各种信息要素飞速传播的今天，哪个城市的关注度最高，哪个城市就能将吸引较多资源的可能变成现实。潍坊是山东的一个中等城市，每年举办的国际风筝节吸引来自世界各地的风筝爱好者聚集于此，风筝让世人了解了潍坊，也使潍坊依托风筝的翅膀飞得更高。城市品牌带来了巨大的向心力，一种由品牌形象带来的向往启动了人们内在的文化需求。因此，它可以吸引信息流、资金流、物资流、人才流，带来时尚消费、创意潮流，引领地区乃至世界的文化风尚。这样，形象力就转化成为生产力。

城市的品牌打造，就是要通过城市文化形象彰显其魅力，充分传播独特的地域文化气质，引起公众共鸣，对这个城市产生较为强烈的心理认同感，无形之中提高城市知名度和影响力。多年前，央视播出了银川的形象广告"西部明珠，中国银川"。广告播出后，银川本地有专家认为，这个广告不足以体现银川的性格特色，因为任何一个西部城市都可以说自己是西部明珠。银川作为中国第二批历史文化名城之一，有着 2 000 多年的建城史，其文化底蕴深厚，类型丰富多样，史前文化、游牧文化、移民文化、河套文化、丝路文化、西夏文化、边塞文化、回族文化等多元文化交织，构成了文化银川的多彩特色。银川在确定银川的城市品牌时进入两难境地，全部拿来不对，拿出一项、其余不用也不对。直至后来，银川市才确定了"回族之乡、塞上江南、西夏古都"的城市文化定位。

传播力决定影响力。正如金元浦教授所说的："未来的城市，经济的、社会的、技术的和教育的战略，将越来越紧密地与文化这个轴心联系在一起。信息、知识和内容创造已经成为城市经济可持续发展的关键，当代城市若能成功应对文化的挑战，城市文化品牌将会产生巨大的效益，产生难以估量的经济推动力，一座城市才能在竞争中插上腾飞的双翅。"

2009 年 4 月，由中国社会科学院财政与贸易研究所倪鹏飞博士牵头，发布了《中国城市文化竞争力报告》。报告指出：在文化竞争力方面，温州雄踞榜首。

城市文化竞争力排名前 10 位的依次是：温州、深圳、青岛、台州、绍兴、东莞、惠州、香港、扬州、长沙。

尽管这个排名受到了公众的大量质疑，但不能否认的是，国内在对城市文化竞争力的综合考量方面，终于有了一套相对科学、完整的体系。

◣ 评点 ◢

毫无疑问，未来有竞争力的城市也将是文化竞争力很强的城市。尽管北京、上海、深圳等一些著名城市已经在打造自己国际化大都市的形象，但以这些城市为代表的成功城市如何以更深厚的文化底蕴，激活城市文化的"核裂变"，以产生更广泛的影响力、更普遍的美誉度、更广大的辐射力、更强烈的吸附力、更高的认同感，才是关键，否则是难以保持未来持续的竞争力的。

因此，城市文化竞争力的打造，不仅是上述这些城市需要面对的一个重点问题，也是更多城市必须研究探讨的新课题。

第十章

版图重构——竞争格局与未来走势

21 世纪对世界影响最大的有两件事：一是美国高科技产业，二是中国的城市化。

——（美国）诺贝尔经济学奖得主　约瑟夫·斯蒂格利茨

21 世纪是城市的世纪，预计到 2020 年，全世界约有 2/3 的人居住在城市。

我们的城市从哪里来？城市发展已经形成了哪些模式和历史规律？

我们的城市要到哪里去？中国未来的城市竞争格局将会呈现怎样的走势？

相信这些不仅只是城市管理者和决策者以及城市发展研究者的课题，也是公众关注的话题。

科学发展，中国应尽的国际责任

· 高能耗与中国的经济发展如影随形，在经历了 30 多年的高速增长之后，中国经济正在遭受资源和环境问题的严重制约。

· 尽管资源问题是个全球性的问题，但国际上的一些媒体却频频发出夸大事实与耸人听闻的报道，矛头直指中国——中国爆炸式增长将使地球资源枯竭！

· "告别 GDP 崇拜，缔造幸福中国！"抛弃"GDP 主义"正在成为一场革命。

2011 年 4 月 28 日，西安世界园艺博览会开幕。西安将"天人长安，创意自然"、"城市与自然和谐共生"、"绿色引领时尚"等主题传播给更多的城市决策者和在城市生活的人，无疑是对和谐发展、科学发展的最好阐释，并力求为全球城市治理顽疾和中国城市突破发展困局找到新的对策和出路。

西安的探索与实践，也为国内更多城市指明了一条崭新的发展路径。

2011 年 3 月，刚刚出台的国家"十二五"纲要规划指出，要构建生态安全屏障，以国家重点生态功能区为重要支撑，以点状分布的国家禁止开发区域为重要组成的生态安全战略格局。

众所周知，生态环保问题一直是影响世界经济发展的最大难题。从 18 世纪工业革命以来，在整个世界范围内，城市迅速发展，人口从第一产业向第二、第三产业转移，城市人口剧增。到 20 世纪下半叶，发达国家率先进入城市化时代，这些国家城市人口已占总人口的 70%～90%。长期以来的实践表明，城市化是社会生产、经济和人类文明发展的必然趋势。因此，探索未来城市发展的内涵和大方向，规划城市发展蓝图，就成为各国当前最重要的课题之一。

18 世纪的工业革命，拉开了人类大规模改造自然的序幕。随着西方工业化、城市化进程的推进，城市环境日趋恶化，不堪负荷。而目前，在中国城市化大浪潮中，城市环境污染也大有重蹈发达国家覆辙的趋势。

为了尊重自然规律，彻底改善人居环境，建设经济发展、社会进步与生态保护三者保持高度和谐的生态城市，一些国际组织和世界各国都对如何建设生态城市进行了研究、探索和实践。1898 年，英国学者霍华德提出了"田园城市"的规划理念；20 世纪 70 年代，联合国教科文组织发起了"人与生物圈"研究计划。1999 年 10 月，美国世界观察研究所在其研究人类居住环境的调查报告《为人类和地球彻底改造城市》中指出，无论是工业化国家还是发展中国家，均必须将规划本国城市放在长期发展战略的地位，而其大方向只能选择走生态化的道路。

尽管城市面积仅占地球表面积不到 3%，但是城市所排放的碳约占全球总排放量的 78%，木材消耗量占 76%，自来水消耗量占 60%。20 世纪城市的快速发展，使城市对环境的影响大大增加。所以，需要在能源、水、交通、土地、食品供应、废弃物回收和利用等重要领域对城市的未来加以设计。

近年来，中国政府先后提出了"科学发展观"和"和谐社会"的执政理念；国家环保总局也提出了"绿色 GDP"的概念，并且针对这一指标进行量化、细化，以此指标科学地考核一个地方政府的政绩，指导地方经济的发展。

科学发展观的第一要义是发展，核心是以人为本，基本要求是全面协调可持续发展，根本方法是统筹兼顾。科学发展观还要求坚持可持续发展。我国人口众多，资源相对不足，生态环境承载能力弱，这是基本国情。城市与环境之间的关系实质上是人类社会与生物圈之间的联系。经过长期的研究和实践，现在人们已形成了一个共识：建立科学合理的循环经济体系，大力发展生态效益型经济。特别是随着经济快速增长和人口的不断增加，能源、水、土地、矿产等资源不足的矛盾越来越尖锐，生态环境的形势十分严峻。高度重视资源和生态环境问题，增强可持续发展的能力，是全面建设小康社会的重要目标之一，也是关系中华民族生存与长远发展的根本大计。

所以，在新一轮的经济发展浪潮中，中国正在从人类可持续发展这个整体利益来度量、思考经济发展和环境保护的辩证关系，树立"人与自然和谐发展"的观念，把维护生态平衡作为发展各类产业的一个重要前提条件，既要建立好生态农业园区，又要耕耘好工业生态园区，还要抓好服务业的生态建设，三者都不可偏颇。

可以说，高能耗、破坏环境与中国的经济发展如影随形，在经历了30多年的高速增长之后，中国经济正在遭受资源和环境问题的严重制约。

尽管资源问题是个全球性的问题，但多年来，国际上的一些媒体却频频发出夸大事实与耸人听闻的报道，矛头直指中国——中国爆炸式增长将使地球资源枯竭！美国《国家地理杂志》曾得出结论：中国几乎驱动着世界所有产品的生产和消费，这将使全球资源面临枯竭的威胁。

这其中不难看出"中国威胁论"的影子，但同时我们也不能讳言和否认我们所面临的严重问题。

未来若干年，循环经济和低碳经济将成为推动中国经济可持续发展的两翼，国家正在实施的循环经济、低碳经济、节能减排等一系列政策，将成为推进资源循环产业快速发展的发动机。2010年中央经济工作会议、哥本哈根气候变化大会，全面提升了中国国民的环境与低碳理念。中国社科院发表的《城市蓝皮书：中国城市发展报告》指出，在全球气候变化的大背景下，发展低碳经济正在成为国内各个城市决策者的共识。节能减排，促进低碳经济发展，既是救治全球气候变暖的关键性方案，也是践行科学发展观的重要手段。

2011年3月，全国"两会"传出代表和委员们强烈的呼吁："告别GDP崇拜，缔造幸福中国！"抛弃"GDP主义"正在成为一场革命，"幸福指数"作为一种政治导向的轮廓正在不断清晰，成为科学发展观和和谐社会理念的最新诠释。国家"十二五"战略规划也强调，面对日趋强化的资源环境约束，必须增强危机意识，树立绿色、低碳发展理念，以节能减排为重点，健全激励与约束机制，加快构建资源节约、环境友好的生产方式和消费模式，增强可持续发展能力，提高生态文明水平。

众多有识之士认为，坚持科学发展观，规划好城市生态，大力发展低碳经济，也就是"以人为本"地规划好了城市的未来，这也是中国作为大国理所应当承担的国际责任。

⬛ 评点 ⬛

中国在为世界经济和全球市场作出贡献的同时，也更应该有公平地利用世界资源的权利。在全球经济一体化的大环境下，任何国家和地区不可能孤立前行，中国要真正实现崛起，就一定要以经济高质量增长为目标，并且保证发展是科学和可持续的，并以实际行动让全世界感到放心。对于这一点，《2006 中国可持续发展战略报告》曾经有过承诺："作为负责任的大国，中国必须通过发展模式转型、结构调整和技术创新，更合理地利用本国资源和国际资源，减少污染排放对局部、区域和全球的影响，并承担与国力和地位相适应的责任和义务。"

毋庸置疑，中国的所有城市在其间也应该担当相应的责任和义务，这一点应达成共识。

品牌突围，城市竞争的不二选择

· 城市竞争力决定了城市品牌的魅力。品牌是一个城市的象征，是一个城市的"名片"，它体现着城市的实力。

· 时下，在声势浩大的区域竞争中，处于竞争漩涡中的城市无不力图以品牌突围。

· 从北京胡同到岭南民居，从六朝古都到江南水乡，从徽派建筑到晋商大院，作为泱泱大国和文明古国，中国从来不缺乏极具文化魅力和独特风格的城市。

品牌竞争是城市竞争的制高点。未来的成功城市将是品牌城市，品牌城市不仅具有独特的文化魅力、形象特征和较高声誉，并具有自身独特的品牌价值。

2011 年 5 月，中国社会科学院发布《2011 年中国城市竞争力蓝皮书：中国城市竞争力报告》。报告对全国 294 个地级以上城市综合竞争力进行比较发现：香港在多项竞争力排行榜均名列榜首，力压北京和上海，继续在中国城市整体竞争力榜单上排名首位。50 座最具竞争力的城市，分别是香港、上海、北京、深圳、台北、广州、天津、大连、长沙、杭州、青岛、佛山、澳门、东莞、苏州、沈阳、无锡、高雄、南京、武汉、宁波、厦门、济南、成都、合肥、东营、包头、鄂尔多斯、常州、台中、基隆、呼和浩特、台南、烟台、中山、福州、重庆、西安、长春、珠海、哈尔滨、大庆、郑州、扬州、南通、石家庄、温州、徐州、南宁、淄博。

城市竞争力决定了城市品牌的魅力，品牌城市不仅有着广泛的知名度和影响力，具有普遍的美誉度和高度的认同感，还有比较强大的辐射力、吸引力。品牌是一个城市的象征，是一个城市的"名片"，它体现着城市的实力。

关于"城市品牌"这个概念，美国杜克大学富奎商学院凯文·莱恩·凯勒教授认为：像产品和人一样，地理位置或某一空间区域也可以成为品牌。城市品牌化的力量就是让人们了解某一区域并将某种形象和联想与这个城市的存在自然联系在一起，让它的精神融入城市的每一座建筑之中，让竞争力和生命力与这个城市共存。

市场经济的基础也正是品牌竞争的基础。中国区域竞争和城市化进程成了城市实现品牌化的加速器，也构成了锻造城市品牌的社会基础。没有城市化也就没有城市的品牌化。1998 年世界平均城市化水平为 47%，1995 年发达国家和地区为 75%，发展中国家为 38%，最不发达国家为 22%。与国际社会比较，30 多年来中国城市化一直呈较快增长势头，目前已达到发展中国家的平均水平。按照世界城市发展的一般规律，随着工业化进程加速，多数国家城市的水平在 30% ~ 70% 之间，处于城市化加速发展阶段。综合考虑人均收入、工业化、产业结构、就业构成、流动人口等关联因素，可以认为，目前中国已经进入城市化加速阶段。

2007年7月5日，人民网一篇题为《中国城市品牌化的道路》评论文章指出，城市化之后要向品牌化方向发展，必须具备一种体制，使得城市不仅是一个行政区域，也如同一个商品。过去只有沿海发达地区的城市才提城市品牌，而现在许多内地城市也开始重视这一方面。比如，杭州市提出了"休闲之都"的城市品牌发展战略；武汉市提出了要从文化与科技两方面塑造城市品牌；秦皇岛市提出了以大型经济文化活动展示城市总体形象，逐步积累并塑造城市品牌的思路。

建构品牌城市，很多城市具有基础优势和先天条件。从北京胡同到岭南民居，从六朝古都到江南水乡，从徽派建筑到晋商大院，作为泱泱大国和文明古国，中国从来不缺乏极具文化魅力和独特风格的城市。时下，在声势浩大的区域竞争中，处于竞争旋涡中的城市无不力图以品牌突围。

但是，城市品牌并不是评选出来的。就像多年来企业滥评名牌一样，近年来名目繁多的城市品牌排名也在干扰着城市决策者的视线。2011年8月10日，2011中国品牌城市节公布了2011年度"中国十大品牌城市"，青岛市摘得桂冠，其他9个城市分别是深圳、苏州、大连、泉州、西安、无锡、长沙、佛山及北京。

尽管主办方宣称，"中国十大品牌城市"是依据品牌集群、城市品牌影响力、城市品牌创新力、品牌投资与生存环境等多个指标来进行评分的，并邀请国内城市品牌专家、著名经济学家、知名企业家、传媒领袖等有关方面权威人士组成专家评审团，但是这个排名由于缺乏对城市品牌核心价值的综合比较，入选理由也缺乏科学与合理的系统分析，很难说它是十分公正和权威的，因而难免受到社会公众质疑。

◣ 评点 ◢

品牌专家乔远生先生认为，不管城市愿不愿意，市场经济的成熟与完善必然会将城市带入一个更加开放的环境之中。如果这座城市不想落后或被淘汰，就必须像经营商品品牌一样来经营城市。但城市品牌的打造并非一朝一夕能够完成，而是一个漫长持续的过程。这是我们每个城市的决策者应该清醒认识到的。

城市群的必由之路

· 21世纪国际竞争格局将产生巨大变化，竞争的基本单位既不是企业也不是国家，而是大城市圈。

· 人口3000万、GDP产出8千亿元的都市圈被称为"发展型"都市圈；人口5000万、GDP产出4.5万亿元的都市圈被称为"成熟型"都市圈。

· 中国三大城市群的首位城市，北京、广州和上海分别占全国GDP的比例，大约只是发达国家城市群的1/10。

· 只有站在更高的平台，用全球的眼光来审视中国的城市群，才能在激烈的世界城市竞争中占有一席之地。

进入21世纪，中国区域经济发展的重要特点是城市群的出现。

从1999年以来，中央政府一系列区域政策陆续出台，中国逐步走上了区域协调与融合发展的道路，并形成了东部率先、西部开发、中部崛起和东北振兴"四大板块"，以及长三角、珠三角、环渤海等八大经济圈。

专家预测，未来30年间，我国区域经济格局将更趋协调，在长三角、珠三角和京津冀三大城市群继续主导中国经济发展的同时，京广线中段和长江中游地区可望快速崛起，一大批中等城市将会成长为大城市，新的城市群也将会不断涌现。而整个中国经济在国际经济合作和次区域经济合作领域则更加显现出对于世界的重要影响力。

早在国家"十一五"纲要中就有明确规划："要把城市群作为推进城镇化的主体形态；已形成城市群发展格局的京津冀、长江三角洲、珠江三角洲等区域，要继续发挥带动和辐射作用，加强城市群内各城市的分工协作和优势互补，增强城市群的整体竞争力；具备城市群发展条件的区域，要加强统筹规划，以特大城市和大城市为龙头，发挥中心城市作用，形成若干用地少、就业多、要素集聚能力强、人口分布合理的新城市群。"这是党和国家对促进城市化进程和区域发展的重要战略决策，对中国经济和社会发展产生了重要而且深远的影响。

"十二五"期间，国家战略对城市与区域的整合提出了更高的要求。当然，城市群的概念也显得更加热门。

何谓城市群？即在特定的区域范围内云集相当数量的不同性质、类型和等级规模的城市，以一个或两个特大城市为中心，依托一定的自然环境和交通条件，城市之间的内在联系不断加强，共同构成一个相对完整的城市集合体。尽管很多学者对城市群概念的表述不尽相同，但对城市群的认识却在逐渐趋于一致：城市群是由多个城市组成，这些城市之间彼此的联系越来越紧密，共同对区域发展产生影响。城市群是工业化、城市化进程中，区域空间形态的高级现象，能够产生巨大的集聚效应，是国民经济快速发展、现代化水平不断提高的标志之一。

经济学家们预言，21 世纪国际竞争格局将产生巨大变化，竞争的基本单位既不是企业也不是国家，而是城市群。置身于国际大背景下，置身于与世界六大城市群的竞争格局中，我们只有站在更高的平台，用全球的眼光来审视中国的城市群，做强中国的城市群，才能在激烈的世界城市竞争中占有一席之地。

现在，"都市圈"一词出现和使用的频率也极高，都市圈和之前提出的城市群是基本一致的。都市圈的概念起源于日本，日本在太平洋沿岸分布了东京、大阪、名古屋三大都市圈，共同构成太平洋沿岸东海道城市群。因此，可以认为，每个城市群都有一个或多个都市圈。都市圈属于同一城市的作用范围，一般是根据一个或两个大都市辐射的半径为边界并以该城市命名。

关于城市群和都市圈，沿海要建，发达地区要建，内地和西部地区也抢着要建，有人曾对"都市圈热"提出质问：某些省份甚至要在一省之内建数个都市圈，动辄就打出世界第几大经济圈的旗号，规划投资上千亿元巨资改善投资环境。这些宏伟的规划，真的具有可行性吗？

中国宏观经济学会的专家王建根据中国空间结构的调整方向，进行了仔细研究，他认为，国内城市群和各种区域城市联盟不断涌现，说明中国的经济增长在目前已具有向各区域经济增长极集聚的趋势。伴随着这些现象同时出现的，是近些年来中国城市化进程的加快，以及百万人口以上的大城市不断增多。由于目前区域间的经济发展水平不平衡，存在着较大的差距，都市圈形成的时间也是不同的。专家们把人口 3 000 万、GDP 8 千亿元的都市圈称为"发展型"都市圈，人口 5 000 万、GDP 4.5 万亿元的都市圈称为"成熟型"都市圈，这样就可以排出各大都市圈的发展成熟时间表。从空间结构战略方面分析，城市群和都市圈战略是与中国国情完全相符的。而按照日本的经验，即便政府对发展都市圈不积极，市场经济还是会自行构造出都市圈，只是时间和资源消耗会增加。因此中国从"十一五"规划开始，明确了都市圈的空间战略方向，并开始着手实施。

中国城市群曾被法国著名地理学家简·戈特曼称为世界级城市群，城市群对促进中国社会经济发展的巨大作用已毋庸赘述。但不能忽视的是，中国城市群在综合竞争力等诸多方面，与国际上发达国家城市群相比，还存在着巨大的差距。

还有资料显示，中国城市群对国家财富积累的贡献度远远低于国际发达国家的城市群，美国大纽约区、五大湖区和大洛杉矶区三大城市群的 GDP 占全美国 GDP 的 67%。日本大东京区、阪神区、名古屋区的三大城市群的 GDP 占全日本 GDP 的 70%。而中国的珠三角、京津环渤海和长三角三大城市群只占全国 GDP 的 40% 左右。中国城市群中首位城市的作用与贡献度也偏低。据统计，纽约、东京、伦敦、首尔等城市的 GDP 分别占全国的 24%、26%、22% 和 26%。中国三大城市群的首位城市，如北京、广州和上海分别占全国 GDP 的比例，大约只是其 1/10。

这充分表明，中国的城市群仍然有着巨大的发展空间，人们对国内超大城市的崛起充满期待。

2008 年初，麦肯锡全球研究院在一份研究报告中指出，中国应该发展超大城市，提升中国城市的首位度。将中国现有的城市化模式转化为优先发展超大城市的模式将增加人均产量，提高能效，能够缓解耕地不足带来的影响。报告称，快速城市化是中国过去 20 多年间高速发展的主要推动力，并且在未来 20 年间依然将起到这一作用。现在中国城市提供了国内生产总值的 75%，而到 2025 年，这一数字将达到 95%，中国将有 21 个人口超过 1 000 万的城市。中国将建成面积达 50 亿平方米的公路，170 个城市将建成达到公共交通标准的交通系统，这比欧洲现有数目的两倍还多。报告称"这将是史上规模最大的公共交通建设"。

中国城市化是中国也是全球 21 世纪最重要的事件之一。从 1984 年到 2010 年，中国城市化率翻了一番多，目前，中国城市化整体水平已经达到 45.68%，与世界平均城市化率 46% 基本持平。这就意味着在不远的将来，中国的城市化率将达到50%以上甚至更高。同时还有预计，未来20年内中国将出现大规模城市化浪潮，大约3亿人口将从偏远的农村地区移居到城市，这相当于将美国全部人口都搬迁到中国城市。据"2010中国城镇投资国际高峰论坛"相关资料显示，如果未来20年城镇化率每年提高1个百分点，从现在起到2030年，约有3亿农民将转为市民。由农民转为市民的过程中，由于收入增加带来的基本生活、住房、教育、卫生和对其他消费品的直接消费需求，由城镇化推进带来的交通、通讯、供电、供气、供水和其他基础设施建设需求，预计每年至少会在基础设施和房地产行业创造出1万亿元的投资机会。

综合上述几方面的分析和众多的数据足以表明，中国城市化的趋势已经势不可挡。但是，中国城市群要崛起，也将接受前所未有的挑战。

▪ 评点 ▪

早在2003年12月，人民网就发表过一篇题为《都市经济圈，会不会成为下一个泡沫？》的文章，该文提出警示："可怕的是为了更快促进核心经济圈的形成，各地纷纷出台的一些过于优惠的投资政策，不惜以削弱外围或弱势地区现有的经济实体为代价追求核心区域的畸形发展。""国内的都市经济圈热潮已经到了非降温不可的地步，我们不能动辄拿上千亿元的庞大资金来赌博，我们不能以某一地域内经济体系的全线崩溃为代价去赌一个梦想。以此为契机，要全面反思并规范政府行为，否则我们还会搞出更恢宏可怕的行政规划来，否则完善我国市场经济体系的总目标可能永远停留在纸面上。"

从现阶段的状况来分析，中国城市群基本处于相对的粗放型而非质量型增长阶段。除了大量的土地资源被占用、过度的资源开采和能源消耗、环境生态破坏严重等问题外，还有诸如行政区划的制度障碍、区域之间经贸壁垒、城市之间整合能力弱、发展不平衡、创新能力匮乏等等问题，这些都成为制约城市群发展的重要因素。

我们应该分析这些表象背后的本质原因，制定出符合发展规律的制度与机制以及符合市场经济发展要求的空间结构战略，这才是迫在眉睫的当务之急。

城市竞争的未来趋势

· 中国十大城市群以不到 1/10 的土地面积，承载了 1/3 以上的人口，创造了 1/2 以上的 GDP。

· 世界城市化正进入一个关键时期，其速度和规模是史无前例的。

· 2011 年 8 月，美国主权信用评级被下调，给全球市场和投资者带来巨大压力，对中国的影响可谓首当其冲，在全球经济加剧震荡之际，中国发展的外部环境更趋复杂。

有人预测：再过若干年，全世界十大城市群中，有 5 个可能在中国。

研究中国城市群的未来，就不能不了解世界城市群的空间结构特点和竞争发展趋势。

目前世界公认的大型城市群有 5 个，它们是：美国波士顿—纽约—华盛顿城市群、北美五大湖城市群、日本东海道城市群、法国巴黎城市群和英国伦敦城市群。

世界城市化的一个显著特点表现为：大城市化趋势明显，其结果不仅使人口和财富进一步向大城市集中，大城市数量急剧增加，而且出现了超级城市、巨城市、大都市区和大都市带等新型城市空间组织形式。伴随着一批超级城市（人口在 400 万人以上）、巨城市（人口在 800 万人以上）的出现，人口与产业在空间上一方面继续向大城市集聚，另一方面向大城市郊区扩散，从而又形成众多地域相连的大都市区，若干大都市区因地理空间相互毗连，最后连绵组合成大都市带。所以，城市群是由于科技进步、规模经济效益促使产业与人口在空间上集聚与扩散运动的结果，是城市化发展的必然阶段。它是城市化发展到成熟阶段的城市地域空间组织形式，是城市化进入高级阶段的标志。

武汉大学经管学院教授吴传清在他的《世界城市群概览》一文中进行了分析：西方某些城市群在发展初期，原有单一的中心大城市存在着人口过于集中、交通拥挤、生态环境恶化、失业人口增加等弊端，西方一些国家的政府为了克服以上弊病，而采取措施将产业和人口向大城市周围的地区扩散，采用城市群布局方式在地域上组成一个相互关联、相互依赖的城市群体。随着经济的发展，这种城市群体逐步演化成巨大的城市化地带，并以其特有的"极化"和聚集优势，对一定区域乃至一个国家的经济发展起着重要的作用。

尽管如此，这种巨大的城市化地带也导致国家经济、人口和产业过分集中于某一区域，相应地带来了一系列弊端，突出地表现为：区域生态平衡破坏，区域经济发展失衡、区际差异扩大，城市基础设施的连绵扩张吞食了大量良田，企业外迁造成城市政府财税锐减，中心城市渐趋衰退。

针对上述问题，自20世纪60年代末期以来，许多发达国家在国土规划上开始重视城市群区域的良性持续发展，并采取了相应的对策：一是控制大城市人口的过度膨胀。如法国为控制巴黎地区人口的膨胀，在全国范围内确定8个平衡性大城市，促进人口的合理流动和全国经济的均衡发展。二是重视落后地区的发展。如英国积极培植新的区域增长极，以带动落后地区的发展。三是重视克服环境污染。如日本为了根除太平洋沿岸严重的环境污染，重新调整工业布局，将一些大型工业基地转迁至东北、西北地区，以新干线、高速公路、现代通讯网络将其与大城市连接起来。

深入了解世界城市群的竞争格局、城市化的进程和发展趋势，对于研究中国城市群的形成、城市的发展与管理、城市间如何形成良性竞争，应该说是不无裨益的。

进入21世纪以后，世界经济增长的重心正在逐步向亚洲太平洋地区转移。2011年1月26日至30日，达沃斯会议在瑞士召开，全球政经界人士探讨未来10年世界经济增长路径，引起全球关注。与会专家认为，世界经济正在形成新的格局，未来10年全球经济中心将由西向东转移，新兴经济体将成为带动世界经济增长的一股强劲力量，世界上最大的发展中国家中国正成为世界经济发展的新增长极。由此不难预见，21世纪新崛起的城市群，将是中国长江三角洲和珠江三角洲等城市群。

有学者认为，未来中国将形成十大城市群：京津冀、长三角、珠三角、山东半岛、辽中南、中原、长江中游、海峡西岸、川渝和关中城市群。据统计，上述十大城市群以不到 1/10 的土地面积，承载了全国 1/3 以上的人口，创造了 1/2 以上的 GDP。从资源环境承载能力和未来发展潜力来看，十大城市群将聚集更多的人口，创造更多的 GDP。因此可以说：十大城市群将成为中国最有发展潜力的地区，将成为中国国民经济的十大支撑点。

除了这十大城市群之外，本书之前提及的若干都市圈，都有希望发展成为新的规模较大的城市群。

总之，正如国家统计局 2009 年《新中国 60 周年报告：城市社会经济发展日新月异》一文总结的：中国城市发展体系逐渐走向成熟，以城市，特别是以大城市发展为代表的、城市区域空间为主体发展的新格局日益显现，一些区域具有区位、资源和产业优势，已经达到了较高的城市化水平，形成了城市发展相对集中的城市群。区域经济融合的特点决定了一个城市的经济活动不再仅仅局限于原来的行政区域内，城市与城市之间必须打破行政区划的束缚，在一个巨大的城乡交融区域内实现经济社会的整合。在这种条件下，跨地区的产业集团、金融网络和贸易集团也以前所未有的速度和规模发展，从组织结构上确保资本、技术、信息等更加畅通无阻地向全国流动、扩散，成为中国区域经济发展的支撑点。

中国社科院教授、城市竞争力研究专家倪鹏飞曾在其博客中描绘了中国城市未来发展的九大趋势，并指出：中国城市化是中国也是全球 21 世纪最重要的事件之一，中国城市未来发展无疑将为全球和中国的诸多领域同时带来机遇与挑战。分析未来中国城市化发展的关键影响因素，了解未来中国城市发展的基本趋势，对未来进行前瞻性的决策，无论对于区域、国家或是政府、企业、投资者或是居民，都具有重要意义。

纵观当今世界，尤其是金融危机和欧债危机爆发后，以中国为首的一批发展中国家仍在快速崛起，如今全球总人口已达到 70 亿，而这些发展中国家的人口总数大约有 33 亿。正在崛起的发展中国家，其工业化和城市化是齐头并进的，因此，世界城市化正进入一个关键时期，其速度和规模可能是史无前例的。但城市化带来的"城市病"也是这些国家必须要破解的一道难题、面临的一大挑战。而我国的城市化也进入关键时期，每年要增加 1 个百分点左右，虽然成绩巨大，但也面临许多困难。所以，应该凝聚全人类的智慧解决城市化所面临的各种难题，这是中国的需要，也是世界的需要。因此，2010 年召开的上海世博会提出的主题是"城市，让生活更美好"，成为第一个以"城市"为主题的世博会。

美国著名经济学家、诺贝尔经济学奖得主斯蒂格利茨曾经说过，21世纪对世界影响最大的有两件事：一是美国高科技产业，二是中国的城市化。中国学界也普遍认为，21世纪毋庸置疑是中国的"城市世纪"。

英国城市规划大师彼得·霍尔分析：新国际劳动分工和全球化的出现使生产和创新在全球扩展，为新的全球等级网络结构的出现提供了物质基础。

2011年3月出台的《中国第十二个五年规划纲要》指出，我国经济社会发展呈现新的阶段性特征。我国发展仍处于可以大有作为的重要战略机遇期，既面临难得的历史机遇，也面对诸多可以预见和难以预见的风险挑战。2011年6月，由国务院批准的《全国主体功能区规划》公布，规划提出：国家优化开发区域应率先加快转变经济发展方式，调整优化经济结构，提升参与全球分工与竞争的层次。

"十二五"规划还指出："从国际看，世界多极化、经济全球化深入发展，世界经济政治格局出现新变化，科技创新孕育新突破，国际环境总体上有利于我国和平发展。同时，国际金融危机影响深远，世界经济增长速度减缓，全球需求结构出现明显变化，围绕市场、资源、人才、技术、标准等的竞争更加激烈，气候变化以及能源资源安全、粮食安全等全球性问题更加突出，各种形式的保护主义抬头。"

2011年8月，美国主权信用评级被下调，给全球市场和投资者带来巨大压力，对中国的影响也是十分巨大的；尤其在欧债危机连续爆发后，世界经济呈现出比2008年还要复杂的局势。毫无疑问，在全球经济加剧震荡之际，中国发展的外部环境也更趋复杂。

正是在这种世情国情继续发生深刻变化的大背景下，中国城市群如何把握好在全球经济分工中的新定位，在全球的经济活动中扮演什么角色，中国城市群如何进一步增强国际综合竞争力，对后金融危机时代世界经济新的发展格局将产生何种影响——这一系列问题摆在了中国面前。

相信这些问题不仅仅你我在关注，整个世界也正在拭目以待。

图书在版编目（CIP）数据

大困局：中国城市危与机 / 汪在满著. —太原：
山西人民出版社，2012.3
　ISBN 978-7-203-07579-0

　Ⅰ.①大… Ⅱ.①汪… Ⅲ.①城市发展战略—研究—
中国 Ⅳ.① F299.21

中国版本图书馆 CIP 数据核字（2012）第 000201 号

大困局：中国城市危与机

著　　　者：	汪在满
责任编辑：	秦继华
助理编辑：	席　青
装帧设计：	李　尘
出 版 者：	山西出版集团·山西人民出版社
地　　　址：	太原市建设南路 21 号
邮　　　编：	030012
发行营销：	0351-4922220　4955996　4956039
	0351-4922127　（传真）　4956038（邮购）
E - mail：	sxskcb@163.com　发行部
	sxskcb@126.com　总编室
网　　　址：	www.sxskcb.com
经 销 者：	山西出版集团·山西人民出版社
承 印 者：	三河市南阳印刷有限公司
开　　　本：	710mm×1000mm　1/16
印　　　张：	17
字　　　数：	280 千字
版　　　次：	2012 年 3 月　第 1 版
印　　　次：	2012 年 3 月　第 1 次印刷
书　　　号：	ISBN 978-7-203-07579-0
定　　　价：	30.00 元